1+X 职业技术·职业资格培训教材

创业培训辅导教程（经营篇）

CHUANGYE PEIXUN FUDAO JIAOCHENG

主　编　余立波
副主编　宋晓满
编　者　余立波　宋晓满　陆　雷　戴　捷　陈　伟
王鹏高　何德宏　张克兢　杨洪足　王　平
周自豪　姚纬明　侯晓光　韩哲宇　王　越
主　审　刘新民

中国劳动社会保障出版社

图书在版编目(CIP)数据

创业培训辅导教程. 经营篇/上海市职业技能鉴定中心组织编写. —北京：中国劳动社会保障出版社，2013

1+X职业技术·职业资格培训教材

ISBN 978-7-5167-0754-8

Ⅰ.①创… Ⅱ.①上… Ⅲ.①企业经营管理-技术培训-教材 Ⅳ.①F270

中国版本图书馆CIP数据核字(2013)第264280号

中国劳动社会保障出版社出版发行

（北京市惠新东街1号 邮政编码：100029）

*

北京市艺辉印刷有限公司印刷装订 新华书店经销

787毫米×1092毫米 16开本 16.75印张 308千字

2013年11月第1版 2013年11月第1次印刷

定价：38.00元

读者服务部电话：(010) 64929211/64921644/84643933

发行部电话：(010) 64961894

出版社网址：http://www.class.com.cn

内 容 简 介

本教材由人力资源和社会保障部教材办公室、中国就业培训技术指导中心上海分中心、上海市职业技能鉴定中心依据上海 1+X 创业能力职业技能鉴定细目组织编写。教材从强化培养操作技能，掌握实用技术的角度出发，较好地体现了当前最新的实用知识与操作技术，对于提高创业人员基本素质，掌握创业能力的核心知识与技能有直接的帮助和指导作用。

本教材在编写中根据本职业的工作特点，以能力培养为根本出发点，采用模块化的编写方式。全书共分为 10 章，内容包括管理与创新、信息管理、营销管理、预算管理、劳资管理、营运资金管理、绩效管理、生产管理、环境管理、合同管理，每章后附有案例分析及思考题。

本教材可作为创业能力职业技能培训与鉴定考核教材，也可供全国中、高等院校创业能力相关培训参考使用。

前　言

职业培训制度的积极推进，尤其是职业资格证书制度的推行，为广大劳动者系统地学习相关职业的知识和技能，提高就业能力、工作能力和职业转换能力提供了可能，同时也为企业选择适应生产需要的合格劳动者提供了依据。

随着我国科学技术的飞速发展和产业结构的不断调整，各种新兴职业应运而生，传统职业中也愈来愈多、愈来愈快地融进了各种新知识、新技术和新工艺。因此，加快培养合格的、适应现代化建设要求的高技能人才就显得尤为迫切。近年来，上海市在加快高技能人才建设方面进行了有益的探索，积累了丰富而宝贵的经验。为优化人力资源结构，加快高技能人才队伍建设，上海市人力资源和社会保障局在提升职业标准、完善技能鉴定方面做了积极的探索和尝试，推出了1＋X培训与鉴定模式。1＋X中的1代表国家职业标准，X是为适应经济发展的需要，对职业标准和题库进行的内容提升。1＋X包括了职业标准未覆盖的职业，也包括对传统职业的知识和技能要求的提高，尤其是补充了职业发展所需的高新技术内容。

上海市1＋X培训与鉴定模式，得到了国家人力资源和社会保障部的支持和肯定。为配合上海市开展的1＋X培训与鉴定的需要，人力资源和社会保障部教材办公室、中国就业培训技术指导中心上海分中心、上海市职业技能鉴定中心联合组织有关方面的专家、技术人员共同编写了职业技术·职业资格培训系列教材。

职业技术·职业资格培训教材严格按照1＋X鉴定考核细目进行编写，教材内容充分反映了当前从事职业活动所需要的核心知识与技能，较好地体现了适用性、先进性与前瞻性。聘请编写1＋X鉴定考核细目的专家，以及相关行业的专家参与教材的编审工作，保证了教材内容的科学性及与鉴定考核细目以及题库的紧密衔接。

职业技术·职业资格培训教材突出了适应职业技能培训的特色，使读者通过学习与培训，不仅有助于通过鉴定考核，而且能够有针对性地进行系统学习，真正掌握本职业的核心技术与操作技能，从而实现从懂得了什么到会做什么的飞跃。

职业技术·职业资格培训教材立足于国家职业标准，也可为全国其他省市开展新职业、新技术职业培训和鉴定考核，以及高技能人才培养提供借鉴或参考。

新教材的编写是一项探索性工作，由于时间紧迫，不足之处在所难免，欢迎各使用单位及个人对教材提出宝贵意见和建议，以便教材修订时补充更正。

人力资源和社会保障部教材办公室
中国就业培训技术指导中心上海分中心
上海市职业技能鉴定中心

目 录

第 7 章　绩效管理

第 8 章　生产管理

第 9 章　环境管理

第 10 章　合同管理

第1章

管理与创新

【本章导读】

管理既是一种科学理论方法，也是一门艺术。在保持科学的管理模式和传统理念的同时又开拓新的思维与新的管理模式，这是保证企业不断前进与可持续发展的制度保障与技术支持。企业生命周期理论表明有一个从创业管理到一般管理的转变过程，这一过程就是管理与创新。

第 1 节　创 业 管 理

在企业发展过程中，存在着两类不同的管理模式，创业管理和一般管理。企业在不同的发展阶段，要求运用不同的管理模式。

一、创业管理的本质

创业管理是从创业的视角出发所提出的战略管理观点，是从企业管理层注入创业精神和创新活力，以企业管理层的创业行为增强企业的战略管理柔性和竞争优势为核心的一种管理模式。自从 20 世纪 80 年代人们提出了个人、组织、创立过程和环境的创业管理模式以来，形成了机会、创业团队和资源的创业管理框架。

创业管理的核心是机会导向与动态性。机会导向是在不局限于所拥有资源的前提下，识别机会、利用机会、开发机会并产生经济成果的行为，将好的创意迅速变成现实。而创业的动态性则体现在两个方面：一是创业精神的连续性，表明创业行为随着企业的成长而延续；二是机会发现和利用的动态性，它决定持续创业成功的系统，包括创新活力、冒险精神、执行能力以及团队精神等，通过这样的系统来把握机会、环境、资源和团队。

创业管理的根本特征在于管理创新。这种创新并不一定是发明创造，而是对已有技术和要素的重新组合。创业体现的是一种勇气与精神，而不是无限制地冒险，要求理性地控制风险。创业管理还需具备有效的成本控制措施以及强有力的执行方案才能获得竞争力。

二、创业管理的特色

创业管理不同于一般管理，具有以下特色：

（1）从管理的趋势看，创业管理是一种打破均衡的管理，而一般管理需要维持均衡。

（2）从创业的初始看，创业一开始就会出现人为的不均衡，如投入与产出的不平衡、劳作与报酬的不平衡等。也正是这种不均衡，才会形成强烈的势能与动能，才能有效推动企业快步前行，而一旦创业成功，企业组织本身就会产生归于平衡的要求，从而实现同化流程、健全规章、完善管理的一般化管理目标。

(3) 从管理方式特征上看，创业管理源于企业家精神，机动性和决断能力是其特点，这一阶段的管理手段是人缔造制度。当创业成功后，企业才能从人治走向制度化，机动性才能让位于规律性，管理手段则过渡到人遵守制度。

三、创业管理的方式

鉴于创业管理的本质与特色，在创业管理的方式上，主要体现出以下几方面的要求：

(1) 创业管理是以生存为目标的管理方式。新事业的首要任务是从无到有，把自己的产品或服务卖出去，从而在市场上找到立足点。在创业阶段，生存是第一位的，最忌讳的是在创业阶段提出不切实际的扩张目标，盲目铺摊子、上规模。在创业阶段，亏损、盈利、又亏损、再盈利，可能要经历多次反复，直到最终持续稳定地实现盈利，才算是度过了创业的生存阶段。从投资回报的角度来看，创业的“创”字意的含义是指经营模式，即在满足顾客需求、创造价值和盈利的不同方式上有创新，这是创业管理的本质所在。

(2) 创业管理是主要依靠自有资金创造自由现金流的管理方式。现金对企业来说就像是人的血液，企业可以承受暂时的亏损，但不能承受现金流的中断。对创业管理来说，由于融资条件苛刻，只能主要依靠自有资金运作来创造自由现金流，因此管理难度更大。

(3) 创业管理是充分调动所有的人做所有的事的团队管理方式。创业初期，尽管在组织结构上建立了正式的部门，但很少有按正式组织方式运作的。人员虽然有名义上的分工，但运作起来是哪里急、哪里紧、哪里有需要，就都往哪里进行配置。这种看似的“混乱”，实际是一种高度“有序”的状态。每个人都清楚组织的目标和自己应当如何为组织目标做贡献，没有人计较得失，没有人计较越权或越级，相互之间只有角色的划分，没有职位的区别，这种运作方式可以培养团队精神、奉献精神和忠诚度。

(4) 创业管理是彻底奉行“顾客至上，诚信为本”的管理方式。经历过创业艰难的企业家和经理人，一生都会把顾客放在第一位，可以说是铭心刻骨。成功靠的是诚信，也只能靠诚信。所以，一个企业的核心价值观不是后人杜撰的，而是创业阶段自然形成的。创业管理是在塑造一个企业。

四、创业管理向一般管理的转化

创业管理是企业创立过程中特殊阶段的一种管理模式，当企业发展到一定程度时，创业管理就必然向一般管理转化。现实中，许多创业成功的企业没有能够进一步实现辉煌，其关键原因之一，就是没有实现管理模式的转变，而最终消亡。

创业管理向一般管理转化的过程，不是以企业经营的时间为标志，而是以企业的发展状态为核心的。当企业经过创立、经营与发展，形成了一个较为完整的价值循环体系时，其供、产、销各环节步入正常流转，企业收支实现自我平衡，此时，管理模式应随之实现有效转化，由创业管理模式向一般管理模式过渡，最终实现由打天下转向安天下的转化。

第 2 节　创新思维

管理创新是现代企业成长与发展的客观要求，也是企业发展过程中的重要内容之一。管理创新不仅是创新方式、创新主体的问题，而且还包括创新性思维及创新主体所应具备的素质等问题。

一、创新性思维的概念

管理学大师熊彼特最早提出了创新理论，而后彼得德鲁克将创新概念推广到管理领域。理论界的一般观点认为，创新是指企业家对生产要素新的结合，其内涵可概括为：创造一种新产品或将原有产品赋予新的功能，采用一种新的生产方法，开辟一个新的市场，获得重要物料的新供给来源，实行一种新的企业组织形式等。总之，创新就是赋予资源以新的创造财富的能力。

管理和创新是多层面、全方位、全过程与新颖性、无规则、高风险相结合的一个过程，因此企业进行管理创新的空间巨大，形式多样。企业管理创新要求将企业家的新思想与企业管理系统的方略组合进行重新设计、选择、实施与评价，以促使企业管理系统综合效能的不断提高，它是企业管理思想和方式方法的创新。同时，它也是生产经营管理制度及其背后的理念和原则的变革，以期创造出一种更有效的新的资源整合模式。从企业创新的需求及规范指导创新实践角度来看，企业管理创新应包括：思想与理念创新、经营战略创新、组织结构创新、管理制度创新、运作流程创新、方式方法创新等。

创新性思维是一个外延极广、内涵极丰富的概念。归结前人的观点，大致可以得出其一般概念，是指对事物的联系进行前所未有的创造性设计，是指直接引发出创新性设想的思维形式，主要是指非逻辑思维。创新性的思维是头脑瞬间的闪光，是对某种现象的本质的深入追求，是从已知向未知的扩展。创新性思维的本质在于创新，在于一般人的意想不到，在于破除形式逻辑的限制。广义上，将创新活动中搜集、整理资料、判断、评价、设想等方面的思维都看作是创新性思维。

二、创新性思维的表现形式

创新性思维的关键在于实施。创新性思维的具体表现形式与内容见表 1—1。

表 1—1　创新性思维的表现形式与内容

表现形式	内　容
理论思维	是使理性认识系统化的一种基本思维形式。这种思维形式在实践中应用很多，如系统工程就是运用系统理论思维来处理一个系统内和各个有关问题的一种管理方法。钱学森认为，系统工程是组织管理系统的规划、研究设计、创新试验和使用的科学方法。为了把握创新规律，就要认真研究理论思维活动的规律，特别是创新性理论思维的规律
多向思维	是指对某一问题或事物的思考，能够从仅有的信息出发尽可能向多方向扩展，而不受已经确定的方式、方法、规则、范围等的约束，并且从这种扩散的思考中求得常规的和非常规的多种设想的思维 多向思维最早由武德沃斯于 1918 年提出，后被斯皮尔曼、卡推尔作为一种“流畅性”因素而使用过。美国心理学家吉尔福特在“智力结构的三维模式”中，明确地提出了发散性思维，即多向思维 其特点一是“多端”，对一个问题可以多开端，产生许多联想，获得各式各样的结论；二是“灵活”，对一个问题能根据客观情况变化而变化；三是“精细”，能全面细致地考虑问题；四是“新颖”，答案可以有个体差异，各不相同，新颖不俗
侧向思维	具体运用方式有 3 种： （1）侧向移入。侧向移入是指跳出本专业、本行业的范围，摆脱习惯性思维，侧视其他方向，将注意力引向更广阔的领域，或者将其他领域已成熟的、较好的技术方法、原理等直接移植过来加以利用，或者从其他领域事物的特征、属性、机理中得到启发，导致对原来思考问题的创新设想 （2）侧向转换。侧向转换是指不按最初设想或常规直接解决问题，而是将问题转换成为它的侧面的其他问题，或将解决问题的手段转为侧面的其他手段等。这种思维方式在创新发明中常常被使用 （3）侧向移出。侧向移出是指将现有的设想、已取得的发明、已有的感兴趣的技术和本企业产品，从现有的使用领域、使用对象中摆脱出来，将其外推到其他意想不到的领域或对象上。这也是一种立足于跳出本领域，克服线性思维的思考方式，如将工程中的定位理论用在营销中
逆向思维	逆向性思维具有普遍性和新颖性两大特点。逆向性思维在各种领域、各种活动中都有适用性。由于对立统一规律是普遍适用的，而对立统一的形式又是多种多样的，有一种对立统一的形式，相应地就有一种逆向思维的角度，所以逆向思维也有无限多种形式。如性质上对立两极的转换，位置上的互换、颠倒，过程上的逆转等。但无论哪种方式，只要从一个方面想到与之对立的另方面都是逆向思维
联想思维	是指由某一事物联想到另一种事物而产生认识的心理过程。即由所感知或所思的事物、概念或现象的刺激而想到其他的与之有关的事物、概念或现象的思维过程。联想是每一个正常人都具有的思维本能。联想思维使人的联想更加多彩，更加富于创新性

续表

表现形式	内　容
形象思维	是指依据生活中的各种现象加以选择、分析、综合，然后进行艺术塑造的思维方式。它也可以被归纳为与传统形式逻辑有别的非逻辑思维。严格地说，联想只完成了从一类表象过渡到另一类表象，它本身并不包含对表象进行加工制作的处理过程，而只有当联想导致创新性的形象活动时，才会产生创新性的成果

创新性思维要求以理论为基础，在实际生活中不断地思考、反思，对事物进行详细的剖析，从复杂的结构中寻求共同性、规律性的本质。

创新性思维的培育目的在于如何从繁杂的客观事物和现象中发现那些令人激动的有价值的新问题，以及如何解决所提出的问题。要求变换角度来思考问题，将事物的过去、表现同外界联系起来，挖掘本质、思考未来，全面、高灵敏性地根据具体时间、地点、条件选择不同的思考点。

创新性思维对企业管理的创新主体而言是必需的。所有的一切创新活动都建立在相应的创新性思维基础上。创新性思维的培育需要的不仅是丰富的内容，还需要经常进行常规的洞察与反思，需要的是灵感与智慧。通过发散思维、逆向思维、联想思维、形象思维等方式的训练，不断培育创新性的思维。

三、管理创新

管理创新来自多个层次：营运创新、产品创新、战略创新等。每个层次对企业的成功都能做出贡献，排列一下这些层次的创新，越高层次的创新对价值创造以及竞争地位的维系就越有作用。而管理创新无疑是各层次的创新核心。理解这一点对关注管理创新非常重要。

管理创新的层次关系，其结构有如金字塔，具体如图 1—1 所示。

卓越的营运能力是十分必要的，但若缺乏管理创新和商业模式创新，仅靠营运创新难以产生有决断力的长久的经营优势。因为营运方面的效果往往取决于企业信息系统设施的水平。经营活动外包给第三方缺乏为某一家企业建立出色优势的激励机制。当外包和离岸服务帮助一家企业保持稳定的竞争状态时，就无法为某个公司带来明显的专属优势。咨询专家会把成功企业的经验推广到一般的企业，从而进一步削弱了来自营运方面的优势。

一个受顾客青睐的产品会给公司带来狂热的订单，但若没有强有力的专利保护，许多产品很快就会淡出市场。另外，技术的迅速变革使得产业新贵能快速超越昨日之星。结果是，具有突破性的产品很少能给公司带来持久的产业领先地位。

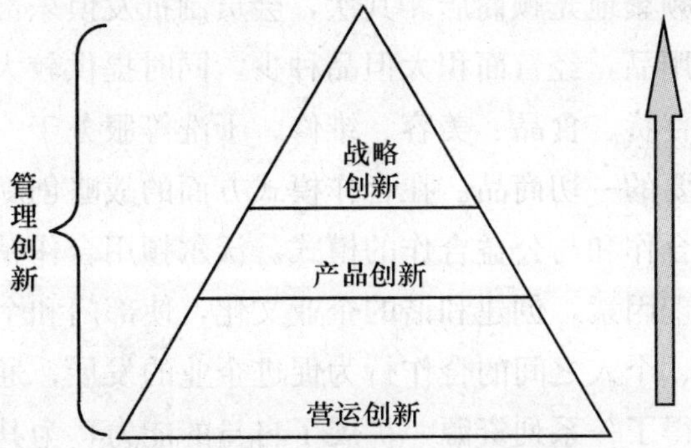

图 1—1　管理创新的金字塔结构图

四、战略创新

战略是以未来为主导、与环境相联系、以现实为基础的，是对企业发展的规划，它研究的是企业的明天。创新是一个企业进步的灵魂，是可持续发展的不竭动力；创新也是一个过程，企业的发展本身就是不断创新的过程；创新又是一种较量，要围绕着种种不利于企业成长的环境进行创新；创新也是一种挑战，推动企业不断成长壮大。

随着时间的推移，某个行业的战略定位空间会逐渐被不同的企业填满。战略创新则是指企业发现行业战略定位空间中的空缺，并填补这一空缺，并使之发展成为一个大众市场的过程。战略定位空间中的空缺可以是：新出现的顾客细分市场或竞争对手忽视的现有顾客细分市场；顾客的新需要或竞争对手未能充分满足的顾客目前的需要；为目前或新出现的顾客细分市场生产、传递或分销现有的或创新的产品或服务的新方法。

一种创新的商业模式可能带来数亿元的收入，但这种独到的商业模式容易被解构，也常常受原来管理体系的阻碍，沃尔玛便是一个典型的例证：

山姆·沃尔顿 1962 年创办了第一家沃尔玛商店。自此以后，沃尔玛不断扩张，势如破竹，一步一步地走上了世界零售业的巅峰。德勤《全球零售力量 2007 年度报告》显示，沃尔玛公司销售额占全部 250 家零售企业销售额的 10%以上，其在零售业世界排名保持第一。沃尔玛的成功，首先归功于闪现在沃尔顿身上的杰出的企业家精神。正是这种企业家精神促使沃尔顿在关键时刻作出选择，领导企业对环境的变化迅速作出了反应，从而不断地创造优势并获得成功。其中最关键的就是创新精神和合作精神。20 世纪 80 年代，沃尔玛的目标是进一步发展成为全国性的零售公司。这时，它必将在竞争一贯激烈的美国东北部和西海岸人口稠密、大都会密布的地区遇到强有力的对手。沃尔玛尝试的经营新形式有：首先，建立超级中心，它的出发点是将沃尔玛式的折价百货店增加一个以食品为主的城区超市以吸引顾客更频繁地光顾商店。其次，会员制批发俱乐部，主要位于大城市的郊区，经营周转快的家庭用品，经营面积大但品种少，同时提供较大的价格折扣。最后，设立特级市场，是一个集百货、食品、美容、维修、干洗等服务于一体的购物中心，目的是让消费者一次购齐所需要的一切商品。在合作模式方面的战略创新则体现在其建立了新型的与员工合作、与企业合作和与公益合作的模式。沃尔顿用合作精神去再造企业，通过各种方式不断地改革不合理因素，创建和谐的企业文化，使部门和个人都充满高度的合作精神，最终通过部门之间、个人之间的合作行为促进企业的发展；通过企业间的合作，沃尔玛低成本、高效率地获得了一系列资源，扩展了自身的能力，为其进一步的成功打下了坚实的基础；通过与某些非营利性组织的合作，既可以协助该组织实现其组织目标，也可以扩大企业在某些类型消费者中的影响，这将具有重要的战略意义。

各个层次的创新是不尽相同的。当企业遇到一些大的、数目众多的问题时，管理创新就能产生一种难以模仿的优势。因为采用一种突破性的商业模式，比丢弃他们心中坚固的管理理念也更容易。

战略创新是企业竞争取胜的关键。小企业或新企业主动向市场领先者发起挑战，往往很难成功，但也有少数挑战者不仅没有失败，而且赢得了极大的市场份额，有些甚至发展成为新的市场领先者。这些企业能够取得巨大成功的原因在于他们敢于打破行规，进行战略创新，改变原有的竞争规则。

许多战略创新者首先找出目前的竞争对手忽视的一个细分市场，然后再根据这个市场顾客的需要，设计产品及其传递体系。由于战略创新者聚焦于一个小型、适当的细分市场，几乎不会与竞争对手争夺顾客，最终会发展为大众市场的小型细分市场。

在施乐公司占据复印机市场统治地位的时期，IBM、柯达等公司也曾采用过与其相同或相似的战略与施乐公司争夺市场，但都未能取得成功。一个重要的原因是他们未能发现或创造一个独特的战略地位，而是希望通过“克隆”施乐的战略来争夺市场份额。佳能公司则采用了完全不同的战略，选择了中小型企业和个人用户作为目标市场，强调不同于施乐的质量和价格优势，通过不断地渗透复印机市场，最终发展成为全球销量最大的市场领先者。许多企业的成功经验表明，在不存在技术革新的情况下，任何企业要想在激烈的竞争中取胜只有打破行规，进行战略创新。

战略创新的核心问题是重新确定企业的经营目标。企业确定的经营目标会决定企业如何确定自己的顾客、竞争对手、竞争实力，也会决定企业对关键性成功因素的看法，并最终决定企业的竞争策略。成功的战略创新者会采用与所有竞争对手完全不同的竞争策略和经营目标。

企业选择经营目标，必须满足顾客的需要。要对企业内部的优劣势和外部环境机会与威胁进行综合分析，根据自己销售的产品，能满足的顾客需要和自己的核心能力，来确定经营目标。据此对备选的经营项目作出系统的评价，根据各种目标是否有助于本企业充分利用其独特的能力，增强竞争优势，判断本企业应采用哪一种经营目标。重大的战略创新往往是企业改变经营目标的结果。

企业想出战略创新好点子，并不一定就能赢得市场。要成功地开展战略创新活动，管理人员还应在企业内部形成适当的企业文化，建立适当的组织结构、经营系统、管理程序、激励制度，并采取必要的措施，克服企业内部各种妨碍创新的因素，使创新活动变成企业的日常工作。

【本章知识点小结】

<table>
<tr><td rowspan="4">创业管理</td><td colspan="2">创业管理的本质</td></tr>
<tr><td rowspan="2">创业管理特色与方式</td><td>创业管理的特色</td></tr>
<tr><td>创业管理的方式</td></tr>
<tr><td colspan="2">创业管理向一般管理的转化</td></tr>
<tr><td rowspan="3">创新思维</td><td colspan="2">创新性思维的概念</td></tr>
<tr><td rowspan="2">创新性思维的表现形式</td><td>管理创新</td></tr>
<tr><td>战略创新</td></tr>
</table>

【管理与创新—案例分析】

国美的连锁经营模式

国美电器开创了我国电器连锁经营模式。理论界将这一创新管理模式总结为：以低价打市场（以包销、勤进快销、薄利多销为支撑），以管理服务稳市场（三级管理体系、奖惩分明、严密细致的管理制度），推行全方位本土化策略（管理人员本土化、业务本土化）。

国美之所以胜，就胜在它的管理与创新。

一、业态模式的管理与创新

1. 连锁经营

国美在北京、天津、上海、成都、青岛等地拥有70余家商城，年销售能力超过100亿元。国美每个地区、每个门店在经营管理上保留自己的特色，真正形成连锁模式。

2. 专业分工

经营家用电器的国美，在产品种类、型号规格、价位、性能上连营业员也能如数家珍般道来。从售前的电话咨询，到售中的专业讲解，再到周到细致的售后服务都能让顾客感受到专业。

3. 超市运作

国美一方面让样机、货品堆积在店内，方便顾客试用筛选；另一方面以自己的资金实力包销某些品牌或型号，让利于消费者，又将资金及时兑付厂家。

二、组织结构的管理与创新

国美现有的连锁店，均采用了“正规连锁”或“加盟连锁”的经营形态，它们都由国美总部或分部全资经营。国美电器连锁系统组织结构是纵向设立的，在组织结构上首先运用了三层次管理结构：

总部：负责统一管理，实行经营方针、经营规划、工作计划、人事、培训、采购、财务、保险、法律事务、店铺选择、设计装修、商品配置与陈列等工作的规划、服务、调控和发展等各项管理职能。

地区分部：依照总部制订的各项经营管理制度和规定，负责对该地区的各门店实行二级业务经营及行政管理，并实施对所属门店的监督、指导、服务、沟通等职能，同时接受并服从总部各职能部门的职能管理。

门店：接受并服从总部及地区分部的领导和职能管理，依照总部制订的各项经营管理制度和规定，负责对本门店实施日常经营管理。基本职能是商品销售、进货及存货管理、绩效评估等。

思考题

1. 从国美的创新成功中你体会到了管理与创新的重要性是什么？

2. 在这一模式被广泛运用的今天，你如何进行新的管理与创新思维？

第 2 章

信息管理

【本章导读】

初步创立的企业（以下简称初创企业）在解决了生存问题之后，面临的最大的问题就是发展。如何有效地利用信息技术手段解决企业的生存和发展问题呢？市场上有大量的各种类别的信息系统技术和产品，到底有哪些可以用于初创企业内外部信息收集和管理呢？本章从初创企业的实际需求和目前的外部有效供给出发，分析和试图全面解答这些问题。

第 1 节　信息化时代的机会

所谓信息化，是指社会经济的发展从以物质与能量为经济结构的重心向以信息与知识为经济结构的重心转变的过程。在这个过程中，不断地采用现代技术装备国民经济各部门和社会各领域，从而极大地提高社会劳动生产力。

一、信息化时代的特征

全球信息化和信息技术革命正以前所未有的方式对社会变革的方向起着决定性作用，其结果必定导致信息社会在全球的实现。具体表现为，首先，在生产活动的各部门中引入了信息处理技术，从而使这些部门的自动化达到一个新的水平；其次，电讯与计算机系统合二为一，可以在几秒钟内将信息传递到全世界的任何地方，从而使人类活动各方面表现出信息活动的特征；最后，信息和信息机器成了一切活动的积极参与者，甚至参与了人类的知觉活动、概念活动和原动性活动。在此进程中，知识正在以系统的方式被应用于变革物质资源之中，正在替代劳动成为国民生产中“附加值”的源泉。

信息化时代具备以下几大特征：

1. 社会智能化、虚拟化

知识的生产成为主要的生产形式，知识成了创造财富的主要资源。这种资源可以共享，可以倍增，可以“无限制地”创造。在这一过程中，知识取代资本，人力资源比货币资本更为重要。相对于实体社会，信息化创造了大规模的虚拟社会，这个虚拟社会是人类历史上第一次出现的，无法估量其发展将达到何种程度，但其威力已经显而易见。

2. 生产电子化、开放化

光电和网络代替工业时代的机械化生产，人类创造财富的方式不再是工厂化的机器作业，有人称之为“柔性生产”。开放不仅是指社会开放，更重要的是心灵的开放。开放是创新的心灵开放，开放是创新的源泉。而创新是新技术产业的灵魂，是竞争取胜的法宝，只有参与竞争，在竞争中创新，才能在竞争中取胜。

3. 结构全球化、渗透化

信息技术正在淡化时间和距离的概念，信息技术及其发展大大加速了全球化的进程。随着互联网的发展和全球通信卫星网的建立，国家概念将受到冲击，各网络之间可以不考虑地理上的联系而重新组合在一起。信息化使社会各个领域发生全面而深刻的变革，它同时深刻影响物质文明和精神文明，已成为经济发展的主要牵引力。信息化使经济和文化的相互交流与渗透日益广泛和加强。

4. 生活非群体化、个性化

在信息时代，信息和信息交换遍及各个地方，人们的活动更加个性化。信息交换除了在社会之间、群体之间进行外，个体之间的信息交换也日益增加，并将成为主流。从QQ到MSN、从短信到微信、从博客到微博，无不是以个体为单位而建立的各种群体。人们的信息交互已经可以做到跨越空间等多重维度，而人们的生活也基于这种信息的交换发生着巨变。

二、信息化时代中国社会的发展

随着信息化时代的到来，近年来中国社会已经发生了翻天覆地的变化，其具体表现在以下几方面：

1. 贫富差距的拉大

社会贫富差距逐步拉大，20∶80的社会趋势明确。20∶80的核心含义是全世界20%的人拥有80%的财富。我国以前实行计划经济，贫富差距并不明显。但改革开放后，中国进入市场经济和信息化时代，社会发生翻天覆地的变化，社会财富获得差距逐步拉大。在以信息化为标志的速度经济时代里，无论个人和企业，在发展过程中，都像是逆水行舟，不进则退。

2. 人才定义被更新

教育进入大众化时代，人才定义被不断更新。20世纪80年代的大学生可谓是“天之骄子”、“上帝的宠儿”，一时成为党政机关、工厂单位的香饽饽。但仅隔如此几年，大学生数量激增。据统计2007—2011年，我国每年参加高考的人数都超过1 000万人，高考录取比例已经达到2∶1。此外，在最近5年中，有多达近100万中国人到国外留学，其中20多万人选择了回国。现在甚至出现有些家长放弃国内的全日制学校教育，通过互联网等信息平台教育自己的孩子，或者很早就送孩子出国留学。以上这些现象产生的主要原因是：进入信息化社会后，原来大量的手工或者大工业生产模式逐渐没落，同时社会需求的不断分类和细化，导致社会经济发展进入细分化、专业化的时代，原来粗放式发展模式逐渐被淘汰，社会经济的发展对人才的需求出现了很大的变化，而我们的教育体制并没有跟上，导致国内人才的培训方式实际上呈现了多元化的结构。

3. 新职业和新行业产生

社会分工分类细化，诞生出很多新的职业和行业，大量创业企业的产生也是我们这个时代的典型特征之一。第三方服务机构也是社会精细化分工之后大量产生的，包括第三方物流、第三方认证、第三方采购、第三方测评、第三方监理等。第三方服务的出现节约了服务成本，提高了服务质量，更重要的是为服务业提供新的商业模式。第三方服务是产业价值链不断细分和市场经济体制不断深化发展的结果。第三方服务的蓬勃发展，意味着中国市场经济体制建设趋于完善。之所以会出现如此多的新行业、新企业，究其根本，主要是因为市场需求产生了，从而促进了供给。有需求就有行业发展的原动力和基础，也就有企业成立的外在要素。而在信息化时代的背景下，获取信息的方法五花八门，获取信息的成本急剧降低，企业创立的机会成本也随之大大降低，这些都极大地促进了创业和创新。

三、信息化时代创业者的机会

信息化时代，给创业者们带来以下机会：

1. 大量数据和信息

信息化为创业者带来大量易于获取的数据和信息。如今，各国大建信息高速公路，计算机广泛普及，给形成全球性的信息库和信息交换中心奠定了可靠和重要的技术物质基础，这个信息库和信息交换中心就是全球互联网。互联网的不断完善和应用对我们的生活产生了无比重要的影响，我们可以通过很简单和快捷的方法从互联网获取大量的数据、文献，或是通过互联网用极低的成本获取大量的数据调研结果和用户反馈信息。在微博、博客等新的基于互联网应用的新技术影响下，创业变得前所未有的便捷。

2. 提供新型商业机会

信息技术应用手段的不断发展为创业者提供了大量的新型商业机会。信息技术的应用包括计算机硬件和软件、网络和通信技术、应用软件开发工具等。无论是硬件、软件还是网络通信技术，在近 20 多年来几乎是以每 2～3 年为一个台阶快速发展的，而这种快速的技术变革和创新本身就为创业者带来了很多的新型商业机会。例如，在计算机开始普及时，大量的计算机组装、维修、销售和服务企业诞生、发展、壮大；当互联网时代快速起步时，网络游戏、网络销售、网络视频等企业又大量兴起；到了移动互联网时代，智能终端、移动支付、移动娱乐等服务机构又应运而生。可以这么说，每一次信息技术的大发展，就是一次新的变革，就会迎来一次极好的创业浪潮。

3. 新型商业模式产生

信息技术服务和传统产业结合成为新型商业模式。传统产业插上了信息技术的翅膀就成为一个新的行业或一种新的模式，其内涵是传统的，表现方式则是现代的。以汽车电子业为例，汽车电子这一新兴产业可以说是信息技术与传统产业的完美结合。在汽车产业中，电子化的比例越来越大，当前的平均水平是30%，未来目标是60%。一些发达国家的名车，电子化比例已经达到了80%～90%。将来一部汽车就是一个网络终端、一个电子信息产品。

第2节　初创企业的信息化

一、初创企业信息化现状

初创企业虽然在规模、管理和业务发展上与大型企业相比存在较大的差距，但大多数初创企业更加灵活、高效、创新，因此其信息化发展也具有较为突出的特点。根据近期的专项调研，当前初创企业在信息化发展方面的状况如下。

1. 投资规模的快增长

虽然大多数初创企业对信息化投资仍较为谨慎，但随着规模和实力的持续增长，初创企业对信息化投资日益重视和持续增加。据统计在初创企业中，信息化投资逐年增加的企业比例最高，为57.8%（其中，信息化投资增长速度超过20%的占39.4%）；信息化投资逐年减少的企业比例仅为8.9%（见图2—1）。

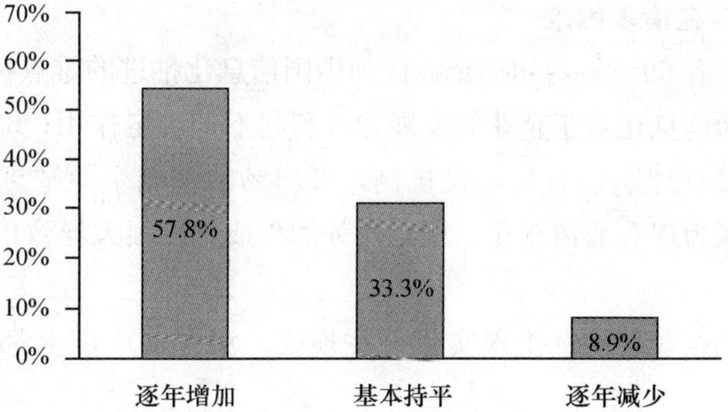

a)

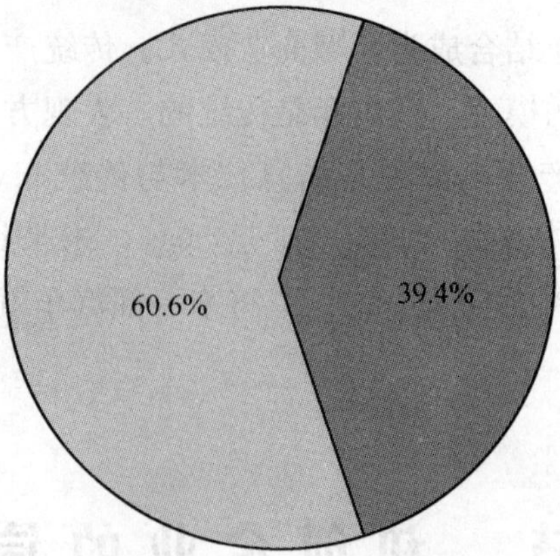

b)

图 2—1　初创企业信息化投资情况

a）根据信息化投资逐年增减情况对初创企业分类统计

b）以 20%为界对信息化投资逐年增长的初创企业进行分类统计

2. 行业发展状况差异明显

随着信息化知识的推广和普及，众多初创企业已经充分认识到开展信息化对节约企业成本和达到有效管理的重要性，积极增加信息化投入，加快信息化建设的速度。由于初创企业的服务范围广泛，使得信息化的程度不尽相同。调查显示，有半数初创企业的领导人认为，计算机服务与软件业的信息化应用水平较高，这与该行业相关从业人员的信息技术水平和认知程度普遍较高密切相关。此外，受访企业认为，科学研究与技术服务业、物流业也是信息化应用水平较好的行业，而制造业、商业服务业和餐饮业等依然还有很大的需求空间，利用信息技术提升产业实力仍然任重道远。

3. 信息化建设存在诸多困难

调查数据表明，有 59.4%的初创企业认为中国信息化推进的难点在于企业对信息化的作用认识不足，认为信息化对于企业的发展和盈利起不到决定作用；38.9%的初创企业在实施信息化过程中没有理顺信息化建设机制，38.4%的初创企业缺乏企业信息化专业人员，43.8%的企业认为现有的信息化系统对业务的集成难度很大导致信息化建设举步维艰（见图 2—2）。

综上所述，初创企业的信息化现实状况在规模、深度和广度上都还没有达到理想状态。

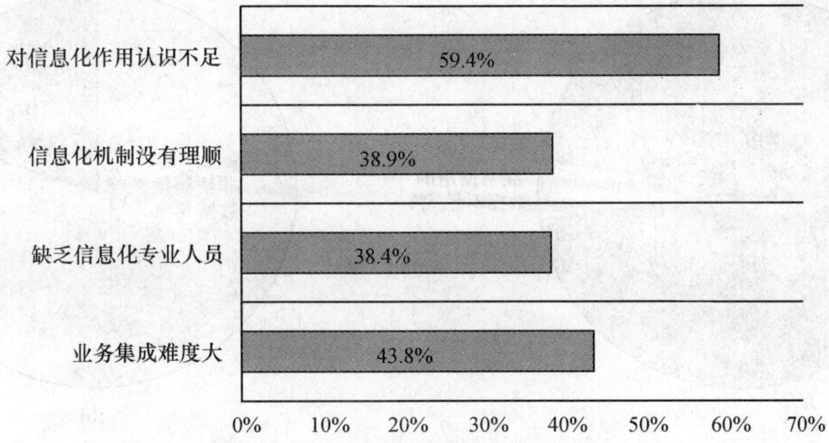

图 2—2　企业信息化建设的困扰因素

二、初创企业信息化系统建设现状

中国初创企业信息化经历了从无到有的快速发展过程，信息化建设效果显著，但从整体来看，尚处于初级水平，主要原因有以下几点：

1. 信息化效果明显低于预期

随着越来越多初创企业从生存阶段步入发展阶段，其业务和产品逐渐走向稳定发展的轨道，初创企业对信息化的预期也日益从通过信息化平台推广产品和企业品牌、加强与客户的交流向通过信息化合理控制生产经营及高效客户管理转化。调查发现，初创企业对信息化的需求与信息化产品及服务的满意度之间存在明显的距离。目前初创企业对信息化建设的投资预期仍主要停留在节约人工、提升效率、规范业务流程、实现内部资源共享等相对较初级的阶段，这充分说明了信息化建设的效果尚未与目前的信息化发展阶段相匹配。

2. 信息化内容未能实现应有价值

在信息化手段和途径迅猛增加的带动下，各种不同的设备和系统产生海量信息和数据。受不同行业、不同类型、不同阶段以及初创企业内部不同部门之间信息化发展水平不平衡的影响，信息化内容未能实现应有的价值，突出表现在两个方面：

（1）占据数据总量 80％的非结构化数据，如视频、扫描文件、网站页面、语音邮件、影像资料等的突出价值未能得到充分利用，其具有的对企业生产、业务及决策的巨大支撑作用未能显现。

（2）散布于信息化系统的结构化数据，如大量用于交易记录、流程控制、统计分析等的数据和符号的再利用和深度价值挖掘，也存在较大的发展潜力（见图 2—3）。

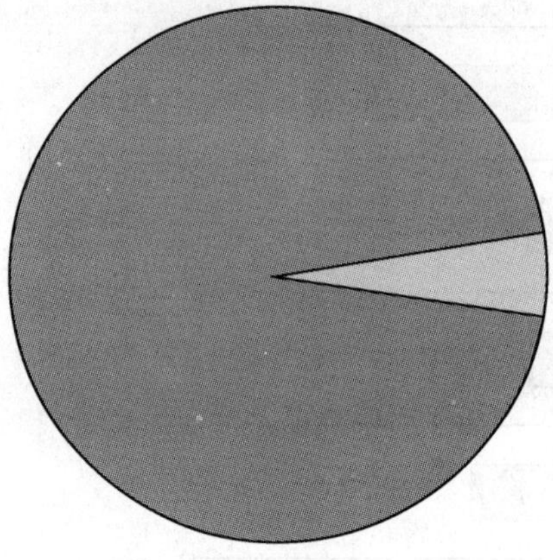

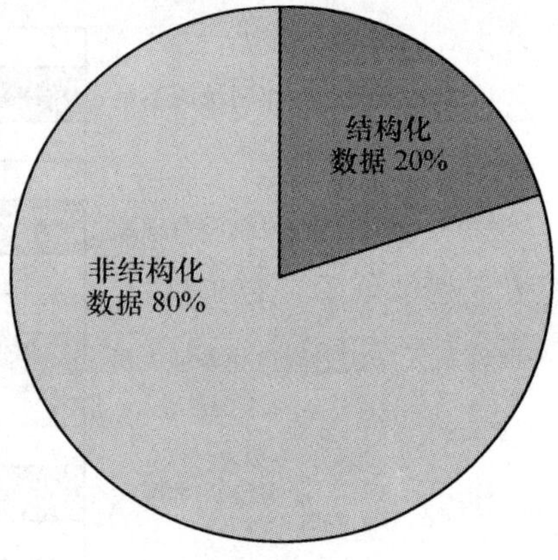

图 2—3　企业数据及使用现状

a）经常使用的数据　b）数据类型结构占比

3. 信息化系统的协同程度较低

初创企业信息化正处在初步的综合集成应用阶段，企业各部门之间以及与合作伙伴之间的联系应更加密切，沟通需求也大幅增加且效率不断提升。然而从整体水平来看，目前无论是企业内部协同还是外部协同的程度都相对较低。就企业内部而言，由于各部门的分工和职责不同，单项信息化应用缺乏统一的协同工作平台，很难实现各部门间工作的有效协调管理，因此也无法将各部门的工作有机地联系在一起。就企业外部而言，如何与合作伙伴之间在不同业务层面、不同流程之间实现协同，通过何种机制实现跨组织、跨地区、跨平台的应用协同，也日益成为快速发展中的初创企业在信息化方面面临的较大难题。

4. 难以适应企业业务快速调整的需要

面对市场的瞬息万变，企业竞争游戏规则在改变，大鱼吃小鱼逐步演变为快鱼吃慢鱼。企业需要有更强的适应变化的能力，尤其是在规模和实力上不具备优势的初创企业，更需要依靠自身灵活的商业模式和业务流程，在激烈的市场竞争中争取主动，因此也对信息化系统的快速部署提出了新要求。然而，目前大多数信息化产品及应用由于建设周期、流程设置、架构搭建等因素，通常很难对企业业务调整和变化导致的流程修改作出迅速调整。

三、初创企业信息化过程中面临的问题

1. 对信息化的认知程度不够

与大企业相比，中国初创企业信息化起步相对较难，虽然目前约有半数的初创企业不

同程度地开展了信息化建设，然而由于初创企业的服务范围广泛，发展阶段和认知差异较大，使得信息化的建设水平也不尽相同。初创企业对信息化的认知仍有待全面提升，突出表现为：对企业信息化需求缺乏全面了解、信息化建设缺乏统一的顶层设计、信息化部署缺乏长远规划等。作为企业的重要决策之一，信息化决策应由包括首席信息官在内的企业最高决策层制定，但调查发现，受初创企业管理模式等因素的制约，相当比例的初创企业的信息化决策由企业最高领导决定，而首席信息官只是企业信息化建设和运行的执行者，或者根本就没有首席信息官。在信息化的建设过程中，IT 部门基本上只是扮演着“实施者”的角色，其他部门的需求似乎更重要。在信息化规划的过程中，企业决策者没有专业信息化主管的思维，不能全面考虑信息化牵涉的各部门的需求以及部门之间的协作需求等。

2. 信息化建设原有模式投入成本高

企业信息化建设是一个建设周期长、投资大的系统工程。在现有的信息化建设模式下，企业需要面对基础设施成本、人才培训成本、项目团队成本、后期维护升级成本、外部咨询成本以及机会成本，包括信息化建设中占用企业资源可能造成的订单减少、工作效率降低等，一定程度上对企业推动信息化的积极性造成了很大压力。初创企业资金有限，且在融资方面比较困难，稍有不慎就会造成企业资金周转不灵，从而导致项目的搁浅。

3. 信息孤岛现象的普遍存在

系统之间集成性差，不同的信息系统服务于不同的岗位和部门，而各个部门之间联系不紧密，不同功能的系统之间相互割裂，信息不共享、不交换的存在使得大量基础数据重复录入。这种信息孤岛的存在，造成了产品中通用部分重复设计、数据重复录入。同时这些数据的同步更新慢，破坏了信息的统一性和准确性，更为严重的是信息的不共享使得企业的信息流、资金流相互脱节，增加了财务核算的难度。

4. 信息化与管理和业务实践相脱节

很多初创企业花费了大量的投资费用之后，只是将信息系统用于简单数据的录入、查询、汇总和报表输出工作，这样做只是利用计算机来提高信息加工和获取的效率，并未从根本上改善企业管理流程，也没有帮助企业利用信息系统建立竞争优势，更谈不上为企业创造效益。一定要将这种信息化的意识深入到各个部门，让所有员工随着信息化一同进步。

5. 信息化专业人才相对缺乏

初创企业信息化急需复合型人才，这种复合是一种多元的复合，它包括：单科知识与多维知识的复合、网络知识与实战能力的复合、专业知识与市场开拓能力和资本运作能力的复合、企业管理能力与国际商务运作经验的复合。因此，当前最急迫的是提高领导层对信息化的战略意识，尽快确定企业信息化的整体思路和发展战略，选准一个切入点，并且开始进行复合型人才的培养和骨干的培训。

四、初创企业外部信息管理

对于初创企业来说，企业内部的信息化管理固然重要，但从某种意义上来说，外部信息的管理比企业内部信息管理更加重要。因为内部信息管理带给企业更多的是加强企业管理的效率和水平，实现费用的节约和使用效率的提升，而企业外部信息管理则有可能会直接给企业带来极大的经济效益。这对初创企业来说至关重要，没有市场、没有利润，就没有企业的发展，更谈不上管理。对于初创企业来说，市场的开拓和企业的成长比解决内部矛盾更加重要，所以说企业的外部信息管理是初创企业信息管理的重点。具体包含以下几方面：

1. 明确应收集的信息

对企业发展有重要意义的外部信息种类很多。

（1）从理论上来说分为以下几类：

1）事实、真实。事实、真实是指未经加工的事件所拥有的原始面貌。

2）消息、通知。消息、通知是指由传达而来，已经过某种程度整理的事实。

3）知性、智慧。知性、智慧是指由经验或理性推理而创造的事实或思考方法。

4）知识。知识是指由发现及思考而产生的系统化概念。

5）报告。报告是指经过事实调查后，所做出的记录结果和结论。

6）资料、记录。资料、记录是指汇集事实后记录下来的所有文字。

7）报道、传闻。报道、传闻是指最新、有新闻价值的事实，和对这个事实的传达。

（2）具体到实践中，主要就是：

1）环境信息。环境信息是指国家方针、政策，国内外重大事件，国内国际形势，地理、人口、文化等。

2）行业信息。行业信息是指本行业态势、现状、前景、行业规定等。

3）竞争信息。竞争信息是指对竞争对手的判断以及其销量、利润、管理、销售措施等相关信息。

4）产品信息。产品信息是指行业产品、竞争对手产品、替代产品、本企业产品等相关信息，如包装、款式、产品趋势等。

5）消费者信息。消费者信息包括消费者的需求、消费心理、消费动机、消费水平、消费习惯等相关信息。

6）渠道信息。渠道信息是指渠道的分布、渠道网络、渠道成员、渠道长宽度、渠道意见、渠道成员个人情况等。

7）价格信息。价格信息是指本企业的产品价格、竞争对手的价格体系、渠道价格、零售价格、新产品价格以及对这些价格的反馈信息。

8）广告信息。广告信息是指行业广告、竞争对手广告、广告表现手法、广告内容、广告目的等。

9）促销信息。促销信息是指促销内容、促销形式、促销地点、促销时间、促销效果等。

2. 学会筛选和取舍信息

“宁短毋缺”的收集方法能使人获得一大堆的资料，但这是相当不明智的，因为这种如脱缰野马似地收集信息的方式，光整理就得花费很长的时间，别说使用了。收集信息时，“取舍标准”是很难决断的事，它往往会在收集信息时给收集者造成心理阻碍。所以建议管理者不要实行“取舍标准”，而实行“采用标准”。一般人都有获得容易丢弃难的心理障碍，实行“采用标准”就更能符合一般人的心理状态。不过，“采用标准”的重点是信息并非一开始就使用，而是收集到某一程度后，再根据“为何这样做”而实行“采用标准”，这时信息收集就具有实用性了。

3. 要注重互联网的信息获取工具

互联网上有海量的信息，以下是几种常见的通过互联网有效获取信息的工具：

（1）搜索引擎。搜索引擎是指根据一定的策略、运用特定的计算机程序从互联网上搜集信息，在对信息进行组织和处理后，为用户提供检索服务，将用户检索相关的信息展示给用户的系统。搜索引擎包括全文索引、目录索引、元搜索引擎、垂直搜索引擎、集合式搜索引擎、门户搜索引擎与免费链接列表等。百度和谷歌是搜索引擎的代表。

（2）电子邮件。电子邮件即 E-mail，它是一种用电子手段提供信息交换的通信方式，是互联网上应用最广的服务。通过电子邮件系统，用户可以非常低廉的价格和非常快速的方式，与世界上任何一个角落的网络用户联系。这些电子邮件可以是文字、图像、声音等各种形式。同时，用户可以得到大量免费的新闻、专题邮件，并轻松地搜索信息。

（3）博客。博客又名网络日志，是一种通常由个人管理、不定期张贴新的文章的网站。博客上的文章通常根据张贴时间，以倒序方式由新到旧排列。许多博客专注在特定的课题上提供评论或新闻，也有一些比较个人的日记。一个典型的博客结合了文字、图像、其他博客或网站的链接及其他与主题相关的媒体，能够让读者以互动的方式留下意见，这是许多博客都具备的要素。大部分的博客内容以文字为主，也有一些博客专注在艺术、摄影、视频、音乐、播客等各种主题。博客是社会媒体网络的一部分。

（4）微博。微博是一个基于用户关系的信息分享、传播以及获取平台。微博用户可以通过 Web、Wap 以及各种客户端组建个人社区，以 140 字左右的文字更新信息，并实现即时分享。全球最领先影响力最大的微博客平台是美国的 Twitter（中文名：推特）。根据相关公开数据显示，截至 2010 年 1 月，该产品在全球已经拥有 7 500 万注册用户。2009 年 8 月中国最大的门户网站新浪网推出“新浪微博”内测版，成为国内首家提供微博服务的门户网站，微博正式进入中文上网主流人群视野。另有报告显示，截至 2011 年 12 月，中国成为世界微博用户总数最多的国家，达到 2.498 亿。

第 3 节　初创企业信息化需求和实施分析

一、初创企业与信息化模式

初创企业在信息化过程中的发展思路、建设模式和大型企业不同，其信息化建设模式呈现多样性、个性化的特点，必须坚持从初创企业的实际出发，寻找适合自身发展的信息化建设模式。初创企业信息化建设需求主要存在于投入产出比、个性化、适应性、实施成效、操作和维护等方面。

1. 有较高的投入产出比

初创企业规模小、资金匮乏。因此要求信息化建设能够以有限的资金做更多的事，能够真正解决企业的一些急迫问题，确确实实获得明显的回报，即对信息化的投入产出比要求很高。所以初创企业在选择某种信息化产品时，对价格非常敏感，要求有较高的性价比，产品再好但价格太高也宁愿放弃，价格是初创企业信息化建设的主要考虑因素。其次是成本收益分析，即分析通过信息化企业能够获得什么，信息化解决方案的功能是否齐全，是否能够解决企业某些具体实际的管理问题等。

2. 有较强的个性化应用

初创企业信息化的发展因不同行业、不同地区、不同发展阶段等因素而有所差异。特别是不同行业、不同规模的初创企业在信息化建设的不同阶段也有着不同的需求。具体到每个企业而言，其在管理模式和管理流程等方面也存在着很强的个性化差异，这也要求初创企业的信息化投资和相应的解决方案和实施都要具有实用性和灵活性。信息化产品提供商针对大型企业的标准化实施并不适合初创企业。

3. 有较强的灵活性和动态适应性

首先，面对激烈的市场竞争和瞬息万变的市场需求，初创企业必须以市场需求为导向，信息系统的建设相应地也要能够灵活应对市场需求的变化。其次，初创企业的经营发展具有不稳定性，其经营方针、业务范围等时常会发生变化，因此对信息系统的功能需求也在不断改变，这就要求信息化建设具有动态调整性。最后，处于转型期和发展中的初创企业，从管理层到业务层的规模也在发生变化，企业规模的扩大要求信息系统也能够随之转型升级，具有较大的灵活性。

4. 信息系统实现快见效快

一般信息化建设的开发和实施都需要投入大量的人力、物力和财力，对于资金匮乏的初创企业来说很难耗得起，而且越复杂的信息系统需要协调的因素就越多，开发周期也越长，见效也慢。而初创企业的信息化建设一般注重短期利益，希望信息系统能够尽快实施，并在短期内取得明显的效果，以满足企业对市场的敏锐反应和快速经营决策的需求，从而降低企业经营的风险。

5. 信息系统的操作简便维护简单

初创企业对信息系统的要求是“简单、易用、快捷、安全”。面对初创企业的信息系统最好是傻瓜式的操作，特别是公司高层使用的软件越简单越好，否则接受起来会比较困难。再者，多数初创企业缺乏专业的信息化支持人员，信息化产品提供商的后续维护费用比较高，这就要求企业建设的信息化系统维护工作量尽量少。

二、初创企业信息化的需求分析

1. 信息化产品

初创企业对信息化的投入正在逐年增加，信息化整体需求仍然以硬件为主，但对软件和服务的需求正在逐年加大。在信息化服务方面，67%的初创企业愿意为信息化服务付费。据有关初创企业信息化调查问卷数据显示：2009 年，在初创企业信息化投资中，硬件占据的比例将近 60%，软件、信息化服务的比例相对较低。2010 年，中国初创企业对于硬件采购的投入趋于谨慎，更多地采取服务外包的形式获取资源，对信息化服务的需求逐年增长，信息化服务需求已占到总体信息化需求的 24.7%，有 52.78%的企业希望能够得到同行业标杆企业信息化建设经验的推广应用，并希望能以多种方式组织企业与行业标杆企业展开交流。从具体产品来看，目前在初创企业中应用最为普遍的信息化产品依次为财务管理系统、办公自动化系统、客户关系管理系统、业务流程管理系统和企业资源规划系统（见图 2—4）。

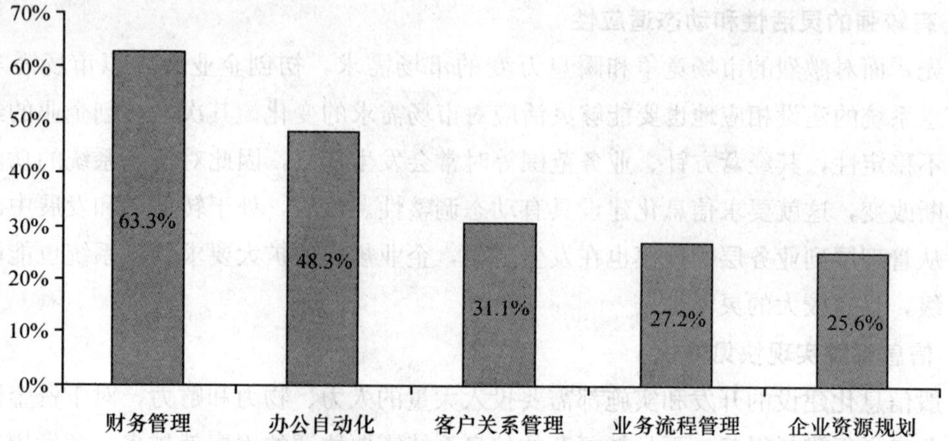

图 2—4　初创企业各类信息化产品需求比例

2. 信息化渠道

初创企业信息化建设的流程为：首先形成信息化建设意识，然后实施信息化建设，再到信息化的具体应用。在整个建设流程中，由于初创企业本身的特性，其对信息化及信息化产品的认识存在一定的局限性，导致对信息化建设重视不够。在进行信息化建设时，27.8％的初创企业选择合作或外包的开发方式，23.9％的初创企业选择直接购买专业的咨询、培训和运维服务，20％的初创企业选择了购买软件产品的授权，而18.3％的初创企业选择采用软件运营服务模式。

3. 信息化应用

信息化产品的应用目前面临着两方面的难题：

（1）企业在信息化建设中针对不同的管理需求而引入了不同的应用系统，但各单个业务系统无法面向整个业务过程，各个系统之间也难以紧密集成，在企业内部形成多个应用的孤岛，企业不得不花费大量的人力、物力和财力在不同的应用系统之间切换，造成运营和决策支撑的效率低下和反应迟缓。

（2）目前初创企业的信息化大多数还只是处于比较基础的层次，企业信息技术部门只是作为企业的成本中心出现，工作的主要任务是维护企业信息化系统，信息化应用还仅仅旨在强化内部管理，规范业务流程，各个系统之间不能很好地发挥协同作用，局限于日常办公、市场营销、客户数据管理、财务管理等。

4. 信息化服务

初创企业大多希望服务商提供覆盖从研发设计、生产制造到经营管理、市场营销的一体化产品和解决方案，提供从诊断、规划到实施、运维的一条龙服务，并倾向于希望实现

“一条龙服务”的低成本化。初创企业采购比例最高的服务是信息化培训和信息化规划，并且要求采购和维护成本较低、实用性强、运行稳定。

三、初创企业信息化建设模式

1. 传统信息化建设模式

（1）定制开发模式。定制开发模式即针对企业管理规范和业务需求，以专项定制开发为主，除特别因素外（如财务管理系统等），一般不选择购买成熟的商品化软件系统。主要形式有自主开发和合作开发。

（2）信息化外包模式。信息化外包是指企业战略性选择以外部专业技术和服务资源来替代内部部门和人员来承担企业信息化系统或系统之上的业务流程的运营、维护和支持的信息化服务。由此可以看出，信息化外包服务是企业将信息化成套的解决方案，包括软硬件、系统实施和后续服务委托给专业的、技术实力雄厚和经验丰富的第三方软件公司和科研机构进行信息化建设。这种模式对企业来说优势很明显，可节省信息化基础设施投入和信息化人力成本，充分利用专业信息化服务机构成熟的项目运作经验和对相关行业背景的了解，发挥信息产品开发商的技术优势和项目优势，企业可以集中力量于自己的核心业务，提升自身竞争能力，提高信息技术的投资回报率。

（3）整体引进模式。这种模式主要是指由专业的商品化软件供应商向企业提供商品化的通用软件，然后派出自己专业的项目实施团队，负责项目的实施。

2. 网络时代的信息化建设模式

（1）应用服务提供商（ASP）。应用服务提供商主要是指配置、租赁和管理应用解决方案，为商业、个人提供服务的专业化服务公司。ASP是一种信息化租赁模式，初创企业可以通过向应用服务提供商租赁管理软件进行业务运作和管理。在这种租赁业务模式下，任何用户只要通过网络，就可以向ASP租用所需要的软件，而不必在本地的机器上安装该软件，从而节省一大笔用于信息化产品技术购买和系统运行维护的费用，以低成本获得高效执行的信息化应用服务，同时免去了系统更新升级的工作。

（2）软件运营服务模式（SaaS）。SaaS是通过互联网提供应用程序的软件租赁模式。用户不需要购买软件而是通过租赁软件的方式首先对软件进行在线体验，再根据自己的业务需要自己定制所需要的功能模块，然后按照用户选择的功能模块进行收费。用户主要通过浏览器使用在线软件管理公司的销售数据、财务数据、采购数据等，不需要考虑软件的安装、升级和维护问题，因此在减少人力、物力、财力的情况下可以集中精力完成本公司的核心业务，提高效率。

从发展演变来看，SaaS是由ASP发展而来的，但传统的ASP只是针对每个客户定制不同的应用，是单租户模式和“一对一”的定制模式；而 SaaS 则是提供通用的软件公共平台，为多用户服务的“一对多”多租户模式，用户可以根据自己的需要进行定制。

3. 未来初创企业信息化建设模式趋势——云计算

随着云计算技术的兴起，对于初创型企业来说，是一个极大的福音，特别是和移动互联技术结合之后的基于云计算的云应用和云服务，更是给初创型企业带来巨大的使用成本优势和使用便捷。云计算（Cloud Computing）是一种基于互联网的超级计算模式，在远程的数据中心里，成千上万台计算机和服务器连接成一片电脑云，用户通过计算机、手机等方式接入数据中心，按自己的需求进行运算。针对中小企业信息化需求，公有云（Public Cloud）作为基于标准云计算的一个重要模式，由云计算服务提供商运营，为最终用户提供各种信息技术资源与服务，包括应用程序、软件运行环境、物理基础设施等。其实例包括亚马逊的弹性计算云 Amazon EC2、IBM 的 Blue Cloud、Sun Cloud、谷歌的 App Engine 以及国内著名的公有云服务平台——“睿云在线”等。

（1）云计算的特点

1）按需服务。云计算是把信息技术作为服务提供的一种方式，这种服务的概念都是从用户角度出发、而不是从服务提供商的角度来考虑问题，因此用户可以根据需求即时得到服务。这种服务方式降低了用户使用服务的进入和退出门槛，从而降低服务绑定的可能性和投资风险。

2）资源池。云计算需要把计算资源集中到一个资源池中，通过租用的方式来为不同用户提供服务。根据资源池中资源的类别，云计算的服务有若干模型，针对中小企业而言，公有云模式可提供最快速和最经济的信息化服务。

3）高可扩展性。云计算平台的资源池本身比较巨大，考虑到会有大量不同用户共用一个资源池，他们之间的资源使用模式一般存在互补性，所以对于某个用户的需求而言，云计算具有很高的可扩展性，其资源几乎是无限的。

4）弹性服务。云计算的资源分配方式可以根据应用访问的具体情况进行动态调整，包括增加或减少资源的要求。因此，云计算对于非恒定需求的应用具有非常好的应用效果，比如需求波动很大、阶段性需求等。云计算用户能在任意时间根据需要得到计算资源。

5）自服务、自动化、虚拟化。对于云计算服务提供方而言，自服务要求提供尽量简单的用户操作界面，以降低用户使用服务的难度。由于是人机交互，因此服务响应速度的要求就会更高。所有这一切都需要通过后台自动化的方式才能实现，即后台自动化是前台自服务的保障。而虚拟化是把资源从硬件束缚中解放出来的一种方式，使得资源的动态分配成为可能。

6）便捷网络访问。云计算使得用户可以在任何地方运用任何设备（如个人计算机、手机、平板电脑等）通过网络来访问需要的信息服务。

7）服务可度量。云计算服务提供方和用户之间需要有一个服务水平协议，对于公有云而言，服务可度量是计费的前提，可以根据实际使用量来进行付费。

（2）云计算的信息化收益分析

1）低成本。云计算低成本主要体现在客户端的低成本采购、更低的信息化基础设施成本、更低的软件成本。这种成本的降低来源于信息化运作模式的改变，即由传统的企业自建信息化基础设施和运行软件模式转为云计算模式下企业通过客户端使用云中的信息化基础设施和软件。

2）实时的更新和维护。无论何种规模的企业，云计算在降低硬件和软件的维护费用方面给企业带来了收益。在云计算中，企业信息技术人员对系统的维护，主要是通过云计算服务提供商为企业客户提供的良好的用户体验界面和租用给企业的硬件和软件进行配置和维护的，而后端的维护工作则是由云计算服务提供商进行。在软件更新升级方面，用户不需要在过时的软件和高昂的升级费用之间作出选择。对基于 Web 的应用程序，更新会自动进行，并在下一次用户登录到云计算平台时自动生效。用户访问的基于 Web 的应用程序总是处于最新版本，无须支付升级费用或下载更新。

3）随需应变。随需应变即云计算服务提供商按照用户不断变化的需求提供相应的硬件、软件和服务。当企业业务猛增或客户端数量迅速增加时，对计算机的负载能力和处理能力提出了较高的要求，云计算计算能力和存储能力都会根据企业的需要而动态地增加，且在使用的波峰和波谷可租用的计算能力也是不同的，信息化资源得到有效利用。

4）系统兼容性更强。系统兼容性指的是不同操作系统之间的通信和数据共享之间存在的问题。在传统模式下，Windows 操作系统、Mac 与 Linux 操作系统之间的连接共享需要较高成本的兼容性架构设计来完成。而在云计算中，所有操作系统接入云中，然后不同操作系统的用户通过浏览器客户端访问并共享数据，在这里数据重要性要高于系统，所以不同文件格式之间的共享也不存在兼容性问题。云计算共享的是数据，基于 Web 应用程序创建的所有文件也不会存在兼容性问题。

四、初创企业信息化建设模式的选择

企业信息化建设要以需求为导向，特别是初创企业信息化建设模式的选择更是注重实效。所以初创企业在选择信息化建设模式时首要明确的是信息化建设的需求，从企业的战略层、管理层、业务层都要有清晰的认识，这样在选择时就会比较明确。信息化的不同建设模式都有不同的特点，有各自的优势和劣势。企业在考察这些优劣势时，需要根据企业的实际情况及信息化现状进行衡量，如企业资金情况，现有信息化基础设施情况、人员素质情况等，还要考虑信息化发展的阶段，这包括空白期、发展期和成熟期。

企业规模及组织结构不同，系统的统一性、软件功能、实施难度都会有所不同。一般来说，企业规模越大、组织结构越复杂，对信息系统的功能要求越高、实施难度也越大。尽管是针对初创企业，但其内部规模大小差距也是比较大的。企业在发展中不同阶段，信息化建设模式的选择也会有所不同。初建期可采用网络模式或小型商品化软件；到了稳定发展期，可选择成熟的商品化软件或考虑定制开发，到成熟期则采用维持或削减信息化投资，或以租赁的网络模式为主。企业在选择信息化建设模式过程中，可以下述几个指标作为选择的依据：部署成本、开发周期、灵活性、升级和维护成本、风险、个性化水平、安全性、质量水平、企业规模等。表2—1是根据以上指标进行的对比，初创企业可以根据自身的特点和需求有针对性地进行选择。

表2—1　信息化建设传统模式与网络模式比较

指标	传统模式			网络模式		
	定制开发	信息化外包	整体引进	应用服务提供商	软件运营服务	云计算
部署成本	很高	较高	很高	低	低	低
开发周期	长	长	长	较短	短	短
灵活性	高	中	较低	较高	高	高
升级和维护成本	高	高	中	低	低	低
风险	高	高	中	低	低	低
个性化水平	高	中	中	中	中	中
安全性	中	高	高	中	中	中
质量水平	中	高	高	高	高	高
企业规模	大型	大中型	中小型	中小型	小型	中小型

通过对信息化建设传统模式与网络模式的选择指标对比可以看出，云计算模式对初创企业信息化建设而言几乎是最佳的选择。

虽然消息传递、工作协作以及在线会议服务等是企业日常运营所需的关键应用，但要购买和运行这些应用服务，企业需要支付很高费用，并且必须定期对其进行维护和监视以确保其安全可靠的运行。随着基于Web应用技术的发展，尤其是云计算概念的兴起，企业用户现在可以根据需要向在线服务提供商购买并立即使用相应的应用程序和服务，而不需要亲自对它们进行部署和维护操作。

使用在线服务有很多显而易见的好处，其中包括可以降低总拥有成本，不需要聘请具有专业技能的员工、无需置办硬件设备、无需维护和操作服务器软件等。另外，服务可随时扩展以符合企业自身的业务增长需求，而不必担心相关配置过少或过多，在线“虚拟”信息技术部门可以根据自身不断变化的需求予以增长或缩减。

五、初创企业的信息化实施

1. PDCA 循环

初创企业的信息化实施方法众说纷纭，其中操作简单但有效的方案为 PDCA 循环。PDCA 循环又叫戴明环（见图 2—5），是由美国质量管理专家戴明博士提出的，它是全面质量管理所应遵循的科学程序。全面质量管理活动的全部过程，就是质量计划的制订和组织实现的过程，这个过程就是按照 PDCA 循环，不停顿地周而复始地运转的。PDCA 循环是能使任何一项活动有效进行的一种合乎逻辑的工作程序，特别是在质量管理中得到了广泛的应用并获得了经济成效。P、D、C、A 四个英文字母所代表的意义如下：

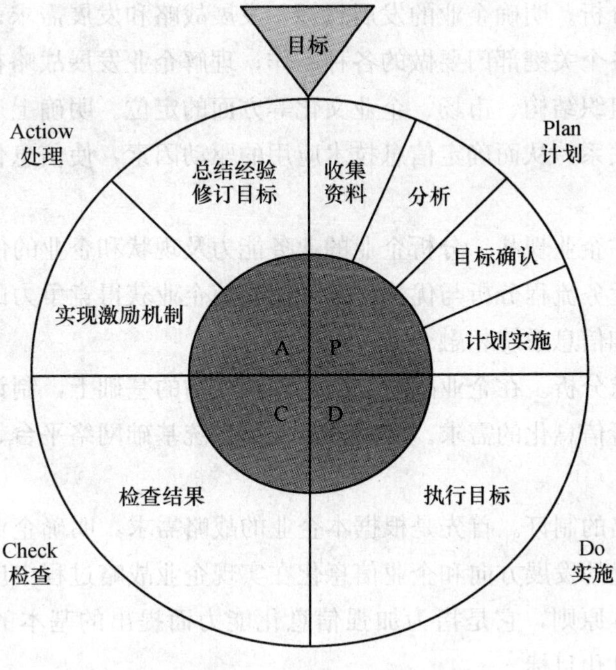

图 2—5　PDCA 循环

P（Plan）——计划，包括方针和目标的确定以及活动计划的制订。

D（Do）——执行，就是具体运作，实现计划中的内容。

C（Check）——检查，就是要总结执行计划的结果，分清哪些对了，哪些错了，明确效果，找出问题。

A（Action）——对检查的结果进行处理，认可或否定。成功的经验要加以肯定，并通过模式化或标准化来适当推广，失败的教训要加以总结，以免重蹈覆辙。

全面质量管理活动的运转，离不开管理循环的转动，也就是说，改进与解决质量问题，赶超先进水平的各项工作，都要运用PDCA循环的科学程序。不论提高产品质量，还是减少不合格品，都要提出目标、制订计划、执行计划，判断是否实现了预期效果或达到预期的目标，并通过检查找出问题和原因，最后要进行处理，将经验和教训制定成标准、形成制度。

2. PDCA循环在信息化实施过程中的运用

实际上该循环不但可以用在质量控制中，同样可以有效地运用于信息化的实施过程中。以下介绍具体的实施步骤：

（1）环境分析。环境分析是企业信息化规划的依据，要深入分析企业所处的国内外宏观环境、行业环境以及企业具有的优势与劣势、面临的发展机遇与威胁等。

（2）企业战略分析。明确企业的发展目标、发展战略和发展需求；明确为了实现企业级的总目标，企业各个关键部门要做的各种工作；理解企业发展战略在产业结构、核心竞争力、产品结构、组织结构、市场、企业文化等方面的定位。明确上述各个要素与信息技术特点之间的潜在关系，从而确定信息技术应用的驱动因素，使信息化规划与企业战略实现融合。

（3）分析与评估企业现状。分析企业的业务能力及现状和企业的信息化能力及现状。

（4）企业关键业务流程分析与优化。发现能够使企业获得竞争力的关键业务驱动力以及关键流程，使其和信息系统相融合。

（5）信息化需求分析。在企业战略分析和现状评估的基础上，制订企业适应未来发展的信息化战略，分析信息化的需求。需求分析包括系统基础网络平台、应用系统、信息安全、数据库等需求。

（6）信息化战略的制订。首先是根据本企业的战略需求，明确企业信息化的远景和使命，定义企业信息化的发展方向和企业信息化在实现企业战略过程中应起的作用；其次是起草企业信息化基本原则，它是指为加强信息化能力而提出的基本的准则和指导性的方针；最后是制订信息化目标。

（7）确定信息化的总体构架和标准。要从系统功能、信息架构和系统体系三方面对信息系统应用进行规划，确定信息化体系的总体架构，拟定信息技术标准，使企业信息化具有良好的可靠性、兼容性、扩展性、灵活性、协调性和一致性。

（8）信息化项目分解。定义每一个项目的范围、业务前提、收益、优先次序以及预计的时间、成本和资源，并对项目进行分派和管理，选择每一个项目的实施部门或小组，确定对每一个项目进行监控与管理的原则、过程和手段。

(9) 信息化保障分析。针对每个项目进行保障性分析，即按重要性排列优先顺序并进行评分，根据结果做出初步取舍，形成路标规划，然后对项目进行财务分析，根据公司财力决定取舍。

(10) 持续改进。在项目完成之后，不断在工作中积累相关使用经验和建议，定期对系统的使用进行回顾和研讨。经过一定时期的积累可以进行系统的改进建设，实现系统和企业管理水准的共同进步。

以上实施步骤并无固定标准，可以根据具体的项目要求和实际需要进行取舍。

第 4 节　初创企业信息化产品介绍

市场上可供初创型企业选择的信息化产品和服务有很多，可以依据其功能分为专业类和通用类。例如财务软件几乎是所有企业都需要的，这种软件就称为通用类软件，而计算机图像设计类软件的指向性较强，称为专业类软件。以下介绍一些目前市场上所有适合初创型企业选择的通用类产品及相关服务。

一、企业邮箱与协同办公系统

传统意义上通常把企业邮箱和协同办公系统分开讨论，但是互联网技术发展到今天，事实上这两个系统已经有机地融合到了一个体系里，没有邮件的办公系统几乎是不可想象的。

以上海市经济和信息化委员会推荐的针对中小型企业开发的云计算示范项目“睿云在线”为例。“睿邮”基于微软 Exchange 平台技术，能够为企业提供稳定的电子邮件收发，还能提供联系人、日程表和任务的协作共享，提升团队的工作效率。“睿邮”旗舰版还提供移动应用，用户使用手机、平板电脑即可实现邮件实时推送、联系人和日程的移动管理，并可实现手机与个人计算机的信息同步，只需在手机上处理邮件及各种协作信息，内容会自动同步到个人计算机，同时也可使用 Outlook 客户端或 Web 方式进行管理。用户可方便编辑、发送共享日历请求，与团队成员共享日程信息或随时发起会议邀请，信息会自动添加至受邀者的手机日历中，并进行定时提醒。用户可使用一个账号统一管理多个邮箱，同时还可以进行邮件流程审批、邮件追踪等应用，为信息管理与协同办公提供更多的便利。

二、企业门户与共享平台

企业门户可以将企业及员工的信息、项目及知识管理等各类资源紧密连接，实现企业内部的高效协作。

以“睿云”为例，用户可以通过内容发布平台快速发布企业公告；可进行文档层级分类管理，通过文档批量上传等功能实现文档知识共享，同时实现文档版本管理，并支持文档类及大文件（如视频等）的下载；可实现办公自动化工作流，如查看项目处理的审批状态，方便监控流程状态并可对流程进行批准、拒绝、取消、请求更改、重新分配任务等审批的动作并添加审批批注；可实现企业内部员工的讨论、投票等。

三、即时通讯、音视频沟通与网络会议系统

传统的个人即时通信系统无法满足企业级的应用，但在创业初期的企业可以考虑使用，因为其基本没有购买成本。当企业发展到一定程度后，可以购买其企业版，以实现无缝升级和保证操作习惯的延续性。

例如 QQ 企业版为用户提供即时的在线状态信息以及增强的即时信息能力，包括音、视频会话，可根据用户在线状态选择最佳的沟通方式，协助用户更便捷、高效地进行沟通。联机会议功能可以轻松创建并主持参与在线电话或视频会议，丰富的用户体验、交互的会议场景、集成的沟通手段，实现跨越空间的高效率协作。针对共同主题进行多方讨论，让分散各地的小组成员更紧密地开展合作，同时还可以为会话群组进行特别设置，使群组成员获得所关心内容的最近更新。将传统的 IP PBX 电话语音功能与丰富的用户在线状态信息、即时信息、网络会议功能进行整合，优化企业沟通方式，降低沟通成本。

四、财务软件

财务软件实现企业财务账目、企业资金账户、企业收支状况等方面的管理。以金蝶财务管理软件为例，它支持多种预算编制方式，可基于目标、业务计划进行全面预算的快速编制，灵活支持预算的分解、汇总、调整和变更。预算管理系统与企业资源计划全面融合一体，可参照业务计划形成财务预算，可对业务活动执行严格的事前控制。通过预算执行分析，有效监控经营进度，对关键经营指标进行动态预警。

而在线财务软件是基于互联网操作的财务管理软件，以其标准会计应用，全面实现账务、凭证、报表等会计业务日常处理及财务分析，随时随地为企业提供专业便捷、协同高效的财务管理服务。

在线财务软件从应用部署上有不同的模式。对于初创企业而言，可选择由软件商提供

统一服务平台和在线管理的公共软件运营服务模式，用户缴纳服务年费，财务数据由软件商统一代为保管，费用低廉。

五、其他系统

除了以上介绍的这些系统，当企业发展到一定阶段后，还可能需要一些更高层级的系统。

1. ERP 系统

ERP，是英文 enterprise resource planning 的缩写，是指企业资源计划。ERP 系统是指建立在信息技术基础上，以系统化的管理思想，为企业决策层及员工提供决策运行手段的管理平台。它是从 MRP（物料需求计划）发展而来的新一代集成化管理信息系统，它扩展了 MRP 的功能，其核心思想是供应链管理。它跳出了传统企业边界，从供应链范围去优化企业的资源。ERP 系统集信息技术与先进管理思想于一体，成为现代企业的运行模式，反映时代对企业合理调配资源，最大化地创造社会财富的要求，是企业在信息时代生存、发展的基石。它对于改善企业业务流程、提高企业核心竞争力具有显著作用。国内著名的 EPR 提供商有金蝶、用友、速达等。

2. CRM 系统

CRM 系统即客户关系管理系统（customer relationship management），它是以客户为中心，以客户价值来判断市场需求，能满足正在从“产品中心”向“客户中心”进行战略过渡的企业需求。CRM 的核心是客户价值管理，它将客户价值分为既成价值、潜在价值和模型价值，通过一对一营销原则，满足不同价值客户的个性化需求，提高客户忠诚度和保有率，实现客户价值持续贡献，从而全面提升企业盈利能力。尽管 CRM 最初定义为企业商务战略，但随着信息技术的参与，CRM 已经成为管理软件、企业管理信息解决方案的一种类型。CRM 的实施目标就是通过对企业业务流程的全面管理来降低企业成本，通过提供更快速和周到的优质服务来吸引和保有更多的客户。作为一种新型管理机制，CRM 极大地改善了企业与客户之间的关系，实施于企业的市场营销、销售、服务与技术支持等与客户相关的领域。

【本章知识点小结】

<table>
<tr><td rowspan="27">机会及初创企业信息化现状</td><td rowspan="4">信息化时代特征和趋势</td><td>社会智能化、虚拟化</td></tr>
<tr><td>生产电子化、开放化</td></tr>
<tr><td>结构全球化、渗透化</td></tr>
<tr><td>生活非群体化、个性化</td></tr>
<tr><td rowspan="3">中国社会的发展和变化</td><td>贫富差距的拉大</td></tr>
<tr><td>人才定义更新</td></tr>
<tr><td>新职业和新行业产生</td></tr>
<tr><td rowspan="3">创业者的机会</td><td>大量数据和信息</td></tr>
<tr><td>提供新型商业机会</td></tr>
<tr><td>新型商业模式产生</td></tr>
<tr><td rowspan="3">初创企业信息化现状</td><td>投资规模的快增长</td></tr>
<tr><td>行业发展状况差异明显</td></tr>
<tr><td>信息化建设存在诸多困难</td></tr>
<tr><td rowspan="4">初创企业信息化系统建设现状</td><td>效果明显低于预期</td></tr>
<tr><td>内容未能实现应有价值</td></tr>
<tr><td>协同程度较低</td></tr>
<tr><td>难以适应业务快速调整需要</td></tr>
<tr><td rowspan="5">主要障碍及存在的问题</td><td>对信息化认知程度不够</td></tr>
<tr><td>建设原有模式投入成本高</td></tr>
<tr><td>信息孤岛现象的普遍存在</td></tr>
<tr><td>与管理和业务实践相脱节</td></tr>
<tr><td>信息化专业人才相对缺乏</td></tr>
<tr><td rowspan="3">外部信息管理</td><td>明确应收集的信息</td></tr>
<tr><td>信息筛选和取舍</td></tr>
<tr><td>注重使用工具获取信息</td></tr>
</table>

续表

信息化需求和实施分析	初创企业与信息化模式	较高的投入产出比
		较强的个性化应用
		较强灵活性和动态适应性
		快速实现、快速见效
		操作简单、维护工作量少
	信息化的需求分析	信息化产品
		信息化渠道
		信息化应用
		信息化服务
	信息化建设模式选择	传统信息化建设模式
		网络时代信息化建设模式
		未来建设模式趋势——云计算
		建设模式的选择依据
		信息化实施
信息化产品介绍	企业邮箱与协同办公系统	
	企业门户与共享平台	
	即时通讯、音视频沟通与网络会议系统	
	财务软件	

【信息管理—案例分析】

从信息管理找到创业的先机

某创业者，有多年的信息技术行业从业经验，想创办自己的企业，从事农产品销售方面的工作。他先通过互联网广泛收集了大量关于农产品的生产、销售等方面的相关信息，然后通过电子邮件和相关农产品的行业协会联系，实地考察了国内数个农产品产区。

在完成产区考察任务之后，他开始考察全国各主要城市的大型冷库。到冷库实地了解几类农产品的库存情况，他发现各冷库大量积压前两年出产的苹果。于是他根据这一情况进行分析，分析结果是：由于前几年苹果畅销，导致各地果农都扩大苹果种植，导致苹果滞销，价格下跌，只能存在冷库里。而这种局面又导致果农大量减少苹果种植，于是就会出现整体性的市场短缺。

根据这一分析和结论，他和十几家主要冷库达成协议，用很少的费用购买到了每个星期的苹果库存量信息，这些数据由冷库定期通过邮件方式发送给他。他将这些数据录入自己编制的一个数据分析系统，通过冷库中苹果的库存对市场情况进行了有效的评估和判断，比较准确地找到了当年苹果收购的最佳时机（产出质量好、收购价格低），精确地判断了市场供求转换点。最终在这一个单项上实现了年资金收益率80%，远超这个行业从业者的平均水平。

思考题

1. 他是通过何种方法收集、分析外部信息来支持自己创业的？

2. 试论他从事该行业工作与原行业从业者的不同？

3. 他在创业过程中主要运用了哪些信息技术手段和工具？简述这些手段和工具的作用。

第 3 章

营销管理

【本章导读】

信息是基础，营销则是企业发展的一个重要环节。根据企业的特点，建立自己的营销管理是现代企业实现营销目标的手段。企业必须针对目标市场的需要对自己可控制的各种营销因素（产品、价格、渠道、促销等）进行优化组合和综合运用，使之协调配合、扬长避短、发挥优势，以取得更好的经济效益和社会效益。营销管理应从过去的促销手段向营销组合转变，实现营销理念的创新发展。

第 1 节　产品策略

产品是指企业能提供给市场以引起人们注意，使其获取、使用或消费，从而满足某种欲望和需要的一切东西。我们所想象的大部分产品是实体产品，如汽车、烤面包器、鞋子、鸡蛋、书籍等，但产品也包括服务（有时称作服务产品），如理发、音乐会、度假等。甚至有时人也可被看作是产品，这并不是指我们可以“买到”某个人，而是指我们对她投以注意，购买她的录音带及欣赏好的音乐会。某个地点如夏威夷也可用来出售，人们既可以在夏威夷购置一些房产，又可以去那里度假。在现代营销中，主意也是产品，它可能比实物和服务更值钱。企业要吸引顾客，与众不同的产品策略是必不可少的。

一、整体产品概念

在买方市场的条件下，顾客愿意花钱购买的是整体产品。整体产品概念把产品分为五个层次：

1. 核心利益

产品最基本的层次是核心利益，即顾客真正所购买的基本服务或利益。在旅馆，住宿旅客真正要购买的是“休息与睡眠”；对于唇膏，女士们真正要购买的是“某种期望”；对于钻头，人们真正要买的是“洞”。

2. 一般产品

即产品的基本形成。如一个旅馆由一个前台和出租房间组成。

3. 期望产品

即顾客购买某件产品时通常希望和默认的一组属性和条件。例如，旅客期望有干净的床、肥皂、毛巾、管道热水、电话、衣橱和相对安静的环境。由于大多数旅馆能满足旅客最低的期望，所以旅客通常没有什么偏好并且找最方便的旅店留宿。

4. 附加产品

附加产品即增加的服务和利益，它们能把一家企业提供的产品与竞争者的区分开来。例如，旅馆能增加它的产品，包括洗发水、鲜花、进出手续快捷、美味晚餐、良好的服务等。有人经过观察说：卖牛排者“不是在销售牛排，而是在销售滋滋声”。产品的附加层次使得营销人员必须正视购买者的整体消费系统，正如莱维特所说：“现代竞争并不在于各家公司在其工厂中生产什么，而在于他们能为其产品增加些什么内容？诸如包装、服务、广告、客户咨询、融资、送货、仓储以及其他被重视的热门价值。”

5. 潜在产品

即全部的附加产品和在将来该产品最终可能会实现的内容。如果附加产品包含着产品的今天，则潜在产品指出了它可能的演变。许多成功的公司在他们提供的产品中，不仅添加了顾客的满意因子，而且添加了顾客的愉快因子。愉快因子是指对提供的产品添加了出乎意料的惊喜。例如，1993 年 11 月，上海新锦江大酒店用伊斯兰方式接待文莱国王一行，使他们喜出望外。

二、产品生命周期

产品生命周期指产品的市场寿命，即一种产品从开始进入市场到被市场淘汰的整个过程。

典型的产品生命周期可分为四个阶段，即投入期、成长期、成熟期和衰退期。产品在其生命周期的不同阶段，在销售额、市场需求、市场竞争等方面具有不同特征，企业应相应地采取不同的营销策略。

1. 投入期

新产品初上市，知名度低，销售增长缓慢。由于宣传介绍费用高，企业没有利润甚至亏损。

2. 成长期

新产品上市经宣传介绍后，若被市场接受即进入成长期。这时期销售迅速增长，利润也显著上升，竞争者的类似产品陆续出现。

3. 成熟期

这是产品大量投产和大量销售的相对稳定时期，销售额和利润的增长达到顶峰后增速渐缓并开始呈下降趋势。同时，由于竞争激烈，营销费用增加，价格开始下降，而成本却上升。

4. 衰退期

由于竞争激烈、需求饱和或新产品出现，使销售额明显下降、利润日益减少，最后因无利可图而退出市场。

以上各个阶段很难硬性规定出具体的数量界限，因此通常根据销售曲线的显著变化之处来划分。不同产品生命周期的长短，以及同一产品各个阶段时间的长短，均有明显区别。但总的来说，随着科学技术的进步和市场竞争的激化，产品生命周期有日益缩短的趋势。

理想的产品生命周期形态是：投入和成长期较短，很快达到顶峰；成熟期持续很长时间，即可长期获得大量利润；衰退期极其缓慢，即利润的减少是一个渐进过程。

三、产品生命周期各阶段的策略

1. 投入期营销策略

新产品初上市，由于顾客对它还不熟悉，销售量增长缓慢。在此阶段，为了建立新产品的知名度，需要大力促销、广泛宣传，吸引潜在顾客的注意和试用，同时争取打通分销渠道、占领市场。通常应将新产品的促销重点集中于高收入群体，因为他们最可能成为第一批购买者。投入期由于产量小、销售量小、成本高、生产技术还有待完善，加之必须支付高额促销费用，定价需要高些，但即使如此，利润仍接近于零，有些甚至亏损。因此，对开发新产品的风险性要有足够的估计。在这个阶段，营销策略要突出一个“准”字，即市场定位和营销组合要准确无误，符合企业和市场的客观实际。企业可以采取如下四种具体的营销策略：

（1）快速掠取策略。以高价和大量的促销支出推出新产品，快速建立知名度，以尽快收回投资。这种策略的适用条件是：产品确实有特点和吸引力，但知名度还不高、市场潜力很大，并且目标顾客有较高的支付能力，面对潜在竞争者的威胁，急需建立品牌形象。

（2）缓慢掠取策略。以高价和少量的促销支出推出新产品，目的是以尽可能低的费用开支取得最大限度的收益。这种策略的适用条件是：市场规模有限，产品已有一定的知名度，目标顾客愿支付高价，潜在的竞争并不紧迫。

（3）快速渗透策略。以低价和大量的促销支出推出新产品，以争取迅速占领市场，然后再随着销量和产量的扩大，使单位成本降低，取得规模效益。这种策略的适用条件是：市场规模很大，但对该产品还不了解，多数购买者对价格十分敏感，潜在竞争的威胁严重，单位成本有可能随生产规模扩大和生产经验的积累而大幅下降。

（4）缓慢渗透策略。以低价和少量促销支出推出新产品。低价可扩大销售，少量促销支出可降低营销成本、增加利润。这种策略的适用条件是：市场规模很大并熟悉该产品，市场对价格很敏感，存在某些潜在的竞争者但威胁不大。

2. 成长期营销策略

新产品上市后如果符合市场需要，即进入成长期。在此阶段，销量迅速增长，产品的最初购买者继续光顾，反应迟缓的消费者和用户也开始大批购买。在高额利润的吸引下，新的竞争者进入市场，给产品增添了新的特色并扩大了销售市场和分销渠道。为了应对竞争者和扩大销售市场，售价应与投入期持平或略低，促销费用应保持与投入期相同的水平甚至更高些。但由于产量和销量扩大，单位成本大大降低，因而利润迅速增加。这个阶段营销策略的重点应放在一个"好"字上，即保持良好的产品质量和服务质量，切勿因产品畅销而急功近利，粗制滥造，片面追求利润。

企业为了促进市场的成长，具体可采取如下策略：

(1) 努力提高产品质量，增加新的功能、特色和款式。

(2) 积极开拓新的细分市场和增加新的分销渠道。

(3) 广告宣传的重点应从建立产品知名度转向劝说顾客购买。

(4) 在适当时间降低售价，吸引对价格敏感的顾客并抑制竞争。

企业实行上述市场策略，可加强其竞争地位，但同时也会使营销费用增加、利润减少。因此，产品处于成长期时，企业常面临一种两难抉择：是要提高市场占有率，还是要增加当期利润？如果愿意在产品改良、促销和分销上大量投入，通常能取得市场主导地位，但必须放弃部分的当期利润，而期望在下一阶段获得更大的收益。

3. 成熟期的营销策略

产品进入成熟期的标志是销售增长速度渐缓，市场趋于稳定。这个阶段持续时间较长，营销人员所面临的产品大部分是属于这个阶段的产品。由于销售增长率降低，将使企业生产能力过剩，市场供过于求，价格下跌，竞争力较弱的企业开始被挤出市场，剩下的企业势均力敌，竞争日益加剧，名牌逐渐形成。这个阶段的营销策略，应突出一个"争"字，即争取稳定市场份额，延长产品市场寿命。

成熟期可供选择的具体策略有3个：

(1) 调整市场。寻找新的细分市场和营销机会，特别是发掘那些没有用过本产品的新顾客，设法促使现有顾客增加使用量和使用频率，为品牌重新定位，吸引较大的顾客群并设法争夺竞争者的顾客。例如，1901年首创安全刮脸刀的美国吉列公司，在1974年发现不仅男士用刮脸刀，有不少妇女也使用刮脸刀刮腿毛，于是该公司将原来的刮脸刀柄略加长，颜色改为鲜艳色彩，投入妇女化妆品市场，取得成功。

(2) 改进产品。可通过改变产品特性，吸引顾客，扩大销售。这主要有3个方向：

1) 提高产品质量。提高产品质量主要是改善产品性能，如耐久性、可靠性、速度等。产品质量有改善的余地且多数买主期望质量提高是这一策略实施的条件。

2）增加产品功能。增加产品的功能是指提高产品的方便性、安全性、有用性等。如日本的手表、计算机、复印机和家用电器等产品的制造商，都成功地运用了这个策略，使他们的产品在国内外市场上历久不衰。

3）改进产品款式。改进产品款式的目的是提高产品对顾客的吸引力。但改进产品款式要冒一定风险，因为很难预测新款式是否受欢迎，而且可能丧失某些喜欢旧款式的顾客。

（3）调整营销组合。可以通过改变营销组合的一个或几个因素，来扩大产品的销售。例如通过降价促销、开展多样化的营销推广活动、改变分销渠道、扩大附加利益、增加服务项目等策略来吸引竞争者的顾客和新的买主。营销组合之所以必须不断调整，是因为它们很容易被竞争者效仿（特别是在降价和提供附加服务方面），使企业失去竞争优势。

4. 衰退期营销策略

随着社会经济的发展、技术的进步、市场需求和顾客偏好的变化，大部分产品形式和品牌或早或晚、或快或慢都会进入衰退期。例如，美国的麦片销售下降缓慢，而游戏机却很快进入衰退期。有些产品进入衰退期后销售额可能突然下降为零，但多数情况是销售量在很低的水平上持续多年。维持衰退产品的代价常常是十分昂贵的，不仅要损失大量利润，而且营销者在该产品的经营管理上要花费很多精力和时间，这可能影响到企业形象和新产品的开发，破坏市场组合的协调性，削弱企业在未来市场上的竞争能力。因此，对大多数企业来说，应该当机立断，弃旧图新，及时实现产品的更新换代。在这个阶段，营销策略应突出一个“转”字，即有计划、有步骤地转移阵地，但切忌仓皇失措，贸然撤退。

四、品牌、包装与服务

1. 品牌与商标

当一个企业的产品进入市场时，必定会遇到品牌与商标问题。品牌是市场营销获得成功的一个关键。品牌是一个非常复杂的符号，它可表达 6 层意思，即产品的属性、产品的利益、产品的价值、产品代表的文化、产品象征的性格和产品的使用者。当消费者能想象到所有这 6 个方面的意思时，这种品牌才叫深意品牌，否则就属于浅薄的品牌。

国内外市场日趋激烈的竞争，使企业越来越强烈地意识到实施名牌战略的紧迫性和重要性。商品能够成为名牌，是由以下条件决定的，缺一不可。

（1）质量全面达到或超过承诺的标准。

（2）产品具有某一项或几项突出的特色。

（3）优越的企业形象。

（4）充分而有效的广告。

商标是某种品牌标志的全部或一部分。有些国家须经注册后成为注册商标。注册商标是受法律保护的工业产权。随着国际经济交流活动的日益频繁，企业必须研究商标法，并高度重视对自己商标权的保护。

2. 商品的包装

商品的包装能起到两个作用：保护商品和促进销售。

（1）保护商品。同一产品，由于运输路程远近和装卸次数多少的不同，对包装坚固性的要求也有所不同。此外，气候条件以及产品在流通中停留时间的长短、中间环节的效率和储运设施的好坏也影响到包装决策。例如，针对寒冷而干燥的地区或炎热而潮湿的地区，自然需要不同的包装。

（2）促进销售。从包装的促销作用来考虑，有以下几个方面的问题：

1）包装的大小。在家庭汽车拥有率高、超级市场多的国家，应使用较大的内包装；在人均收入低的国家，应使用较小的内包装。包装成本的高低直接关系到售价，这要根据该国的购买力水平来决定。

2）包装上的说明。在识字率低的国家，包装上应多用图画说明，少用文字说明；在识字率高的国家则反之。

3）包装的色彩。包装色彩的设计应考虑不同国家和民族对颜色的偏好和禁忌。

4）包装的辨认性。应使各国顾客能迅速辨认出来，同一种产品应采用统一的标准化包装。

3. 服务管理

了解顾客、理解顾客对所有的营销人员尤其是对服务行业的营销人员都特别重要。对经营餐馆、旅馆来说，优良的服务更是至关重要，如果顾客得到满足就会再来购买，并推荐给朋友；如果顾客没有得到满足，就会向朋友抱怨，形成不利的舆论。通过征求顾客意见、了解顾客态度，能更好地提供服务。

服务性行业已成为经济发展的重要动力。随着人们生活水平的不断提高，有了更多的闲暇时间，产生了许多服务性需求。与此同时，各种产品功能的日趋复杂也使得以产品为基础的公司也必须向顾客提供相应的服务组合。事实上，这些服务组合在争取顾客方面可能比产品本身更加重要。服务组合既包括售前服务（如技术咨询），也包括售后服务（如及时修理和人员培训）。市场营销者必须在组合质量和顾客所需各种服务的来源等方面作出决策。

五、新产品开发

在消费者的需求和口味不断变化、技术日新月异、产品生命周期逐渐缩短以及国内外竞争愈演愈烈的情况下，没有新产品就没有企业的明天。IBM公司是计算机行业的巨头，几十年来一直保持着计算机开发的优势，但到了1992年成为亏损企业，其原因在于新产品开发没有跟上。而英特尔公司的X86系列芯片和摩托罗拉公司的存储器相比之下则更有优势。另外，微软公司的Windows系统逐渐替代了IBM公司的操作系统。后几家企业每年的增长率达50%以上，在新产品开发上打败了IBM公司。

新产品包括崭新的产品、改进品质的产品、改变形态的产品和新品牌等，从市场学的角度看，它们可以是企业通过自己的开发研究所产生的，也可以是通过收购其他公司产品或购买专利而获得的。国外把以下6种产品都称作新产品：

1. 新发明的产品，即开创了一个全新市场的新产品。

2. 新产品线，即是公司首次生产已建立市场的新产品。

3. 现有产品线外新增加的产品，即补充公司现有产品线的新产品。

4. 现有产品的改良品或更新，即提供改善了功能或较大认知价值并且替换现有产品的新产品。

5. 市场重定位产品，即以新的市场或细分市场为目标市场的现有产品。

6. 成本降低的产品，即提供同样功能但成本较低的新产品。

为了创造战略优势，一些著名的公司无一例外地耗费巨资将最新的技术突破引入自己的产品。菲利浦公司的研究与开发费用高达其全球销售额的2%。菲利浦公司认为，这种巨额投资是完全必要的，没有这种投资就没有菲利浦今天的市场地位。

第2节　市 场 开 拓

在市场上，大多数产品都不是生产者直接供应给最终顾客的，它们需要经过许多中间环节和中介机构，即营销渠道。所谓营销渠道，主要由生产者、中间商和最终顾客组成。中间商往往一头连接生产者，另一头连接最终顾客，是最重要的渠道成员。

一、营销渠道的内容

营销渠道就是商品和服务从生产者向消费者转移过程的具体通道或路径，它是由一系列相互依赖的组织机构所组成的。

1. 营销的机构

在市场上，执行这种功能的机构主要有：

（1）买卖中间商，即把商品买断取得所有权后再出售者，如进出口商、批发商和零售商。

（2）代理中间商，即在交易中并没有取得商品所有权的商人，如经纪人、代理商等。

（3）辅助机构，他们协商分销，但既不取得商品所有权，也不参与买卖购销活动，如运输公司、广告公司、银行等。

2. 连接营销机构的流程类型

绝大多数的产品都要经过这些营销中介机构流转。在现代市场上，组成营销渠道的机构由以下几种类型的流程连接起来。

（1）实体流程。产品实体从原材料到最终顾客流程即实体流程。供应商把原材料供给制造厂，制造厂将成品通过运输公司发到商店，再出售给顾客。

（2）所有权流程。即商品所有权从一个营销机构流向另一个营销机构，一般由供应商流向制造厂，再由经销商流向顾客。

（3）付款流程。即顾客付给经销商，经销商付给制造商，最后流向供应商，另外要向辅助机构支付必要的费用，该过程需要银行的加入。

（4）信息流程。即供应商、制造商、经销商和顾客之间信息的双向交流。

（5）促销流程。即供应商向制造商推销，制造商向经销商推销，同时他们都向顾客促销，其中必定有广告公司的参与。

营销渠道中有些属于正向流动（如实体、所有权和促销），有的是反向流动（如付款），也有双向流动（如信息）。因此即使是一个简单的商品，在营销渠道里也会呈现出极为错综复杂的关系。

由于大多数国家经过多年经营所建立起来的流通渠道已编织成为一个巨大的关系网。企业若要改变渠道网，不仅要耗费大量的钱财，而且要承担政治和经济风险。因此，企业进入市场最好的方法是因势利导，利用渠道网把产品输送进去。

二、中间商的类型

中间商一般分为代理商与经销商两类。

1. 代理商

代理商就是指不拥有商品所有权的中间商，他们代替生产厂商推销商品或帮助买方购买商品，以经纪人、独家代理商和一般代理商最为常见。

（1）经纪人。经纪人专门从事某类货物的交易，一般以大宗货物为主，如谷物、橡胶、煤炭、木材、钢、纤维等。他们对当地市场十分熟悉，同时与客户建有良好关系，根据交易额大小，在交易成功后抽取一定比例的佣金。对于小型企业，他们还常常可以提供非常重要的服务，如参与企业推销策略的制订等。

（2）独家代理商。这类中介机构在协议规定的市场范围和一定的时期内，对某产品的销售拥有独家代理权。但是，它不拥有产品所有权，所以不承担信用或市场风险。其所得报酬一般是按商品销售量提取的佣金。代理商的主要任务是接受订单，然后转交制造商，由后者直接运送货物给顾客，顾客则直接付款给制造商。

（3）一般代理商。除独家代理商外，生产厂商在其委托代理的业务范围内，还可以利用多个一般代理商。经其他代理商成交的交易，生产厂商也要支付一定的佣金。

2. 经销商

经销商是指拥有商品所有权的中间商，他们通过购买取得商品所有权并转售出去，所以要承担各种风险。分销商拥有价格决定权，他们只对利润感兴趣，并不忠实于哪个生产厂商。因此，企业如果完全依赖经销商进行推销，则是不明智的。在市场上，最常见的经销商有下列几类：

（1）工业品经销商。他们主要是将工业品或耐用消费品直接出售给顾客的中间商，其处于分销渠道的最后环节。工业品经销商通常同他们的供应商之间建有持久的关系，并在某个特定的地理区域内拥有独家经销的权利。

（2）批发商。按经营商品范围，批发商可分三类：

1）一般商品批发商。他们主要经营综合商品，经营范围很广，种类繁多，销售对象是零售商店。

2）单一种类商品的批发商。他们仅限于经营某一类商品，而花色、品种、规格、品牌却比较齐全。

3）专业批发商。他们经营的专业化程度较高，专门经营某类商品中的某种商品，客户主要是专业商店。

（3）零售商。由于受消费需要、购买习惯变化以及受人口迁移和销售技术发展的影响，零售商的类型较之批发商更为繁复。零售企业是营销渠道中的主力军，其数量超过了生产企业和批发商。零售商店如同产品一样，也会经历发展和衰退的过程。传统商业如百货公司、超级市场等已光芒不再，而许多新的商业形式的出现满足了顾客对具体服务项目的不同偏好。

三、渠道的营销策略

渠道的营销策略包括渠道的长度策略、宽度策略以及各种渠道的联合策略等。

1. 渠道长度策略

渠道的长度是指中间商层次的多少。最短的渠道可使产品从生产者直接抵达最终用户。最长的渠道则要经过出口商、进口商、批发商、零售商等诸多层次，才能使产品抵达最终用户。在上述两个极端之间还因层次的多寡而存在着长短各异的多种渠道。企业应根据产品特点，市场状况和企业自身条件等因素来决定渠道的长短。一般来说，需要较多售前、售后服务的技术性强的产品、保鲜要求高的产品等都需要较短的渠道；而单价低，标准化的日用品需要长渠道。顾客数量少，而且在地理上比较集中时，宜用短渠道；反之，则宜用长渠道。企业规模大，自己拥有一定规模推销力量的，使用的渠道一般较短；反之，使用渠道一般较长。此外，渠道长短还取决于企业的经营意图、业务人员素质、国家政策法规的限制等因素。

2. 渠道宽度策略

渠道宽度是指企业在某一市场上并列地使用中间商的多少。例如，某公司在计划选择中间商为产品代理或经销时，究竟应指定几家中间商？需要多一些还是少一些？这种决策就是渠道宽度决策。企业在制订渠道宽度决策时面临着三种选择：选择性分销、独家经销和广泛分销（又称密集型分销）。

第 3 节　产品定价

市场上产品价格的复杂性、竞争性和多变性，会给产品定价增加各种困难。定价正确与否，对企业的收入和利润有着直接的影响。在交易活动中，价格往往是洽商的焦点。一个好的价格往往会使买卖双方感到满意，定价方法和技巧是企业应该懂得并掌握的一门科学和艺术。

一、确定目标

确定目标是指企业所要达到的定价目的。不同企业有不同目标，就是同一企业不同时期也有不同定价目标。定价目标是定价方法和策略的依据。企业定价目标，主要包括以下几个方面：

1. 利润目标

大多数企业的定价目标是追求利润。所谓企业利润，并不是靠制定最高价格来获得，而是指企业为达到长期目标的总利润。有些企业为了追求长期的利润，在短期内愿意承受一定的亏损，以便争取顾客、打好基础，从长计议以获得满意的长期利润。

2. 销量目标

为了增加销售量，企业既要努力发展适销对路的产品，又要实行薄利多销的方法，以便与销售商建立长期合作关系，通过逐年扩大销售量的方式，使企业获得更多的利润。

3. 稳价目标

大企业为了避免价格战，经常通过协商，寻找稳定价格。小企业的定价策略一般是向大企业的价格看齐，价格可以低一些，稳定地同它们保持一定比例的差距。

4. 竞争目标

企业对行业内同类产品的价格是十分关心的，通常会根据竞争产品的价格来调整自己产品的价格。有的企业为了扩大市场占有率，常常用降价的手段来与对手竞争。

二、设计营销定价方法

商品价格的主动权一般掌握在卖方手中，但卖方的价格只有被买方接受才能成交。企业所定价格既不能低于成本而没有利润，也不能过高而没有需求，必须介于二者之间。产品成本为价格规定了最低限度，消费者对产品价值的评估和理解为价格规定了最高限度。因此，企业定价时必须考虑产品成本和市场需求这两方面的因素。此外，还必须综合考虑竞争者的价格以及其他各种内外部因素，并根据不同情况采取适当的定价方法，以定出最合理的、对企业最有利的价格。西方企业的定价方法主要有 3 类：成本导向定价法、需求导向定价法和竞争导向定价法。

1. 成本导向定价法

成本导向定价法就是以产品的总成本为中心来制定价格，这一类定价法主要包括：

（1）成本加成定价法。按产品单位成本加上一定比例的毛利，定出销售价，这是成本导向定价法的基本形式。采用这种方法制定产品价格，计算简单，在正常情况下，可以保证企业获得预期利润。但这种定价方法只考虑产品成本，不注意考虑市场的需求程度、产品生命周期、竞争状况等因素，缺乏灵活性，难以适应激烈变化的市场竞争。

（2）盈亏平衡定价法。这种方法是运用盈亏平衡的原理确定价格的一种方法，即在假定企业生产的产品全部可销的条件下，确定保证企业既不亏损也不盈利的产品最低价格水平。盈亏平衡定价法的主要优点是企业可以在较大范围内灵活掌握价格水平，且运用较方便。但运用这种定价方法时，企业生产的该产品应以能全部销售出去为前提条件。因此，企业应力求在保本点以上定价或以扩大销售来取得盈利。

2. 需求导向定价法

需求导向定价法是依据买方对产品价值的理解和需求强度来定价，而不是依据卖方的成本定价。这一类定价方法主要是感受价值定价法。所谓“感受价值”或“认知价值”，是指买方在观念上所理解的价值，而不是产品的实际价值。因此，卖方可运用各种营销策略和手段，影响买方对产品的认知，使之形成对卖方有利的价值观念，然后再根据产品在买方心目中的价值来定价。

运用感受价值定价法的关键是要把自己的产品同竞争者的产品相比较，找到比较准确的感受价值，即准确地为产品定位。因此，在定价前必须做好营销调研工作，否则定价过高或过低都会造成损失。如果定价高于买方的感受价值，顾客就会购买其他产品，企业销售量就会减少；而定价低于买方的感受价值，又必然使收益减少，企业也同样会受到损失。

3. **竞争导向定价法**

竞争导向定价法就是主要依据竞争者的价格来定价。是与主要竞争者价格相同，还是高于或低于竞争者的价格，这要视产品和需求情况而定。其特点是：只要竞争者价格不动，即使成本或需求发生变动，价格也不变动；反之亦然。这类定价法主要分以下两种：

（1）随行就市定价法。以本行业的主要竞争者的价格为企业定价的基础，是一种应用很普遍的定价方法。由于有些产品的需求弹性难以计算，随行就市定价可反映本行业的集体智慧和市场供求情况，也可保证适当的收益，还有利于处理好人与同业者之间的关系。

（2）投标递价法。是买方引导卖方通过竞争成交的一种方法，通常用于建筑包工、大型设备制造、政府大宗采购等。一般是由买方公开招标，卖方竞争投标、密封递价，买方按物美价廉的原则择优选取，到期公布中标者名单，中标的企业与买方签约成交。投标递价主要受竞争者可能的递价影响，递价低于竞争者可增加中标机会，但不可低于边际成本，过低则不能保证适当收益。因此，投标企业通常要计算期望利润，以期望利润最高者为递价依据。

三、新产品的定价策略

定价策略一般要随着产品生命周期的变化而相应改变。由于事关新产品的市场前景，处于介绍投入期的新产品的定价自然十分重要。

1. **市场撇脂定价法**

企业研制出的新产品，开始推出时以尽可能高的价格投入市场，以求得最大收益，尽快收回投资。这是对市场的一种榨取，就像从牛奶中撇取奶油一样，所以称为"撇脂"定价法。例如，美国宝丽来公司开始推出它的新式相机时，就是运用这种定价策略。这种相机在介绍期以高价上市，由于其特有的一次成像的功能，目标市场上许多顾客都争相选购。但当销售量开始减少时，公司便降低价格，将目标市场扩展到对价格敏感的另一些顾客。此后，该公司在推销它的另一种新产品时，又采用了同样的定价策略。运用这种市场撇脂定价法，宝丽来公司从不同的目标市场上多次“撇取”了超额利润。

采用市场撇脂定价法的条件是：产品的质量与高价格相符，有足够的顾客能接受这种高价并愿意购买，竞争者在短期内不易打入该产品市场。市场撇脂定价法的优点是：新产品初上市时奇货可居，可抓紧时机迅速收回投资，再用以开发其他新产品，且开始时定价较高，留有较大回旋余地，可使企业掌握定价的主动权，可根据市场竞争的需要随时调价。此外，企业可根据自己的生产供应能力，用价格调节需求量，避免新产品断档脱销、供不应求，又能提高产品身价，树立高档产品的形象。

2. 市场渗透定价法

市场渗透定价法是在新产品介绍期以较低的价格吸引大量顾客，迅速占领市场，取得较大的市场份额。较高的销售额能够降低成本从而使企业能够进一步减价销售。例如，戴尔公司采用市场渗透定价法，通过低成本的直销渠道销售高品质的计算机产品，销售量直线上升，而此时通过零售店销售的 IBM、康柏、苹果等品牌根本无法在价格上与它竞争。有些产品大量积压的企业和折扣商店也采用这种定价法。

采用市场渗透定价法的条件是：目标市场必须对价格敏感，低价可扩大市场、促进销售；生产和分销成本必须能随销售量的扩大而降低。市场渗透定价法的优点是：可促使新产品迅速成长，力压竞争对手，自己则通过扩大生产来降低成本和薄利多销，以保证长期利润最大化。但是，如果需求的价格弹性不大，以扩大生产来降低成本的可能性很小，则不可采取这种策略。

四、产品组合的定价策略

当某种产品只是产品组合中的一个组成部分时，企业需制定一系列价格，使整个产品组合取得最大利润。这种定价十分困难，因为组合中各种产品的市场需求不同、成本不同、竞争情况也不同。具体有 4 种产品组合的定价策略：

1. 产品线定价

产品线定价就是针对整个产品线制定价格，而不是对单个产品定价。企业一般都是开发产品线而不是单一产品的。例如，日本松下电气公司曾经生产 5 种不同型号的摄像机，这 5 种不同型号的产品使松下的摄像机产品线具有多种特色。公司在作定价决策时，要考虑它们的不同成本、顾客对各种产品特色的反应和偏好以及竞争产品的价格。如果两种类似产品的差价较小，顾客就会买那种售价略高但技术更先进些的产品。在这种情况下，如果产品成本的差距比价格的差距更小，则对企业有利。但是，如果两种类似产品的差价较大，则顾客可能购买不太先进但价廉的那种产品。

在许多行业中，企业还利用顾客对产品线系列产品的价格所形成的理解来定价。例如，美国有些服装商店将男人的套服定为3种价格：每套180美元、250美元和340美元。顾客自然会按这3种价格把服装的品质也分为低、中、高3个档次。即使3种价格都分别提高一些，顾客仍会按他们对价格的理解去购买某一档次的产品。企业的任务就是使顾客在心理上产生这样的认知：价格高是品质好的必然结果，即所谓“一分价钱一分货”。

2. 非必需附带产品的定价

企业在销售主要产品时也经常销售附带产品，例如，顾客在购买汽车时，常附带购买车用立体声收录机和空调器等。这些非必需附带产品的定价是个棘手的问题。汽车生产企业需考虑把哪些附带产品计入汽车的价格中，哪些则要另行计价。在20世纪70年代，美国通用汽车公司常采用的策略是：在广告上宣传9 000美元可买一辆（不包括附带产品的）汽车，但当顾客来到展销厅时看到的却是11 000美元或12 000美元包括附带产品的汽车。到了20世纪80年代初期，通用汽车公司仿效日本汽车制造商的做法，将许多有用的附带产品计入汽车的价格中，广告上宣传的价格也是包括附带产品的价格。但是，如果所定价格过高，也会使许多顾客望而生畏。

3. 必需附带产品的定价

必需附带产品是指那些与主要产品密不可分的产品，如刀片、胶卷、计算机软件等。对这类产品通常采用的定价策略是：将主要产品的价格定得较低，而附带产品的价格定得较高，以弥补主要产品低价所损失的利润。例如，宝丽来公司采用这种策略将相机的价格定得较低，而这种相机的专用胶片价格却十分昂贵。

类似的定价策略也可用于服务行业。具体方法是，将价格分为固定部分和变动部分。例如，电话公司规定每月使用者要交固定的电话费，如果超过规定的通话次数再额外收费；游乐场的门票包括有限的食物、饮料和游乐活动，如果超出规定范围也要额外收费。一般的做法是，固定部分的价格定低些以吸引顾客，而把变动部分的价格定高些以增加利润。

五、价格调整策略

产品的基本价格制定后，企业还要依据市场反应随时对基本价格进行调整，以达到营销目标。这主要有折扣和折让定价、差别定价、心理定价等几种策略。

1. 折扣和折让定价

在定价过程中，可先定出一个基本价格，然后再用各种折扣和折让来刺激中间商和用户，以促进销售。西方市场上常用的折扣或折让主要有以下几种：

（1）现金折扣。指给予迅速付款买主的一种价格减让。例如，“2%/10净30天”表示：付款期为30天，如客户在10天内付款，给予2%的折扣。这种折扣在西方很流行，其目的是为了改善销售商的现金流通，降低回收欠款的成本和减少烂账。

（2）批量折扣。指为刺激客户大量购买而给予的一定折扣，购买量越大则折扣越大，但折扣数额不可超过因批量销售所节省的费用额。批量折扣可按每次购买量计算，也可按一定时间内的累计购买量计算。在我国通常称为“批量差价”。

（3）功能折扣。功能折扣也称贸易折扣，是指如果交易渠道的成员愿意发挥某些功能，如销售、储存和记账等，生产商可向他们提供功能折扣。

（4）季节折扣。指对购买过季商品或服务的买主提供的价格减让。鼓励客户淡季购买（如夏季购买皮衣）而按原价给予的一定折扣。季节折扣使销售商全年都能保持稳定的业务量。

（5）折让。折让也是减价的一种形式。例如，“以旧换新折让”多见于汽车行业或其他耐用品销售；“促销折让”是对中间商提供促销的一种报酬。

2. 差别定价

差别定价就是对同一产品或服务定出两种或多种不同的价格，这种差价并不反映产品成本的变化，而是根据不同顾客、不同时间和场所来调整其产品价格。差别定价主要有以下几种形式：

（1）对不同顾客群定不同价格。同一种商品，对某些顾客照价收款，而对另一些顾客则给予优惠，即根据具体情况灵活掌握售价、区别对待。如许多公园、影院和展览馆对学生或老年人给予优惠。

（2）不同的花色、式样定不同价格。例如，同一质量和成本的花布，因花色不同、需求量不同而定不同的价格。

（3）不同部位定不同价格。如同一头牛不同部位肉的定价不同或同一个剧场前排与后排的座位定价不同等。

（4）不同时间定不同价格。有些产品价格特别是餐饮服务业的价格，可因季节、日期甚至同一天里的不同时间而定不同的价格。例如，长途电话在不同时间收费不同，旅游服务企业在淡季和旺季收费不同，餐馆在同一天的午餐和晚餐定不同价格等。

实行差别定价的前提是：市场必须是可细分的，且各个子市场的需求强度不同；商品不可能从低价市场流向高价市场，即不可能转手倒卖；高价市场上不可能有竞争者削价竞销；这种差别价格必须合法（如有些国家法律禁止“价格歧视”）并得到社会公众的认同。

3. 心理定价

心理定价是指企业定价时，利用顾客心理有意识地将产品价格定高些或低些，以扩大销售。

（1）声望定价。有些著名企业故意将名牌商品价格定得较高，因为消费者有崇尚名牌的心理，往往以价格来判断品质，认为高价代表高品质。如德国拜耳公司和我国同仁堂的药品，尽管价格较高，仍然比一般药商的低价品畅销。此外，艺术品、礼品或炫耀性商品的定价也必须有适当的高度，定价太低反而会影响销售。

（2）参照定价。当顾客选购商品时，头脑中常有一个参照价格。参照价格可能是顾客已了解到的目前市场上同类产品的一般价格，也可能是把以前该产品的价格当作参照价格。企业在定价时可以利用和影响顾客心目中的参照价格。例如，在陈列时有意识地将某件产品放在价格较高的产品附近，表示这种产品也属于高档之列。时装店常把妇女服装按价格的不同放在不同柜台出售，这意味着高档柜台出售的服装是高品质的。企业还可用其他方式影响顾客的参照价格，如告诉顾客这种产品的原价比现价要高得多，或启发顾客把本企业的价格同竞争者的价格相比较等。

（3）尾数定价。定价时保留小数点后的尾数，这可以使购买者对定价增强信任感，同时还可使人感觉价廉。如本应定价 100 元的商品，定价 99.98 元，虽然只低 0.02 元，却可给买者以价廉的感觉。美国有一种小型商店，几乎所有商品一律标价 99 美分，而目前我国盛行以“8”为吉祥数字，许多商家定价常以 8 为尾数。

（4）促销定价。有些企业利用多数顾客有贪便宜的心理，将某几种商品的定价低于正常价格甚至低于成本，以此招徕顾客扩大销售；或利用节庆日和换季时机举行“大甩卖”“酬宾大减价”等活动，把部分商品按原价打折出售，以吸引顾客从而促进全部商品的销售，但如果是将原价虚增后再打折来欺骗顾客的，应受到法律制裁。

第 4 节　促销方法

随着经济和贸易的发展，市场竞争不仅表现为产品的竞争、渠道的竞争和价格的竞争，还表现为信息传播的竞争。促销是企业同消费者的一种信息沟通行为。

一、市场营销的推广组合

市场营销推广，也称为营销促销，其实质是企业同消费者的一种信息沟通行为。它是企业通过传播媒介帮助消费者认知商品或服务所能带来的利益，从而引起消费者购买欲望，以实现销售的一种活动。

营销推广的方式有直接推广和间接推广两种。直接推广即通过推销员或售货员用直接的方法向消费者介绍商品，从而达到销售的目的，又称人员推销。间接推广是指通过广告、营业推广和营销公关等传播商品的有关信息，从而促进销售的活动，间接推广也称非人员推销。以上两种推广方式所包含的四种商品信息传播形式的组合与搭配称为促销组合。

企业的营销推广总的可分为“推式”或“拉式”两种策略。营销组合的应用在很大程度上受这两种策略的影响。使用“推式”策略的企业，一般是通过人员推销和营业推广把产品推向市场，例如出口企业积极采取措施把产品推销给中间商，由中间商采取推销攻势把产品推销给国外消费者。使用“拉式”策略的企业则相反，他们在广告和其他宣传措施上大量花钱，诱发消费者的购买欲望。如果这些推广手段奏效，消费者就会纷纷走进商店咨询并购买产品，使该产品成为抢手货。消费品适宜于“拉式”策略，而产业用品则适宜于“推式”策略。

1. 制定促销组合策略

促销组合策略的制订是非常复杂的，许多因素会影响促销组合决策。营销管理者首先应了解各种促销方式的特点，然后再进一步考虑影响促销组合决策的各种因素。

（1）广告。广告特点如下：

1）公众性。这一特点说明它比较适用于供应大众的标准化产品的宣传。

2）渗透性。即可多次重复同一信息，使受众易于接受和比较各个企业所传播的信息。

3）表现性。广告是一种很富有表现力的信息传递方式，它通过对文字、声音和色彩的艺术化运用，将企业及其产品的信息形象地传递给受众。

4）非人格性。大多数媒体的广告只能是独白而不能对话，即只能单向沟通，只有运用近年才发展起来的互联网，才有可能开展双向或多向沟通。

广告既可用来树立企业和产品的形象，又可用来刺激销售。广告可用较低的成本将信息有效地传递给地理上比较分散的受众。使用不同媒体的广告成本不同，电视广告成本最高而报刊广告成本较低。

（2）人员推销。人员推销具有如下特点：

1）直接对话。人员推销是推销人员与潜在购买者直接面对面的信息双向沟通。推销人员可直接观察对方的态度，了解对方的需要，并及时采用适当的语言和措施促进销售。

2）培养感情。人员推销可使买卖双方从单纯的买卖关系发展到建立深厚的个人友谊，保持长期的关系以便开展“关系营销”。

3）迅速反应。人员推销能够及时得到对方的反应。

正因为人员推销具有上述特点，所以对某些处于一定销售阶段的产品，它是一种最有效的促销方式，特别在争取顾客偏好、建立顾客对产品的信任和促成交易等方面有较显著的效果。人员推销在西方是一种最昂贵的促销方式，美国企业用于人员推销的费用约等于广告费用的3倍。

(3) 营业推广。营业推广包括多种具体形式，如优惠券、奖券、竞赛、附带廉价品等，其共同特点是：

1) 吸引顾客。各种形式的营业推广，都是为了有效地招徕顾客，引起购买欲望并提供某些商品信息。

2) 刺激购买。营业推广一般都是通过提供某些优惠来诱导顾客购买产品的。

3) 短期效果。营业推广往往是为了推销积压产品或在短期内迅速收回现金和实现产品价值而采用的。因此，这种促销方式的效果也往往是短期的，如果运用不当，可能会使顾客对产品产生怀疑，不利于长期效果。

(4) 公共关系。公共关系对促销来说是一种间接的方式，不应要求直接的经济效益，但较其他方式有特殊意义。其特点是：

1) 可信度高。大多数受众认为公关报道比较客观，比企业的广告更加可信。

2) 传达力强。公共关系活动中的宣传报道是以新闻形式出现的，所以传达能力较强。

3) 具有戏剧性。公共关系的活动和报道可使企业和产品戏剧化，具有趣味性，引人入胜。

2. 影响促销组合的相关因素

企业在决定总的促销预算在各种促销方式之间的分配时，除应了解各种促销方式的特点外，还应考虑下列影响促销组合的因素：

(1) 产品种类或市场类型。通常而言，广告是消费品最主要的促销工具，原因在于消费者对消费品的购买数量多且分散，购买频率高，商品的种类多，技术复杂性和专业性较低。而产业用品的主要促销工具则是人员推销，因为产业用品技术复杂性高、使用较难掌握、购买少且集中。

(2) 促销目标。相同的促销工具用于不同的促销目标时，其成本效益会有所不同。广告、营业推广和公共关系在建立顾客知晓方面的效益远高于人员推销。而在建立购买者对企业与产品的信任方面，人员推销则最有效。

(3) 推动与拉引策略。推动策略从企业出发，强调利用中间商和推销人员将产品强力推入分销渠道，再由零售商将产品推给顾客。拉引策略则强调以最终消费者为主要促销对象，通过广告及其他有效促销手段，设法引起潜在购买者对产品的需求和兴趣。如果促销奏效，消费者便会纷纷向中间商咨询购买这种产品，中间商看到这种产品需求量大，就会向制造商进货。

(4) 产品生命周期。对于处在不同生命周期阶段的产品所采用的促销方式也应有所区别。投入期时使用广告和公共关系的效果最佳，营业推广也有一定作用；成长期时广告和公共关系仍需加强，营业推广则可以相对减少；到了成熟期则应增加营业推广、削减广告，因为此时大多数人已经了解这一产品，如果产品本身没有什么新的特点，只需保留提示性的广告即可；产品进入衰退期后，某些营业推广措施可以继续保持，广告和公共关系则可以停止了。

总之，在充分了解各种促销方式的特点并考虑影响促销组合的各种因素的前提下，有计划地将各种促销方式适当搭配，形成一定的促销组合，就可取得最佳的促销效果。

二、广告策略

1. 广告概念

按照美国市场营销协会的定义，广告是“由特定的广告主以付费方式对构思、产品或劳务进行的非人员介绍及推广活动”。这个定义包含的面较广，既包括营利组织（如企业）的广告，又包括非营利组织（如宗教团体、慈善机构、政府部门等）的广告。本章所讨论的内容主要是营利组织的广告，即商业广告。

广告运作过程中主要涉及 4 个方面：

（1）广告主，即支付费用制作广告的组织或个人。

（2）广告媒体，如报刊、电视、广播等。

（3）广告代理，即为广告主代办广告业务的机构。

（4）广告制作公司，即专门承担制作各类广告（影视、图片等）的专业公司。

广告公司是独立的专门经营广告业务的企业，可承担企业的全部广告业务，包括市场调研、广告策划、广告创意、创作设计、媒体策划和实施等广告运作的全过程，也可承担部分广告业务。有些自设广告部门的大企业也常常需要广告公司提供服务，因为广告公司拥有大量具备专业知识的人才，能够全面、客观地实现广告的功能。

企业的广告决策，一般包括 5 项最重要的内容：确定广告目标；制定广告预算；设计广告信息；选择广告媒体；评估广告效果。

2. 确定广告目标

企业的广告目标取决于企业的整个营销目标。但企业在实现其整个营销目标的过程中，又可分为若干不同的阶段。在每一阶段，广告起着不同的作用，具有不同的功能，因而有着不同的目标。归纳起来，企业的广告目标主要分为通知广告、劝说广告和提示广告 3 种。

3. 设计广告信息

企业在确定了广告目标和预算之后，还要设计广告内容，即作出广告信息决策。这一决策一般包括 3 个步骤：信息的创意、信息的评估与选择、信息的表达。

(1) 信息的创意。广告信息可通过多种途径获得，许多创作人员在与顾客、中间商、营销专家或竞争对手的交谈中搜集素材、产生灵感。通过与顾客交谈，找出顾客购买和使用某产品的原因，然后在广告中加以突出。广告创作者通常要设计多个可供选择的信息，但最终被选中的只有少数几个。

(2) 信息的评估与选择。要想在许多可能的信息中选出最好的，就必须先对这些信息进行评估。评估可以有多种标准，美国一位专家建议用 3 个标准来评估信息，即讨人喜欢、独具特色和令人信服。所谓讨人喜欢，是指广告信息首先要使人感兴趣，引人入胜，使人产生购买这种产品的欲望；独具特色是要让人们了解本企业产品的与众不同之处；令人信服是指这一信息应该是可信的或是可以被证实的。真实性是选择广告信息的一条极其重要的原则。广告宣传必须从实际出发、实事求是、留有余地、切忌浮夸。信息传递要特别注意全面性和客观性，只有全面客观的广告宣传，才能增加可信度，才能使公众乐于接受，才能牢固、持久地建立起企业和品牌的信誉。

(3) 信息的表达。一则广告信息的效果不仅取决于“说什么”，而且有赖于“怎么说”，即信息的表达方式。特别是对那些差异性不大的产品（如洗涤剂、啤酒、文具等），广告信息的表达方式更为重要，能在很大程度上决定广告效果。

在表达广告信息时，应注意运用适当的文字、语言和声调。广告标题尤其要醒目易记、新颖独特、引人入胜，以尽量少的语言表达尽量多的信息。还应注意版面的大小以及色彩、插图的运用，并将效果与成本加以权衡，然后作出适当的抉择。

4. 选择广告媒体

决定了广告信息之后，就要选择恰当的传播媒体。

(1) 广告媒体种类的选择。为了实现广告的接触率、频率和效果等目标，必须选择最适当的媒体类型。在选择之前，应了解各主要媒体的特点。

1）报刊广告。报刊广告的优点是灵活度高、迅速及时、成本较低、传播面广、地理选择性好（即在一定地区通过该媒体收到广告的人数多）、可信度高。主要缺点是：品质选择性差、持续时间短、表现能力差（如多数报刊不能表现彩色画面或画面的品质低）。

2）电视广告。电视广告是 20 世纪后半叶迅速发展起来的一种能把形象、声音与动作相结合的媒体形式。其优点是：表现力丰富、形声兼备、感染力极强、播放及时，覆盖面广、可重复播放以加深印象。其缺点是：制作成本高、播放收费高。

3）直接邮寄。直接邮寄是地理选择性和针对性都较好的一种媒体，灵活性也较大，但成本较高、可信度较差。

4）广播广告。广播广告的优点是：地理选择性好、适应性强、成本较低。缺点是：

时间短、没有视觉上的刺激、不易记忆、往往一听而过。

5）杂志广告。杂志广告的优点是：目标针对性强、持续的时间较长、便于保存查阅、可信度较高。缺点是：覆盖面小、周期较长、不利于快速传播。

6）户外广告。户外广告的优点是：地理选择性好、成本较低、持续时间长、灵活性较好。缺点是：针对性较差、信息内容少、表现形式有局限性、有时会受到公众反对和法律的限制。

(2) 选择媒体种类时需考虑的其他因素：

1）目标顾客的喜好。例如，对青少年顾客来说，广播和电视广告效果最好。

2）产品种类。例如，为女性服装做广告，选择彩色印刷的专业杂志广告最有吸引力。

3）广告信息。选择何种媒体还取决于广告信息本身。例如，对于复杂的技术信息在广播、电视中都难以说清，而选择专业杂志或直接邮寄却比较有效。

4）成本费用。各类媒体的费用是差别很大的，电视广告成本很高，而报纸广告成本却较低。

企业应根据各类媒体的特点和上述各因素来作适当选择，即将总的广告预算在各类媒体之间平衡分配。

(3) 具体媒体的选择。仅仅决定了媒体种类还不够，还需选择具体哪一个媒体。例如，企业决定在杂志上登广告，但全国有几千种杂志，究竟选哪一种杂志，还需要根据对成本和效果的综合考虑具体选择。

(4) 广告时机的选择。许多产品的销售是有季节性的，不一定要在全年平均使用广告，比如电扇在每年的 6、7、8 月销售量最大，则广告可从 5 月开始，延续到 8 月，错过这几个月，广告效果就不好。还有些产品的销售会随经济形势的变化而变化。例如，在经济形势好、投资踊跃时，机械设备的销路就好，有关的广告就要配合这种经济形势。此外，对广播、电视广告来说，播出时间不同，则效果不同，费用也不同，也要作出选择。

5. 评估广告效果

企业对广告效果应进行持续的评估。评估的内容很多，但主要有两方面：一是信息传递效果；二是销售效果。

三、人员推销策略

人员推销就是企业派出专职或兼职的推销人员，直接向潜在购买者推销产品的活动。这是一种最古老的推销方式，但至今仍然十分重要，尤其对产业用品而言，这是一种最有效的方式。人员推销的决策主要包括：确定推销目标、建设和管理推销队伍、掌握推销步骤等。

1. 确定推销目标

各行业的人员推销都有不同的目标，但归纳起来，不外乎以下 6 个：

（1）发现并培养新顾客。

（2）将企业有关产品和服务的信息传递给顾客。

（3）推销产品，包括接近顾客、介绍产品、回答顾客问题以及达成交易。

（4）提供服务。

（5）进行市场调研，搜集市场情报。

（6）分配产品，即当企业的某些产品短缺不能满足全部顾客的需要时，分析和评估各类顾客，然后向企业提出如何安排短缺产品发货顺序的建议。

有些企业将人员推销的目标定得更为具体。例如，有的企业要求推销员用 80％的时间向现有顾客推销，用 20％的时间去发掘新顾客；用 85％的时间推销现有产品，用 15％的时间推销新产品。作出这些具体规定是为了防止推销人员忽略新顾客和新产品的开发。

2. 推销队伍的建设和管理

企业确定了人员推销工作的目标后，就面临着推销队伍的建设和管理问题，这包括确定推销方式、确定推销队伍的组织结构、确定推销队伍的规模以及推销人员的选择、培训和报酬等。

（1）确定推销方式。人员推销大致可采取以下 5 种方式：

1）推销员对单个顾客。即一个推销员当面或通过电话与某个顾客交谈，向其推销产品。

2）推销员对采购小组。即一个推销员向一个采购小组介绍并推销产品。

3）推销小组对采购小组。即一个推销小组（包括推销经理、推销员、推销工程师等）向一个采购小组推销产品。

4）会议推销。即由企业的主管人员和推销人员同买方举行洽谈会或家庭聚会，共同探讨并促成交易。

5）研讨会推销。即召开由企业技术人员向买方技术人员介绍某项最新技术的研讨会，让客户了解本企业的最新研究成果，促使其购买本企业产品。

企业可根据具体情况（如产品特点、技术力量等），在上述方式中选择最适当的方式。

（2）确定推销队伍的组织结构。推销人员如何组织起来才能最有效率也是人员推销决策的一个重要问题。企业在设计推销队伍的组织结构时，可在下述 3 种类型中选择：

1）地区型结构。这是一种最简单的组织结构，即每一个推销员分管一个地区，负责在该地区推销企业的所有产品。这种结构适用于产品和市场都较单纯的企业。它的优点是：

第一，推销员的责任明确，可对所管地区销售额的增减负责。

第二，可鼓励推销员与当地的企业和个人建立固定联系，从而有利于提高推销效率。

第三，差旅费用较少。

2）产品型结构。每个推销员负责一类或几类产品在各地的推销。当企业产品种类繁多且技术性较强时，采用产品型结构较适合，因为推销人员只有熟悉他所推销的产品，才能提高推销效率。

3）顾客型结构。不少企业还按顾客类别来组织推销队伍，如按不同行业的客户、新客户、老客户、大客户、小客户，分别安排不同的推销员。顾客型结构的主要优点是：推销员能更加熟悉和了解自己的顾客，能更好地掌握其需求特点及决策过程。

(3) 确定推销队伍的规模。推销人员的多少对企业的销售有直接关系，一般来说，推销人员越多销售也越多，但同时也会增加成本。大多数西方企业都采用工作负荷量法来确定推销队伍的规模。例如，假设某企业在国内有 1 000 个甲种客户和 2 000 个乙种客户，甲种客户每年需要 36 次登门推销，乙种客户每年需要 12 次，每年总共需要进行 6 万次登门推销。如果平均每个推销员每年能进行 1 000 次登门推销，那么该企业将需要 60 名专职推销员。

(4) 推销人员的选择、培训和报酬。推销人员素质的优劣，对实现推销目标、扩大销售、开拓市场具有举足轻重的作用。优秀的推销人员应具备两方面的素质：一是善于从顾客的角度考虑问题；二是勇于进取、不屈不挠。不同的推销目标和任务需要不同个性的推销人员。此外，推销人员还要具备多方面的知识和技能，对本企业和产品的情况要了如指掌、成竹在胸。因此，一些大公司招聘推销人员的条件是很高的，在仪表、年龄、智商、文化、口才等方面都有一定的要求，且不惜重金给予专门培训。

3. 推销的主要步骤

在众多的推销理论中，应用最广泛的是“程序化推销”理论。这种理论把推销过程分成 7 个不同步骤：

(1) 发掘。推销工作的第一步就是找出潜在顾客。例如，保险公司的推销人员可利用报纸上登载的新婚、毕业、出生等信息，寻找潜在顾客；有些企业也可通过现有满意顾客的介绍或查阅工商名录、电话号码簿等发掘潜在客户。

(2) 事前准备。在实施推销之前，推销人员必须具备 3 个方面的基本知识：

1）产品知识：即关于本企业基本情况、企业产品特点及用途等。

2）顾客知识：包括潜在顾客的个人情况、所在企业的情况等。

3）竞争者知识：包括竞争对手的产品特点、竞争能力和竞争地位等。

(3) 接近。指与潜在顾客开始面对面交谈。此时推销人员的头脑里要有 3 个主要目标：

1）给对方一个好印象。

2）验证在准备阶段所得到的全部情况。

3）为后面的谈话做好准备。

同时，要选择最佳的接近方式和访问时间。

（4）介绍。介绍阶段是推销过程的中心。任何产品都可用某种方法介绍，有些无形产品（如保险）也可用一些图表、坐标图、小册子等形式加以说明。推销员可通过顾客的多种感官进行介绍，其中视觉是最重要的一种，在介绍产品时要着重说明该产品能给顾客带来什么利益，切忌夸大其词、脱离实际。

（5）应付异议。推销人员应随时准备应付不同意见。一个有经验的推销员应当具有与持不同意见的买方洽谈的技巧，要善于倾听反对意见，还要随时准备好适当的应对措辞和论据。

（6）成交。是推销人员接受买方订货购买的阶段。多数推销人员认为，接近和成交是推销过程中两个最困难的步骤。在洽谈过程中，推销人员要随时给予对方成交的机会，有些买主不需要全面的介绍，介绍过程中如果发现对方有愿意购买的表示，应立即抓住时机签约成交。为了促成交易，推销人员也可提供一些优惠条件。

（7）事后跟踪。如果推销人员希望确保顾客满意并重复购买，那么“跟踪”就必不可少。推销人员应认真执行订单中所保证的条件，诸如交货期和安装、维修等。跟踪访问的直接目的在于了解买主是否对自己的选择感到满意、发现可能产生的各种问题、表示推销员的诚意和关心，以促使顾客产生对企业有利的购后行为。

推销人员要特别注意与一些重要客户建立长期合作关系，帮助他们解决问题并提供各种必要的售前售后服务，发展个人间的友谊，为以后实行“关系营销”作铺垫。尤其是企业与企业之间的交易，关系营销的重要性正在凸显。

四、营业推广策略

营业推广是指能够迅速刺激需求、鼓励购买的各种促销形式。企业在利用营业推广方式促销时，一般要作出下述 3 项主要决策：

1. 确定营业推广的目标

产品营业推广的目标取决于它的整个营销目标，而具体的营业推广目标又因目标市场的不同而异。概括来说，产品营业推广的目标主要有 3 类：

（1）对消费者的营业推广：鼓励老顾客更多地购买这种产品，吸引新顾客试用这种产品，争夺其他品牌的顾客等。

（2）对中间商的营业推广：鼓励中间商大量进货、增加库存，特别是季节性产品；鼓励中间商持续地经营本企业产品，建立固定的产销关系等。

（3）对推销人员的营业推广：鼓励推销人员大力推销新产品、开拓新市场、寻找更多的潜在顾客并大力推销积压产品。

2. 选择营业推广的形式

为了更好地促进销售，企业可在多种营业推广形式中，根据市场类型、营业推广目标、竞争形势以及各种营业推广形式的成本与效果等因素，作出适当选择。

各种营业推广形式及其特点如下：

（1）礼品。免费赠送样品供中间商和消费者试用，如送货到家、邮寄样品、散发样品、附在其他产品包装中、附在广告中等。介绍新产品时，赠送样品是最有效也是较昂贵的方式。

（2）优惠券。它是送给消费者的一种可按优惠价格购买某种产品的购货券。这种优惠券可直接寄给消费者，也可附在其他产品或广告中。

（3）有奖销售。通常可让消费者用产品的包装来兑换现金，或以发票号码或奖券号码开奖。

（4）附送样品。在顾客购买某种产品时，免费附送小礼品以刺激其购买欲望。小礼品可附于主要产品包装之内，也可另外赠送。有时商品包装本身就相当于一种附带礼品。

（5）交易印花。在营业过程中向购买者赠送印花，当购买者手中的印花积累到一定数量时，可向出售者兑换现金或实物。这种方法可吸引顾客长期购买本企业的产品。

（6）现场示范。在商店里用示范表演的方式介绍新产品的用途及使用方法，增加顾客对新产品的了解以刺激其购买。

（7）竞赛。这种方式既可面向消费者，又可对中间商和推销人员运用。在面向消费者时，可让消费者进行某种比赛或游戏，向优胜者发奖。在对中间商和推销人员运用时，这种方式又称为销售竞赛，即让中间商或推销人员开展销售产品的竞赛，向优胜者发奖。

（8）交易折扣。这一方式主要是针对中间商的，如企业可规定在一定时期内购买本企业的某种产品达到规定数量时可获得一定的折扣，购买量越大，折扣也越多。这种方法可鼓励中间商更多地经营本企业产品，或促使中间商经营原来不打算经营的本企业产品。

（9）津贴。这一方式也是主要针对中间商的，主要有广告津贴和陈列津贴两种。广告津贴是对中间商出资为本企业产品做广告给予的一定资助；陈列津贴是对中间商陈列展出本企业产品给予的一定资助。

（10）展销会。通过参加各种形式的展销会来促进产品的销售。在展销会上可展出本企业产品并示范操作演示，以吸引参观者（包括中间商和消费者），促使其了解产品，并在当场或事后订货。

3. 制订与实施营业推广方案

（1）制订营业推广方案。企业在制订营业推广方案时，不仅要确定营业推广的目标，选择适当的推广形式，还要制定出具体的推广方案，主要内容包括：

1）奖励规模。营业推广的实质就是对消费者、中间商和推销员予以奖励。因此企业在制订具体营业推广方案时首先要决定奖励的规模。在确定奖励规模时，最重要的是进行“成本一效益”分析。营业推广的这种“成本一效益”分析可为制订有关奖励规模的决策提供必要的数据。

2）奖励对象。一般来讲，应该奖励现有的顾客或可能的长期顾客。

3）发奖途径。企业还应决定通过哪些途径来发奖。例如，优惠券可放在商品包装里分发，也可通过广告媒体分发或直接邮寄。在选择分发途径时，既要考虑各种途径的传播范围，也要考虑成本。

4）奖励期限。如果奖励的期限太短，许多消费者可能由于恰好在这一期限内没有购买而得不到奖励，从而影响营业推广的效果；反之，如果奖励的期限太长，又不利于促使消费者立即作出购买决定。

5）总预算。确定营业推广总预算的方法有两种：一是先确定营业推广的方式，然后再预计其总费用；二是在一定时期的促销总预算中拨出一定比例用于营业推广。后者较为常用。

（2）营业推广方案的实施与评估。在具体运用各种营业推广方式之前，如果条件允许，应对各种方式事先测试，以确定所选择的方式是否合适，并及时决定取舍。

五、公共关系策略

1. 公共关系的含义和功能

公共关系是促销组合的另一个重要组成部分。公共关系活动一般包括：争取对企业有利的宣传报道，协助企业与有关各界的公众建立和保持良好关系，树立和保持良好的企业形象，消除和处理对企业不利的谣言、传说和事件等。良好的企业形象是企业的一项重要的无形资产，能发挥难以估量的巨大作用。

公共关系不仅限于企业与顾客之间的买卖关系，而是要搞好企业与整个社会公众的关系，是一种以长期目标为主的间接的促销手段。过去有人把市场营销的公共关系等同于宣传报道，即通过各种大众媒体来宣传企业及其产品，以达到促销的目的。事实上，公共关系除了宣传报道外，还包括许多其他活动。

公共关系主要是利用信息沟通的原理和方法进行活动，它比广告的成本少得多，而其结果往往能比广告产生更大的效应。企业如果举办一个有趣的活动，几种不同的传播媒体就可能争相报道。在西方，有些企业利用公共关系重新激发顾客对某些产品已经减弱的购买欲望。

企业的公共关系人员与营销经理并不是总有共同语言的，营销经理比较关心的是广告和公共关系对销售和利润的促进作用，而许多公关人员仅把他们的目标看作是简单的信息沟通。但是，目前这种情况已有所改变，许多企业要求他们的公共关系部门在各种活动中都要着眼于改善企业的营销形势。为此，有些企业还专门建立了“营销公共关系”部门，直接支持产品的促销和企业形象的树立。

2. 公共关系的主要方法

企业开展营销公关活动，主要可采用以下几种方法：

（1）创造和利用新闻。公共关系部门可编写有关企业、产品和员工的新闻或举办活动，创造机会吸引媒体和公众的注意力，扩大影响、提高知名度。例如，剧院为残疾人举办义演、酒店开展拯救大熊猫的义卖活动等。企业也可组织新闻发布会，以争取新闻媒体将自己的产品和企业广为宣传，并在宣传内容中提供产品质量或使用功效的实证。

（2）举行演讲会、报告会及纪念会等。演讲是提高企业及产品知名度的另一种方法，如美国克莱斯勒公司曾举行大规模的演讲会，促进了该公司汽车的销售，并刺激了投资者购买该公司的股票。在举行演讲或报告会之前，必须通过各种渠道搜集问题，以求针对性更强。

（3）开展有意义的活动。如举行有关企业产品和技术的展示会或研讨会，采用多媒体展示等活动吸引公众，提高企业及产品的知名度。

1992 年，红旗牌高级轿车恢复生产后，引起新昌印花机械厂的密切关注。这家乡镇企业经多方努力，终于以 40 万元买到第一辆新型红旗牌轿车。1993 年 3 月下旬，该厂举行了接车仪式，产生了意想不到的抢滩效应。新华社将此消息作为重点稿件发向全国，随后国内外 180 多家报刊、电台、电视台争相刊播。随后，该乡镇企业订单大增，出现了供不应求的局面。

（4）编写书面和音像宣传材料。编制企业的年度报告、业务通讯和期刊、论文、综合小册子，制作录音带、录像带、幻灯片、电影等，内容可包含有关的历史典故、公司特色、产品特色、民间传说、神话故事等。这些材料在不同程度上可影响目标市场。

（5）建立企业的统一标志体系。为了在公众心目中创造独特的企业形象和较高的认知率，企业可通过周密的策划和设计，确定一个统一的标志体系。

（6）参与和赞助各种社会公益活动。通过参与社会活动可扩大企业在社会上的影响，树立良好形象。

3. 公共关系的主要决策

企业公共关系主要有 4 个方面的决策：

（1）确定公关目标。企业的公关决策首先是确定公关目标。例如，美国一家酿酒公司制定的公关目标是：宣传饮酒不仅是一种享受，而且有利于健康。在这个目标指引下，公司撰写宣传自己产品的文章，并设法刊登在美国第一流杂志《时代周刊》及主要报纸的有关专栏中，取得了理想的效果，提高了市场占有率。

（2）选择公关内容和方法。确定了公关目标后，应按目标的要求，并利用人际关系等方面的现有资源，选用投入适当、效果明显、切实可行的公关内容和方法。

（3）实施公关计划。企业公关计划付诸实施时常遇到各种困难，如报纸杂志拒绝刊登已撰写好的公关稿件等。因此，需要公关人员与有关单位建立良好的关系，以保证公关计划的顺利实施。

（4）评估公关效果。对公关效果进行评估是很困难的，因为公关往往与其他促销方式配合使用，很难确定公关活动从中究竟起了多大作用。

企业的市场营销活动是涉及众多因素的复杂的系统工程。要保证其目标和任务得以实现和完成，就必须对市场营销的全过程实施有效的管理。即通过组织、计划和控制职能发挥作用使企业的各个部门、各种资源相互协调、有机配合，适应千变万化的市场环境。只有对市场营销活动进行合理组织、精心计划、动态控制，才能保证企业的市场营销工作顺利开展，使企业在市场上占据有利地位，并充满生机和活力。

【本章知识点小结】

产品策略	整体产品概念	核心利益
		一般产品
		期望产品
		附加产品
		潜在产品
	产品生命周期	投入期
		成长期
		成熟期
		衰退期

续表

产品策略	产品生命周期各阶段的策略	投入期营销策略
		成长期营销策略
		成熟期的营销策略
		衰退期营销策略
	品牌、包装与服务	品牌与商标
		商品的包装
		服务管理
	新产品开发	
市场开拓	连接营销机构的流程类型	实体流程
		所有权流程
		付款流程
		信息流程
		促销流程
	中间商的类型	代理商
		经销商
	渠道的营销策略	渠道长度策略
		渠道宽度策略
产品定价	确定目标	利润目标
		销量目标
		稳价目标
		竞争目标
	设计营销定价方法	成本导向定价法
		需求导向定价法
		竞争导向定价法
	新产品的定价策略	市场撇脂定价法
		市场渗透定价法

续表

产品定价	产品组合的定价策略	产品线定价
		非必需附带产品的定价
		必需附带产品的定价
	价格调整策略	折扣和折让定价
		差别定价
		心理定价
促销方法	市场营销的推广组合	制定促销组合策略
		影响促销组合的相关因素
	广告策略	广告的概念
		确定广告目标
		设计广告信息
		选择广告媒体
		评估广告效果
	人员推销策略	确定推销目标
		推销队伍的建设和管理
		推销的主要步骤
	营业推广策略	确定推广目标
		选择推广形式
		制订与实施推广方案
	公共关系策略	公共关系的含义和功能
		公共关系的主要方法
		公共关系的主要决策

【营销管理一案例分析】

雀巢咖啡的营销管理

1987 年，瑞士雀巢咖啡成功进入中国市场就是营销组合成功的典型案例。当时，雀巢公司（以下简称“雀巢”）对中国内地和香港市场进行了全面的调查，聘请对中国问题非常了解的专业人士共同研究，制定了以下市场营销组合策略：

一、产品策略

“雀巢”通过调查发现：影响人们购买咖啡的主要因素是口味。国际上咖啡的口味主要分为以苦味为主的英国口味，苦和酸涩并重的美国口味，讲究淡味的日本口味等。经过研究，“雀巢”认为中国内地的消费潮流受香港领导，于是将产品定位为英国口味。

二、价格策略

在美国市场上，“雀巢”是名牌，而其在中国内地的竞争对手麦氏咖啡则属杂牌，两者价格相差近 30%。公司决定在中国内地仍然保持这种价格差，并同时以相应的促销策略作为配合。

三、地点策略

为显示产品的档次，“雀巢”产品一般只供给中档以上的商店，不在小型商店出售。通过以上市场营销组合策略，“雀巢”迅速进入中国内地市场，取得了极大成功。

四、促销策略

1）“雀巢”选择了京、津、沪三大城市作为突破口，在这三大城市的地方电视台和中央电视台同时播出广告，通过集中、统一、有特色的密集发布，传播了“雀巢咖啡，味道好极了”的良好品牌形象。

2）“雀巢”在京、津、沪三大城市多次举办名流品尝会，并为人民大会堂和一些重要会议免费提供咖啡，形成了名流只喝“雀巢”的时尚。

3）在营业推广上，“雀巢”没有采用欧美等国常用的折扣、减价等方式，而是采用较受中国内地消费者欢迎的买一赠一、买咖啡送伴侣等形式。

通过以上组合策略，“雀巢”迅速进入中国大陆市场，取得成功。

思考题

1. 如何将理论与实践结合，理解产品整体概念，把握商标、包装和服务策略，掌握分销渠道的“长度”“宽度”和“成员选择”策略。

2. 联系企业营销实例，理解营销组合基本内容及产品组合策略，阐释产品生命周期各阶段的特征及相应营销策略，阐明企业定价应该采用的策略以及定价的具体方法。

3. 通过理论与实践的结合，理解促销的实质与作用，联系企业营销实例说明促销组合的具体方式。

第 4 章

预算管理

【本章导读】

现代企业的管理系统已逐步形成生产运营、市场营销、财务管理三位一体的模式，而全面的预算管理始终贯穿其中，成为现代企业科学有效管理的方法之一。在市场竞争日益激烈的今天，保证并不断提高企业的运营能力、获利能力、发展能力，已成为现代企业管理者所追求的目标。同时，现代企业的经营运作人员需要管理者正确的决策和适时的指导，而联系这些的正是一套行之有效的预算管理体系。

第 1 节　预算管理基础

一、预算概述

1. 预算概念

人们对于传统预算模式的思维方式是：以上年数据为基数，再加一个增量系数，上级管理部门或财务部门则不无例外地在此基础上“砍一刀”，于是预算成为一场拔河运动。传统预算编制与执行隐含了两个基本假设和现实：预算一旦编制，预算资源就是部门的，只要不超，则上级部门无须过问。此时，预算编制的过程就形成了资源争夺战，每个部门都要向企业争取更多的预算。

要改变这种被动，必须从问题的源头着手，将“编制的预算＝可用预算资源”改为“预算资源≠必须投入的资源”，此时争夺预算资源的游戏就失去了意义。

预算管理是一种集系统化、战略化、人本化理念为一体的现代企业管理模式。它通过业务、资金、信息的整合，明确授权并适度分权，战略驱动的业绩评价等来实现资源合理配置、作业高度协同、战略有效贯彻、经营持续改善、价值稳步增加的目标。企业可以通过预算来监控战略目标的实施进度，有助于控制开支并预测企业的现金流量与利润。

2. 企业预算的基本要素

预算管理是在企业组织目标基础上，落实执行过程的控制活动，是以过程控制为核心的管理行为。过程控制的对象就是业务活动或资源应用。

基于组织目标是要求企业在决策前应当高度关注企业内部资源和能力，关注必要资源的积累，以提高对外部制约条件的应变能力，关注制约企业运作的外部市场环境因素与公司内部能力的匹配，形成组织目标、计划与预算的一体化规划过程。这一过程的核心理念就是企业具备或应当寻找的一种能力，即市场机会与企业资源最佳组合的能力。在这一过程中存在着目标、计划与预算三大基本要素，其出发点在于规划过程。所谓的一体化则是规划方式，是连接三个要素的逻辑路径，而规划过程则是指行为性质，是说明三要素整合的逻辑证明。

组织目标确定的流程一般是提出一个未必合理的预期目标，按预期目标制定实施计划，并以计划决定预算。

就企业管理层而言，目标规划寻找最佳组合的过程就是上述三个要素之间相互证明和平衡的过程，实现三者逻辑的一致性并证明其可行性。当目标、计划与预算三个要素得到了相互证明、相互平衡时，三者均成立。若其中一项不成立，则其余也不成立，任何一个要素都不是独立存在的，它们的合理性必须经其余两个要素证明。因此，预算是积极的、具有成功影响的管理方法。

3. 预算编制的语言

预算编制的语言分为两类：业务语言预算与会计语言预算。

在预算编制阶段，以业务语言预算反映分解目标的业务活动对资源的需求，然后以会计语言预算形成企业预算。

在执行阶段，根据市场对业务活动的影响，动态调整业务活动的资源需求，以变动的市场和业务调整编制的预算，而非以编制的预算去衡量和限制动态的业务。

预算是基于业务的，表明预算行为与业务活动不可分割。预算必须介入业务链，预算与业务的结合不是行政安排，而是企业价值创造过程的逻辑必然。

企业价值链由两部分组成：价值创造业务链与价值创造控制链。价值创造业务链是感性的、物理的，关注过程和直接结果的完美性，是企业中层及以下人员的责任；价值创造控制链是理性的、抽象的，关注组织的全部活动是否与目标有关且有效，是企业高层负责人与财务机构的责任。

4. 预算框

预算框是现代预算控制方法的一种有效工具，也是解决传统预算问题的有效手段。它是基于有限资源约束条件下的预算模式。其实现过程为：

(1) 先寻找并确定期望收入，再计算实现组织目标需要的全部投入，这就是预算框。

(2) 得出投入产出净额，即期望利润。预算框是企业可投入全部资源的边界，即有限资源投入。

部门预算编制就是在市场机会、期望利润、预算框三个约束条件下寻找实现目标路径的过程。

二、预算管理关系

预算是企业契约关系的贯彻和执行机制，是提升公司治理能力、强化契约的公司管理。预算管理不是数据的罗列，而是一种与公司治理结构相适应、涉及企业内部各个管理层次的权利和责任安排，通过相应的利益分配来实现内部管理与控制机制，具有全局性。具体表现见表 4—1。

表 4—1　　预算管理中企业内部各个管理层次的权利和责任安排

主体类型	贡献	利益
股东	权益资本	股利、剩余收益
经理	技能	工资、奖金、福利
雇员	技能	工资、奖金、福利
供应商	商品、服务	现金
顾客	现金	商品、劳务
债权人	债务资本	利息、本金
政府	公共物品	税收

三、全面预算管理体系

全面预算是由一系列预算构成的体系。图 4—1 简要反映了全面预算的内容和各项预算之间的关系。

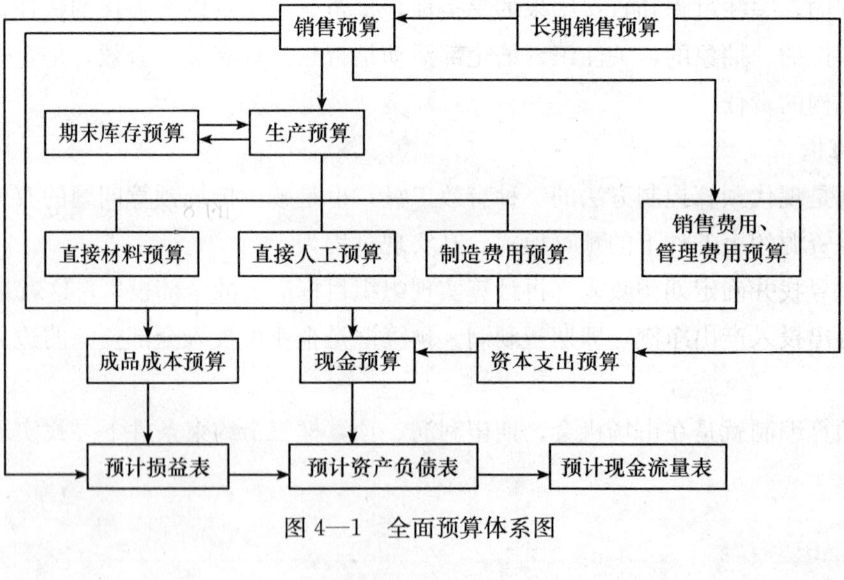

图 4—1　全面预算体系图

从图 4—1 可以看出，企业应根据长期市场预测和自身生产能力确定长远规划和奋斗目标，并编制长期销售预算。然后，以此为基础进行经济预测，确定年度销售预算，并根据企业财力确定资本支出预算。销售预算是全面预算编制的起点，根据“以销定产”的原则确定生产预算，同时确定所需要的销售及管理费用。生产预算的编制，除了考虑计划销售量外，还要考虑现有存货和年末存货。根据生产预算来确定直接材料、直接人工和制造费用预算。现金预算是有关预算的汇总，预计损益表、预计资产负债表和预计现金流量表是全面预算的综合。

第 2 节　预算编制方法与流程

一、预算编制的基本方法

预算编制的方法主要有固定预算与弹性预算、增量预算与零基预算、定期预算与滚动预算等。

1. 固定预算与弹性预算

(1) 固定预算。固定预算又称静态预算，是根据企业未来既定的业务量水平，不考虑预算期内生产经营活动可能发生的变动而编制的预算，是一种传统的预算编制方法。固定预算编制后除非有特殊情况，一般不作修改或更正，具有相对固定性。固定预算适用于经营业务稳定、产品产销量稳定、能准确预测产品需求及产品成本的企业，也可用于编制固定费用预算。但在业务量脱离预定水平时，就难以发挥其控制和考核作用。

【例 4—1】　某企业生产甲产品，预计年销量为 2 000 台，预计销售价格为 2 000 元/台，预计销售成本为销售收入的 65%，销售费用为销售收入的 8%。则可按上述已定的资料编制销售利润预算表，见表 4—2。

表 4—2　　销售利润预算表　　单位：元

项目	金额
销售收入	2 000×2 000=4 000 000
销售成本	4 000 000×65%=2 600 000
销售费用	4 000 000×8%=320 000
销售利润	1 080 000

（2）弹性预算。弹性预算又称变动预算，是在考虑预算期间企业生产经营活动业务量可能发生变动的基础上，首先预计各种不同的业务量水平，然后根据预计的各种业务量编制的有伸缩性的预算。弹性预算是为一定的业务量水平范围而不是为单一的业务量水平而编制的预算，其数据能够根据业务量水平的变化而自行调整。因此它比固定预算更便于区分和落实责任，是一种先进的预算编制方法，特别是在企业会计电算化日益普及的今天，更能显示其优越性。弹性预算适用于全面预算体系中与业务量有关、特别是受业务量变动影响较大的各种预算，如收入预算、成本费用预算、利润预算等。

弹性预算的编制一般遵循如下步骤：

1）选择和确定业务量的计量单位，如产销量、直接人工小时、机器工时等。

2）根据预测确定可能达到的各种业务量水平。

3）根据成本形态将成本费用划分为变动和固定两个类别，对于混合型成本费用也应利用高低点法、回归分析法、经验分解法等事先予以分解。根据费用总额与业务量的依存关系，分别确定各种预计业务量水平下的变动成本费用总额和固定成本费用总额，最终确定成本费用预算总额。

成本费用弹性预算的编制一般依据如下基本公式：

成本费用弹性预算＝固定成本费用预算＋单位变动成本费用率×业务量水平

【例 4—2】 表 4—3 所列为 A 公司 2012 年制造费用弹性预算资料，其中较大的混合成本项目已经过事先分解，该公司生产能力为 50 000 机器台时，利用率预计在 90%～105%（即 45 000～52 500 台时）之间。

表 4—3　　A 公司 2012 年制造费用弹性预算资料

项目	固定费用（元）	变动费用率	项目	固定费用（元）	变动费用率
管理人员工资	12 000	/	辅助材料	2 000	0.15%
保险费	3 000	/	水费	1 000	0.2%
设备租金	4 000	/	维修费	1 500	0.10%
燃油	/	2%	/	/	/
辅助工工资	/	1%	/	/	/

根据上述资料，当生产能力利用率为 100%（即 50 000 台时）时，可用如下基本方法编制制造费用弹性预算。

制造费用弹性预算＝12 000＋3 000＋4 000＋2 000＋1 000＋1 500＋（2＋1＋0.15＋0.20＋0.10）×50 000＝196 000（元）

利用上式可以计算出 45 000～52 000 台时之间任一点上的制造费用预算数，比较方便。

2. **增量预算与零基预算**

（1）增量预算。增量预算的方法简称增量预算，是指以基期实际成本费用水平为基础，结合预算期业务量水平及有关降低成本的措施，通过调整有关原有费用项目而编制预算的方法。

增量预算以过去的经验为基础，实际上是承认过去所发生的一切都是合理的，主张不需在预算内容上做较大改进，而是因循沿袭以前的预算项目。这种方法可能导致以下不足：

1）受原有费用项目限制，可能导致保护落后。由于按这种方法编制预算，往往不加分析地保留或接受原有的成本项目，可能使原来不合理的费用开支继续存在下去。形成不必要开支合理化，造成预算上的浪费。

2）滋长预算中的“平均主义”和“简单化”。采用此法，容易鼓励预算编制人凭主观臆断按成本项目平均削减预算或只增不减，不利于调动各部门降低费用的积极性。

3）不利于企业未来的发展。按照这种方法编制的费用预算，对于那些未来实际需要开支的项目可能因没有考虑未来情况的变化而造成预算的不足。

虽然增量预算存在以上缺点，但其显著的优点是工作量少且简便易行，所以在我国以往的预算实务中，多数企业均采用此方法。

（2）零基预算。零基预算的方法全称为“以零为基础编制计划和预算的方法”，简称零基预算。它是指在编制成本费用预算时，不考虑以往会计期间所发生的费用项目或费用数额，而是以所有的预算支出均为零为出发点，一切从实际需要与可能出发，逐项审议预算期内各项费用的内容及开支标准是否合理，在综合平衡的基础上编制费用预算的一种方法。

此法是为克服增量预算的缺点而设计的，现已被西方国家广泛运用为管理间接费用的一种新的有效方法。

零基预算编制的程序如下：

1）动员与讨论。即动员企业内部所有部门，在充分讨论的基础上提出本部门在预算期内应当发生的费用项目，并确定其预算数额。

2）划分不可避免项目和可避免项目。在预算编制过程中，对不可避免项目必须保证资金供应，而对可避免项目则需要逐项进行成本—效益分析，按照各项目开支必要性的大小确定各项费用预算的优先顺序。

3）划分不可延缓项目和可延缓项目。即将纳入预算的各项费用进一步划分为不可延缓项目和可延缓项目。在预算编制过程中，应优先保证不可延缓项目的开支，然后再根据需要和可能，按照项目的轻重缓急确定可延缓项目的开支标准。

零基预算的优点主要在于：可以促使企业合理有效地进行资源分配，将有限的资金用在刀刃上；可以充分发挥各级管理人员的积极性、主动性和创造性，促进各预算部门精打细算，量力而行，合理使用资金，提高资金的利用效果；由于这种方法以零为出发点，对一切费用一视同仁，有利于企业面向未来发展考虑预算问题。而其缺点也很明显：因为这种方法一切从零出发，在编制费用预算时需要完成大量的基础工作，如历史资料分析、市场状况分析、现有资金使用分析和投入产出分析等，这势必带来浩繁的工作量，而且也需要比较长的编制时间。

3. 定期预算与滚动预算

（1）定期预算。定期预算的方法简称定期预算，是指在编制预算时以不变的一个会计期间（如日历年度）作为预算期的一种编制预算的方法。

定期预算能够使预算期间与会计年度相配合，便于考核和评价预算的执行结果，但其具有滞后性、盲目性和间断性的缺点。由于定期预算不能随情况的变化及时调整，当预算中所规划的各种经营活动在预算期内发生重大变化时（如预算期临时中途转产），就会造成预算滞后过时，使之成为虚假预算。定期预算往往是在年初甚至提前两三个月编制的，对于整个预算年度的生产经营活动很难作出准确的预测，尤其是对预算后期的判断只能进行笼统地估算，缺乏远期指导性，给预算的执行带来很多困难，不利于对生产经营活动的考核与评价。由于受预算期间的限制，致使经营管理者们的决策视野局限于本期规划的经营活动，通常不考虑下期，不利于企业的长远发展。

（2）滚动预算。滚动预算方法又称连续预算或永续预算，是指在编制预算时，将预算期与会计年度脱离开，随着预算的执行不断延伸补充预算，逐期向后滚动，使预算期永远保持为 12 个月的一种方法。

其具体做法是：每过一个季度（或月份），立即根据前一个季度（或月份）的预算执行情况，对以后季度（或月份）进行修订，并增加一个季度（或月份）的预算。这样逐期向后滚动、连续不断地进行预算来规划企业未来的经营活动。

滚动预算与定期预算相比，具有连续性、完整性和稳定性的特点。由于滚动预算在时间上不再受日历年度的限制，能够连续不断地规划未来的经营活动，不会造成预算的人为间断，同时可以使企业管理人员了解未来 12 个月内企业的总体规划与近期预算目标，能够确保企业管理工作的完整性与稳定性。这种预算方式及时性强、透明度高，但预算工作量较大。

上述几种方法并非相互独立，而是相互联系的，它们都是构成企业全面预算管理方法的有机组成部分。在全面预算管理方法中，综合利用这些预算管理方法，是有效提高企业管理水平的重要途径。

二、预算编制流程

市场机会与企业资源的平衡过程就是“未战而庙算胜者”，以损益表为最高综合表现形式。损益表上承企业经营目标，下启部门分解子目标，是预算的起点，也是预算的终点。当企业组织目标初步设定后，接下来要解决的就是如何根据企业经营目标形成预测损益表，以寻求市场机会与企业资源的平衡，寻找并确定企业层次可执行的期望目标。这就是预算编制与控制流程。

1. 预算编制的基础与起点

(1) 确定目标。预算编制的基础与起点源于企业目标体系。从企业管理与业务控制体系分析，其目标体系关系如图 4—2 所示。

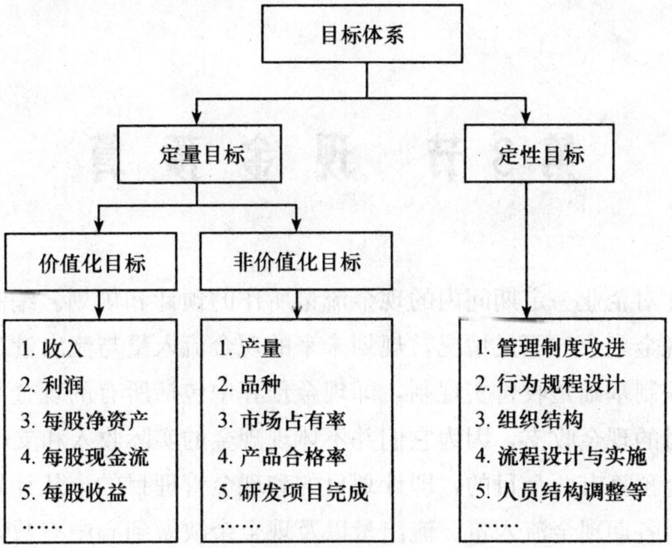

图 4—2 企业目标体系图

(2) 损益预测。损益预测以股东利益最大化为起点，具体流程如图 4—3 所示。

2. 初始预算平衡

将目标转化为投入产出价值的最优化，就必须对收入期望、收入机会与企业资源进行初次平衡，这一平衡过程主要有价值链分解与资源要素分解两个环节。

3. 对照董事会目标寻找弥补差异的路径

在进行分解分析后，对照目标与分解路径，对可能出现的问题进行分析与测算，以价值链与资源要素分解分析为基础进行差异分析和解决方案研究，并提出实现目标的工具与路径。

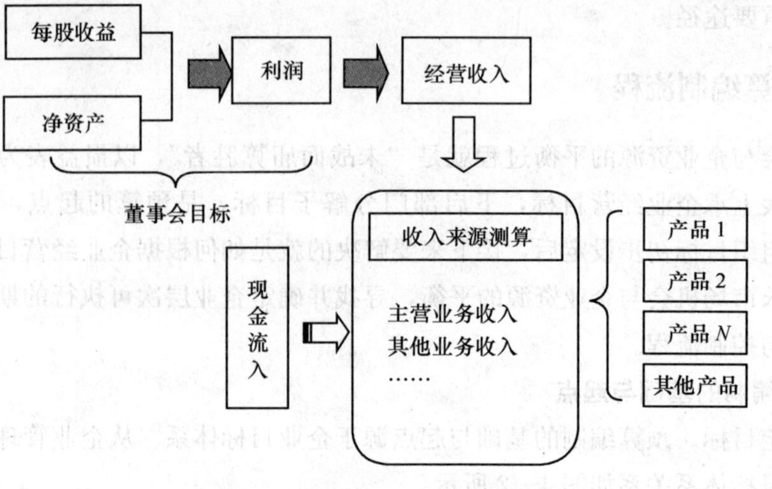

图 4—3　损益实现路径分析图

第 3 节　现 金 预 算

现金预算是针对企业一定期间内的现金流量所作的预计和规划。编制现金预算，可预测每一期间内的现金剩余与不足情况，规划未来的现金流入量与流出量。

现金预算的编制基础是收付实现制，即现金预算中包括所有的现金收支，但不包括应收未收、应付未付的现金收支，因为它们并不体现现金的实际收入和支出。

企业编制现金预算有两个目的，即计划目的和现金管理目的。从计划目的看，编制现金预算能使企业对各期现金流入量、流出量以及现金余缺做到心中有数，进而可采取措施平衡现金收支。如果现金不足可预先安排借款计划，如果现金多余可进行较为有利的对外投资。从现金管理目的看，现金预算是进行现金管理的最重要的工具。因为无论是确定现金的最佳置存量、保持现金的合理比例，还是加强现金收支的控制等，都离不开现金预算。

一、现金流入与流出途径

现金流量是指现金在企业经营过程中的流转量，即现金流入与现金流出的数量。必须指出，企业经营过程中的现金流量与企业长期投资评价中的现金流量的含义并不完全一样，本章所指的是前者。现金流入与现金流出的来源如图 4—4 所示。

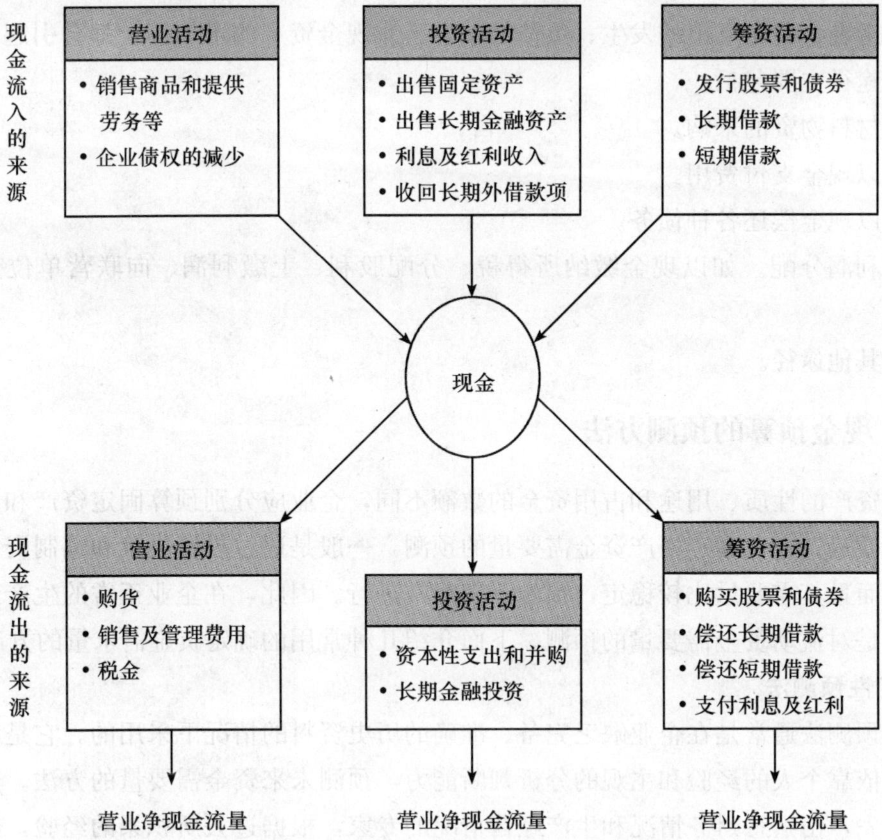

图 4—4　现金流入与现金流出的来源

1. 现金流入途径

总的来看，获取收入、增加负债及投资者追加投资、减少非现金资产等，都会引起企业现金流入量的增加。具体途径主要包括：

（1）产品销售收入与其他销售收入。这是企业现金流入最重要的渠道。

（2）非现金流动资产的减少。例如，应收账款、应收票据、其他应收款的减少等，通常意味着企业债权的减少和现金的增加。

（3）企业债务的增加。如发行债券或向银行借款等，都会使企业取得大量现金。

（4）对股份有限公司来说，增发新股或配股也是取得现金收入的重要途径。非股份制企业吸收联营投资也可能增加企业的现金流入量。

（5）出售固定资产或无形资产。

（6）其他途径。如对外投资所获得的利润、存款或债券的利息收入等。

2. 现金流出途径

总的来看，费用支出的发生、负债的减少、非现金资产的增加等，都会引起现金的流出。具体途径主要包括：

（1）材料物资的采购。

（2）以现金支付费用。

（3）以现金偿还各种债务。

（4）利润分配。如以现金缴纳所得税、分配股利、上缴利润、向联营单位分配利润等。

（5）其他途径。

二、现金预算的预测方法

由于资产的性质、用途和占用资金的数额不同，企业应分别预算固定资产和流动资产的资金需要量。企业固定资产资金需要量的预测，一般是通过投资决策和编制资本预算来完成的，而且其需要量比较稳定，预测不需经常进行。因此，在企业正常的生产经营条件下，主要是对流动资金需要量的预测。下面介绍几种常用的确定资金需求量的方法：

1. 定性预测法

定性预测法通常是在企业缺乏完备、准确的历史资料的情况下采用的。它是利用直观的资料，依靠个人的经验和主观的分析判断能力，预测未来资金需要量的方法。其预测过程是：首先，由熟悉财务情况和生产经营情况的专家，根据过去所积累的经验，进行分析判断，提出预测的初步意见；然后，通过召开座谈会或发放信息收集表等形式，对上述预测的初步意见进行修正补充。这样经过几次后，得出预测的最终结果。

定性预测法十分有用，但它不能揭示资金需要量和有关因素之间的数量关系。

2. 定量预测法

定量预测法是资金需要量预测的主要方法，它是根据资金需要量与企业生产经营业务之间的数量关系，运用数学的方法对资金需要量进行估算。定量预测法主要有：趋势分析法、销售收入资金率法、产值资金率法、销售百分比法和线性回归分析法等，其中比较常用的是销售百分比法和线性回归分析法。

（1）销售百分比法。销售百分比法是根据销售额与资产负债表和损益表的有关项目间的比例关系，预测各项目资金需要量的方法。这种方法假设收入、费用、资产、负债与销售收入存在稳定的百分比关系，通过预计销售额，再根据百分比预计资产、负债和所有者权益，然后利用会计等式确定筹资需求。

【例 4—3】 顺明公司 2012 年年末简化的资产负债表的数据见表 4—4，损益表的数据见表4—5。2012年的销售额为2 000万元，预计2013年的销售额为3 000万元。

表4—4 2012年资产负债表

项目	2012年年末金额（万元）	项目	2012年年末金额（万元）
现金	100	短期借款	50
应收账款	300	应付票据	80
存货	500	应付账款	370
固定资产净值	600	长期负债	220
/	/	负债合计	720
/	/	所有者权益合计	780
资产合计	1 500	负债及所有者权益合计	1 500

表4—5 2012年损益表

项目	金额（万元）
销售收入	2 000
减：销售成本	1 200
销售费用	400
销售利润	400
减：管理费用	100
财务费用	50
税前利润	250
减：所得税（40%）	100
税后利润	150

需求的预测步骤为：

1）区分敏感项目和不敏感项目。资产负债表中，有些项目与销售额存在一定的比例关系，会随着销售额的变动同比例变动，这些项目称为敏感项目；另外一些项目在短期内不会随着销售额的变动而发生变动，这样的项目称为不敏感项目。例如在本例中，根据历史经验数据认定，资产项目中，固定资产净值为不敏感项目（即假定在本例讨论的销售量范围内，销售的增长不需要增加固定资产，否则该项也会成为敏感项目），负债和所有者权益项目中，长期负债和所有者权益为不敏感项目，其余各项目均为敏感项目。在我们的预测中，将只有敏感项目的预测值会随着销售额预测值的变动而变动。

2）确定销售百分比。资产负债表中各敏感项目占销售收入的百分比，可以根据2012年的数据计算确定。例如，现金的销售百分比的计算方法为：

$$现金销售百分比=\frac{现金金额}{销售额}=\frac{100}{2\ 000}=5.00\%$$

其余各敏感项目的销售百分比均可按同样的算法求得，计算结果见表4—6。按照同样的方法，也可以计算出损益表各项目的销售百分比。

3）计算预计销售额下的资产、负债和利润。2013年资产负债表各项目的预测值按照是否是敏感项目分别计算：

敏感项目预测值＝销售额预测值×项目销售百分比

不敏感项目预测值＝上年实际发生额

根据上面的算法可以计算出各项目的预测值（见表4—6），得到资产合计的预测值为1 950万元，负债合计的预测值为970万元。

表4—6　　2013年预计资产负债表

项目	2012年年末金额（万元）	占销售收入百分比（%）	2013年预测金额（万元）
资产			
现金	100	5.00	150
应收账款	300	15.00	450
存货	500	25.00	750
固定资产净值	600	—	600
资产合计	1 500	—	1 950
负债			
短期借款	50	2.50	75
应付票据	80	4.00	120
应付账款	370	18.50	555
长期负债	220	—	220
负债合计	720	—	970
所有者权益合计	780	—	870
筹资需求	—	—	110
负债及所有者权益合计	1 500	—	1 950

根据同样的方法，可以计算出预计损益表各项目的值（见表4—7），计算得到预计税后利润为225万元。

4）计算预计留存收益增加额。如果公司有盈利，并且不是将税后利润全部支付股利，就会有留存收益。留存收益会使得企业所有者权益增长，并提供部分企业需要的资金。这部分资金的多少可以通过下式计算：

留存收益增加＝预计净利润×（1－股利支付率）

表 4—7　　2013 年预计损益表

项目	2012 年年末金额（万元）	占销售收入的百分比（%）	2013 年预测金额（万元）
销售收入	2 000	100.00	3 000
减：销售成本	1 200	60.00	1 800
销售费用	400	20.00	600
销售利润	400	20.00	600
减：管理费用	100	5.00	150
财务费用	50	2.50	75
税前利润	250	12.50	375
减：所得税（40%）	100	—	150
税后利润	150	—	225

如果本例中的企业股利支付率为 40%，则 2013 年预计留存收益的增加为：

225 万元×（1－40%）＝90 万元

预计的所有者权益总额为上年所有者权益总额与留存收益增加额之和：

780 万元＋90 万元＝870 万元

5）计算外部筹资需求。外部筹资需求的计算公式为：

外部筹资需求＝预计总资产－预计总负债－预计所有者权益

所以，本例外部筹资需求＝1 950 万元－970 万元－870 万元＝110 万元。

（2）线性回归法。线性回归法是在拥有一定量的历史数据的条件下，可以假定企业的资金需要量与销售量存在线性关系，通过回归分析方法确定线性方程的系数，然后将预计销售量代入方程，预测出筹资需求。

在财务管理中，最简单、最常用的回归模型为：

$$y=a+b\cdot x$$

式中　y——资金需要量；

a——不变资金规模；

b——单位业务量所需要的变动资金规模；

x——业务量。

只要求出 a 和 b 的值，就可在业务量 x 预测值的基础上，确定其资金需要量。运用统计知识，可用下式来求 a 和 b：

$$\begin{cases} b=\dfrac{n\sum xy-\sum x\sum y}{n\sum x^2-(\sum x)^2} \\ a=\dfrac{\sum y}{n}-b\dfrac{\sum x}{n} \end{cases}$$

【例 4—4】 某公司产销量和资金占用情况见表 4—8。2013 年预计销售量为 150 万件，试计算 2013 年的资金需要量。

表 4—8　　产销量与资金变化情况表

年度	产销量 x（万件）	资金占用 y（万元）
2007	120	100
2008	110	95
2009	100	90
2010	120	100
2011	130	105
2012	140	110

1）根据表 4—8 整理出表 4—9：

表 4—9　　资金需要量预测表

年度	产销量 x（万件）	资金占用 y（万元）	xy	x^2
2007	120	100	12 000	14 400
2008	110	95	10 450	12 100
2009	100	90	9 000	10 000
2010	120	100	12 000	14 400
2011	130	105	13 650	16 900
2012	140	110	15 400	19 600
合计 $n=6$	$\sum x=720$	$\sum y=600$	$\sum xy=72\ 500$	$\sum x^2=87\ 400$

2）代入公式解得：

$$\begin{cases} b=\dfrac{6\times72\ 500-720\times600}{6\times87\ 400-720^2}=0.5 \\ a=\dfrac{600}{6}-0.5\times\dfrac{720}{6}=40 \end{cases}$$

3）把 a 和 b 代入回归模型，得：

$$y=40+0.5x$$

4）把 2013 年预计销售量为 150 万件代入上式，得：

$$y=40+0.5\times150=115$$

即 2013 年预计资金需要量为 115 万元。

线性回归方法一般需要较多年份的数据，有时数据的线性拟合程度也不够理想，这些都限制了这种方法的使用。

【本章知识点小结】

<table>
<tr><td rowspan="6">预算与预算管理</td><td rowspan="4">预算是过程控制活动</td><td>预算概念</td></tr>
<tr><td>企业预算的基本要素</td></tr>
<tr><td>预算编制的语言</td></tr>
<tr><td>预算框</td></tr>
<tr><td colspan="2">预算管理关系</td></tr>
<tr><td colspan="2">全面预算管理体系</td></tr>
<tr><td rowspan="4">预算编制方法与流程</td><td rowspan="3">预算编制的基本方法</td><td>固定预算与弹性预算</td></tr>
<tr><td>增量预算与零基预算</td></tr>
<tr><td>定期预算与滚动预算</td></tr>
<tr><td colspan="2">预算编制流程</td></tr>
<tr><td rowspan="4">现金预算</td><td rowspan="2">现金流入与流出途径</td><td>现金流入途径</td></tr>
<tr><td>现金流出途径</td></tr>
<tr><td rowspan="2">现金预算的预测方法</td><td>定性预测法</td></tr>
<tr><td>定量预测法</td></tr>
</table>

【预算管理一案例分析】

复兴机器制造公司的预算编制问题

复兴机器制造有限公司的副总经理主要负责在 2012 年年底编制该企业 2013 年的全面预算。由于他是第一次接手该项工作，所以有许多问题不甚明确。2012 年年底已经迫近，该副总经理只能先行进入工作状态，一面进行全面预算的编制，一面对操作中的错误予以纠正。以下是他进行预算组织工作的详细记录：

12 月 10 日，向全公司各生产部门和职能部门下达编制全面预算的任务，预算的编制顺序为“两下两上”，即先由基层单位编制初稿，上交公司统一汇总、协调，然后再返还基层单位修改，修改后再次上交总公司以调整、确认。

12 月 11 日，发专门文件说明预算的本质是财务计划，是预先的决策。

12 月 12 日，专门指定生产部门先将生产计划编制出来，提前上交，因为生产部门的生产计划是全部预算的开端。

12 月 15 日，设计预算编制程序如下：

（1）成立预算委员会，由公司董事长任主任。

（2）确定全面预算只包括短期预算。

（3）由预算委员会提出具体生产任务和其他任务。

（4）由各部门负责人自拟分项预算。

（5）上报分项预算给公司预算委员会，汇总形成全面预算。

（6）由董事会对预算进行审查。

（7）将预算下达给各部门实施。

截止到 12 月 20 日，已上交预算委员会的营业预算有：销售预算、生产预算、直接人工预算、直接材料采购预算、制造费用预算、营业费用预算、预计损益表。该副总经理认为营业预算已经基本上交完毕。资本支出预算也已上交，被归入营业预算中。其主要内容是关于下一经营期购买厂房和土地问题。

12 月 21 日，预算委员会收到的现金预算中有以下几项内容：现金收入、现金支出、现金结余。该副总经理把现金预算归入销售预算内，因为销售是企业现金的主要来源。

12 月 22 日，预算委员会收到交来的预计资产负债表被该副总经理退回，认为它不在预算之列。

12 月 25 日，该副总经理强行要求所有与生产成本相关的预算都以零基预算的方式进行。基层单位负责人反映该企业为方便业绩考核，前任财务经理对生产成本一直实施滚动预算。况且重新搜集成本资料支出过大、时间过长。

生产经理的基本职责有两方面：生产控制和成本控制。12 月 28 日，公司要求生产经理制作固定预算，生产经理强烈反对，认为只有弹性预算才能把生产控制和成本控制分开，便于考核业绩。

12 月 31 日，该委员会预计出下一期股利的支付政策和方案，并把它列入专门决策预算。

思考题

1. 请帮助找出上述案例中的错误之处，说明理由并加以纠正。

2. 请详细说明编制预算中有哪些需要注意的问题。

第5章

劳资管理

【本章导读】

创业企业进入成长期后，人才成为影响企业发展的重要因素。人才是企业核心竞争力的表现。作为创业企业的管理者和经营者，要在完善组织结构设计的基础上，根据国家政策以及企业自身的实际情况，参照同行业平均水平建立自己的薪酬体系，逐步完善薪酬结构和薪酬计算方式，并在此基础上建立员工的职业生涯管理制度，使人尽其才、才尽其用，最终使企业和员工获得双赢。本章主要介绍企业的组织结构设计、薪酬制度、员工职业生涯管理原则和方法，并对常见的劳资纠纷问题进行阐述。

第 1 节　创业企业的组织结构设计

一、基本设计原则

1. 创业企业的发展周期

创业企业的发展周期可分为三大阶段，即初创期、成长期和再成长阶段。各个阶段的特点如下：

（1）初创期阶段。企业初创，规模小、资金少、实力弱、结构简单、管理粗放、人员精少，这时候企业的任务主要是努力生存，尽快实现盈亏平衡。

（2）成长期阶段。在这个阶段，企业发展迅速、结构逐步完善、管理趋向科学、人员流动频繁，企业主要任务变为扩大市场并在本领域做大做稳。

（3）再成长阶段。此阶段根据一般的发展规律又可以分为创新、专精和退出或被并购三阶段。首先是创新阶段，企业应在技术、体制、管理上不断创新，组织结构蜕变、企业文化调整、研发投入巨大、人员淘汰激增，此时企业需要革新技术、开拓领域，进行二次创业。其次是专精阶段，企业需要领导、探索本领域发展方向，进行组织结构调整，在研发方面投入巨大资金，人员逐渐分流。此时企业需掌握核心技术、巩固市场地位，成为本领域的领导者。最后是企业退出或被并购阶段。在此阶段，企业战略方向失误、竞争力下降、成本上升，从而被迫退出或被收购。部分处于朝阳行业、有一定技术领先优势、自身实力规模较小的企业则被产业龙头并购。处于此阶段的企业要收割原有市场、选择机会退出或参与并购，争取获得更大发展空间。

2. 企业组织结构设计的概念

企业组织结构设计是指企业在职务范围、责任、权力方面所形成一定的结构体系，以达到总体科学的业务分工的目的。创业企业的大多数工作都是靠集体合作才能完成的，因此建立一个良好的组织结构并使之有效运转，无论对于个人还是企业目标的实现都至关重要。

3. 企业组织结构设计的重要性

一个企业的组织结构决定着企业资源的分配和利用、决定着企业决策权的使用、决定着企业内部信息的合理流动，最终又决定着企业工作效率的高低、生产经营的顺利与否、所取得成果的大小等。可以说企业的组织结构是完成企业目标的基石，它把企业的一切可供利用的资源统合起来，对其进行协调分配，发挥出资源利用的整体优势，最大限度地减少浪费，实现其最大价值。组织结构是企业实现战略目标和构建核心竞争力的载体，也是企业员工发挥各自优势、获得自身发展的平台。企业结构问题决定了企业执行力的强弱，要想提升企业的执行力，就要进行组织结构设计，保证管理指令系统的顺畅，确保每个员工都有明确的汇报路线，都有唯一的管理者负责其工作行为，这样才能达到企业的要求。

4. 组织结构设计的原则

组织结构设计的成功与否，关键在于企业成长的过程中能否体现组织管理的协同性和集中性，因此在企业成长的不同阶段，需要适时调整企业结构，灵活应对企业的现实情况。由于创业企业成长期的特殊性，其组织结构的设计应遵循以下原则：

（1）保持灵活性，防止组织结构层次过多。

（2）注意分权，防止组织结构层次过少。

（3）保持均衡，注意制衡。

（4）注意组织结构设计的权、责、利一致。避免有权没责、有责没权、权责不对等一系列组织结构设计不完善的现象。

二、创业企业组织结构设计的要点

1. 常见的组织结构形式

常见的企业组织结构形式分为三种：职能型组织结构、事业部型组织结构、矩阵型组织结构。三种组织结构形式的特点如下：

（1）职能型组织结构。职能型组织结构是企业在实践过程中比较简单的组织形式，从总体而言，职能型组织结构更加侧重于企业现有的核心业务，比较适合企业在初创期产品或服务品种比较单一、市场覆盖面比较小的情况。但是随着企业业务活动的差异性变大，特别是产品、市场和客户的差异性越来越大，职能型组织结构的管理优势就很难实现。另外，从管理理论上说，职能型组织结构刚性较强，容易阻碍业务的多元化，企业组织容易变得官僚化和松散化，最终影响企业的成长。

（2）事业部型组织结构。所谓事业部型组织结构，就是以产品、服务或者市场的差异为前提，围绕着产品、服务或者市场区域单独设立一定的组织结构。在单纯的事业部型组织结构下，企业管理的第二个层次是事业部而没有职能性部门。在比较复杂的事业部型组织结构中，在事业部的框架下会再分第二个层次，可能以职能型为主，也可能是某种小型的事业部。事业部型组织结构侧重于通过更大的自主权和清晰的目标界定来进行激励，能够减轻最高管理层的负担，能够清晰地划分各个领域的职责，并且能够根据各个事业部的特性来调整决策。但是，一旦事业部的自主权变得很大，则对总公司总体协调的要求就很高，容易发生离心倾向，各个事业部往往会因强调各个事业部的自身利益而忽视企业整体利益。

（3）矩阵型组织结构。矩阵型组织结构是在直线职能制垂直形态组织系统的基础上，再增加一种横向的领导系统。矩阵型组织结构是综合利用各种标准的一个范例，是一种横纵两套系统交叉形成的复合型组织结构。纵向是职能系统，横向是为完成某项专门任务而组成的项目系统。项目系统没有固定的工作人员，而是随着任务的进度和工作的需要，从各职能部门抽调人员参加，这些人员完成了与自己有关的工作后，仍回到原来的职能部门。建立矩阵型组织结构的目的在于解决过度的事业部化所产生的问题。矩阵型组织结构的核心优点是：能够通过多角度来考虑总体利益，从而提高决策的质量；能够避免以各部门自身利益为导向的思维模式；能够公开处理冲突，并且具有很强的适应能力。但是矩阵型组织结构容易产生很大的冲突，且难以管理，一旦产生过多的内部摩擦，则会导致对外部变化的反应迟缓，从而导致组织内部倾向于保守。

2. 组织结构设计的规划

创业企业进行组织结构设计，应该明确经营目标，并在此基础上，考虑经营环境等各种因素的影响，充分利用组织资源，确定组织的职能模块，选择适用的组织模式，实现岗位的合理设置，确定组织架构，运用业务流程检验并完善组织架构。

岗位设置的一般要求是：岗位职责要清晰、岗位目标应明确、岗位规划性要突出、岗位设置要具有一定的弹性。考虑到企业实际，某些岗位的设置只是为了适应组织一段时期或个别项目的需要。

岗位设置的一般步骤就是按照组织职能的特点，分职能模块进行。首先是完成整体职能模块的岗位设置，然后在职能模块内，按照基本业务项目、延伸业务项目进行岗位细分设置，最后再绘制岗位设置图，在具体运作过程中根据企业实际检验和修正。

创业企业在设计企业结构的时候，主要应该根据自身的业务、职能模块特点进行创新设计，要对职能细分把握适度，在分清责、权、利的同时，注意对企业结构的梳理，根据自身实际的发展规模把握好层次感。创始人还应注意多学习成功企业的经验，多研究以往知名企业的发展历程，为企业做长远打算。

三、组织结构设计的特征

战略决定结构，结构决定功能。处于创业成长期的企业自身发展的速度各不相同，其组织结构设置并不是一成不变的。我国当前处于快速变革的时期，企业的组织结构要根据所处的外部环境条件进行调整和变革。现代社会唯一不变的就是变化，我们要认识到这一最大的现实，来实现我们的组织最大的发展。

当然，组织结构一旦设置完成，就应该具有一定的延续性和刚性，如果朝令夕改，不但会使人心不稳，也会使企业的管理运行发生各种各样的问题。所以企业的组织结构设计要求稳定性与变动性结合，以稳定为基础，以变动为补充，变和不变的依据就是企业发展的实际情况。立足实际结合必要的前瞻性，是判断企业组织结构变与不变的唯一法则。

第 2 节 人才的选拔与使用

一、人才招聘与选拔

1. 创业企业与人才特点分析

（1）吸引人才方面的优势与劣势。初创期企业就像一个刚出生的婴儿，抵抗力很弱，随时都有生病的可能。这个时期，企业的不利因素很多：从企业规模上看，员工数量少，营业额低，资产数量也不多；从企业管理上看，管理水平低，属于不规范的经验管理；从企业发展后劲上看，初创期企业的产品在完善程度、技术、品牌、商誉等方面都存在着这样那样的不足。此外，初创期企业的资金一般呈净流出状态，因此资金不足往往就是其最大问题，甚至直接决定了初创期企业能否生存和发展。同时，成长期企业因为自身的特点导致在吸引人才方面具有明显的优势与不足。从优势看，首先，虽然投身创业企业风险很高，但可能获得高收益；其次，相对成熟企业，创业期企业由于管理条线简单、工作环境和氛围较为宽松、员工工作自主权较大且容易出业绩并获得较快的晋升。从不足看，首先，创业企业由于各种软硬件方面的问题，导致人员流动快，人才普遍缺乏安全感；其次，创业企业因为进入市场的时间短，组织机构设计不完备，导致创造性和开拓性工作多，工作的难度和挑战性都很大；更致命的是，创业企业往往硬件环境差、福利待遇差，这些都是招聘人才的不利因素。

（2）人才的分类与创业期企业的匹配。从实际来看，人才可以分为偏好风险和偏好稳定、现实能力高和潜在能力高、得到普遍认可和未得到普遍认可等多种类别。人才类型的差异直接导致他们择业心态的区别。比如偏好稳定的人才一般在企业任较高职务、资历较深，往往希望进入大公司寻找一个更好、更稳定的职务，期望长久的发展。他们的择业心态决定他们只希望进入知名大企业。但如果是偏好风险的人才、希望尽快提升或谋求高收益、追求自我实现，可能就会自己去创业或进入创业企业工作。同理，如果人才认为自己的才能没有得到普遍的认同，期待有机会展示自己的才能，那么风险偏好型人才就会偏向高风险、高收益的企业，进入创业企业的概率就比较大。而偏好稳定的人才可能只想去成熟期企业。

2. 人才选拔的基本要求和常见误区

（1）基本要求

1）要具备从事该行业、该职务所需的基本知识和技能。这是对人才的最基本要求。

2）要具有较好的适应能力。因为创业企业相比成熟企业在软硬件方面有很多不足，员工不能总以软硬件的不足作为自己无法完成工作的借口，较好的适应能力是创业企业对人才特别重要的要求。

3）要具有良好的心态，同时又有对成功及自我实现的强烈渴望。良好的心态和对成功的渴望可以使他们克服暂时的困难。

（2）常见误区

1）只重视学历。创业企业不要将人才的学历看得过重。虽然拥有高学历的人才有利于提升企业的形象，但高学历不等于高能力，过分强调高学历容易与许多优秀人才失之交臂，同时也有可能使高学历低能力的人进入企业。高学历人才在创业企业里往往没有特别合适的岗位，而人才只有在最适合的岗位上才能发挥他的最大能力，如果勉强使用，不仅提高了用人成本、降低了使用效率，还会因为没有合适的岗位，只能降格使用而打击其工作的积极性，造成可用但不可留。

2）只看资历。有些创业企业不顾自身的实际情况，过分强调人才的工作资历，如必须拥有多少年的工作经验等。招聘的员工如拥有某种经验当然是好事，工作更容易上手，但过分要求这一点却未必能选到合适人才。如今，行业、产业的知识更新加快，有资历只能说明过去成功，但要保持竞争力，必须讲求新知识的学习能力和适应能力，所以一味强调资历也是不可取的。

3）只盯着优秀人才。企业选拔人才时往往希望选择最优秀的，但最优秀的人才就某个岗位而言不一定是最适合的，并不是所有的岗位都需要最优秀的人才。企业应当寻找最适合的人才而不是最优秀的人才，只有这样才符合效益最大化原则，同时也降低了企业的用工成本和人才流动率。

二、创业成长期企业人才招聘

1. 真正需要时再招聘

创业企业一般规模小，对用工成本比较敏感，临时性和项目型工作又比较多。因此，招聘时要注意成本问题，体现在几个方面：第一，首先是刚性的用工成本，增加了企业用工开支；其次是时间成本，人才必须经过较长时间的培养和适应期才能够真正为企业所用；第二是由于信息不对称造成的决策成本，即要通过相对较短的招聘过程找到真正适合企业需要的人才是比较困难。正是由于这些成本的存在，企业一定要在确实需要的情况下才考虑招聘，一般的用人缺口则可以通过短期雇用、外脑引进甚至购买劳务的方式解决。

2. 招聘真正需要的人

创业企业在通过其他方法都无法解决用人缺口的问题时，就需要慎重考虑招聘问题。创业企业因为自身资源的限制和用工的特点，在招聘时必须将企业的长远发展和现实需要结合起来，破除种种偏见，寻找真正需要的人才。具体来说：

（1）要着眼于企业实际，尽量招聘比较符合企业特性的有经验的人员，这样可以节约企业的时间成本。特别要注意的是，即使一个人经验丰富，但只要和企业的特性没有紧密关联的，也不是合适的对象。

（2）要尽量招聘多面手，也就是具有多方面经验的人员，专才和偏才不是创业企业招聘的重点，但是对企业核心竞争力有重要影响的人才不在此列。

3. 招聘应注意的一些细节

从招聘工作的实践来看，除了要避免走入常见的误区外，还需要注意一些细节：

（1）一定要设试用期，只有经过试用期，才能相对准确地了解一个人的实际工作能力，而实际工作能力对于创业企业来说是至关重要的。

（2）不能拒绝能够独当一面的人。有些人才能够独当一面，甚至在相应行业有着辉煌的背景和成就，在这种情况下，企业应该毫不犹豫地引进，并且尽企业所能给予相应的待遇和安排，他们关系到企业未来的成长，是构成企业核心竞争力的主要因素。

（3）要考虑与现有人才团队的匹配性。除非相信引进人员能够改变并改进现有的团队，否则只能按照已有团队的特性去招聘适配的人才。

三、创业成长期企业人才的选拔及培养

创业企业的成功，取决于企业能否用好人才，实现人才价值的最佳转换。创业企业人才的选拔与培养应做到以下三点：

1. 尊重人才，重用人才

人才只有靠重用才能体现其价值，只有靠使用及在使用中的不断培养才能使其价值得到转换和增值。人才的流失多因得不到重用。作为企业的领导人不要抱怨缺少人才。实际上，五步之内，必有芳草，拿海尔集团总裁张瑞敏的话来说就是“人人是人才”。企业只有树立尊重人才、重用人才的观念，大胆使用人才，用人不疑，才能最大限度地发挥人才的作用。

2. 大胆分权，充分放权

对人才的重用，首先便是信任，而分权是对人才的最大信任。做领导有两种方式：一是注重分权管理，只是集中精力抓住企业核心的事务；二是事无巨细，大事小事一把抓，不懂或不舍得放权，这样的管理者既打击了中、低层管理者的积极性，又容易在做决定时盲目武断。

分权后的领导应当抓团队建设。如果一个团队无论谁当领导都能有效运作，那么这个团队就是优秀的团队，它具有完美的管理制度。创业企业的领导人应努力完善制度、充分放权，这样才有时间去思索更高层次的问题，如企业的战略、组织架构设计等。

3. 宽容失败，风险共担

创业企业会经常遭遇挫折和失败。因此，在人才使用中，应该实行目标管理，给员工制定目标、布置任务，允许员工在奋斗过程中的偶尔失败。对于失败，管理者应懂得宽容，寻找失败的原因远比责备员工更为有效。

一切行为在市场中只有两种结果：成功和失败。企业员工时刻承受风险，理应享受风险后的收益，分享收益是对参与创业员工的最好激励。很多创业者在获得一定的收益时，往往将收益归因于自身的能力、眼光甚至运气，没有给和自己一起奋斗的员工应得的报酬，这是没有大局观和战略眼光的表现。

四、留住核心员工的艺术

1. 注重核心员工的职业生涯管理

核心员工一般指的是适合企业特点的具有较强能力和忠诚度的人才。核心员工是企业最宝贵的资源。企业要想留住核心员工，必须按照员工个人从进入组织到退出组织的逻辑过程，在职业发展各阶段上采取相应措施，以完成核心人才职业生涯管理整合的任务。

2. 注重内部人才选拔

企业的成败与企业家、能人、精英、专家等的个人能力是密不可分的。但是，现代人力资源管理的实践早已证明，企业的用人之道关键在于如何整合激励、全面调动所有员工的积极性，使人尽其才，人尽其用。创业成长期企业绝不能只将精力放在网罗优秀人才、重金礼聘高手方面，而是应该立足于提高内部凝聚力，注重内聚已经拥有的人力资源，创造一个可以开发每位员工潜在人力资本价值、激发所有员工集体创造力和合作精神的工作环境和氛围。企业要建立一种崇尚团队的价值文化导向和组织管理系统，以便把潜藏在全体员工当中的人力资本价值全部地、整体地释放出来，为提升企业竞争力、实现业绩目标服务。

3. 薪酬制度有所倾斜

尽管资金匮乏问题总是困扰着创业企业，但要想留住核心员工，仍然要求企业能够提供相对有竞争力的薪酬。要注意的是，企业不能简单地把薪酬作为人力成本来核算，而是要认识到，人力早已经是企业的资本，人力资本具有无限扩张性，是企业中唯一具有无限增值性的资本。根据价值创造的规律，在一个企业中 20%的人创造了 80%的价值。不难理解，核心员工就是这 20%，任何企业都应该并在薪酬分配上给予重点保证和倾斜。在创业成长期，核心人才尤其宝贵，他直接关系到企业的生死，所以企业要在资金允许的范围内尽可能实施更有市场竞争力的薪酬制度，以保持对企业所需优秀人才的足够吸引力。

4. 注重员工培训

核心员工往往是企业某个方面的专家或技术骨干，针对这些员工的培训费用相对较高，但是参加培训后的反馈效果往往与企业主的期望有较大的差距。所以很多创业企业不愿在人力资源开发和培训方面花费更多的精力和金钱，在人力资本价值形成上也没有长期打算。还有一些企业家存在一种浮躁情绪和急功近利的心态，热衷于高薪“猎”人或优惠政策“引”人，把人力资本投资当作临时招募雇佣军，以为招募外来所谓精英员工就可以实现人力资本的快速升值，而对于自己已经拥有的人才往往视而不见。

其实，真正属于企业的核心人才不是仅靠从别人那里猎取或引进的，而是必须通过自身的辛苦培养，是企业利用各种资源和方式对既有人力资源进行深度开发的结果。这是需要一定的培养周期和一段时间的凝聚过程才能得到和形成的。所以，企业在核心员工的培养上应有长远打算，核心人才往往要通过工作实践才能逐渐显现、形成、提升和更新。培训是核心人才形成的助力器，也是激励器，善于并敢于对员工进行培训是形成核心员工的重要一环。

第 3 节　职业生涯管理

创业成长期企业具有成长迅速、规范性差、环境多变等特点，处于不同发展阶段的创业企业的人力资源管理重点也各不相同。职业生涯管理就是在企业的现有资源条件下，通过一系列努力，充分发挥职业生涯管理的激励功能，解决因企业发展导致的薪酬、工作本身等激励效用下降以及员工可能出现的工作倦怠、职业高原、工作兴趣枯竭等一系列问题。

一、员工职业生涯管理的内涵

企业对员工的职业生涯管理工作包含着三个方面的内容：

1. 职业匹配

主要由人与职位匹配和人与组织匹配两方面组成，是确保职业生涯管理有效实施的前提。

2. 职业发展规划

主要由个体能力、素质、潜能评估，职业咨询与辅导，职业发展共同探讨，组织内、外职位信息与职业发展反馈等策略组成，是确保职业生涯管理有效实施的基础。

3. 职业发展辅助

主要由胜任力与绩效的考评及反馈、发展通道、内部创业、接班人计划、转行安置、战略联盟间人才交流、岗位轮换、教育培训、导师制、弹性工作制、生活支持计划等组成，是确保职业生涯管理有效实施的核心。

这三个方面的因素和创业企业的发展周期密切相关，并且在不同发展阶段有所侧重。

二、创业成长期企业职业生涯管理重点

创业企业各个阶段的职业生涯管理具有不同的特点。以下重点介绍初创期和成长期的职业生涯管理重点。

1. 初创期的职业生涯管理

该阶段，创业企业的各项制度体系尚不健全，职业生涯管理处于起步构建期，主要任务在于获取一支适用、匹配的人才队伍，并为下阶段的职业生涯管理奠定基础，重点突出职业匹配，并开始导入职业规划。

（1）职业匹配。该阶段职业匹配既要讲究人与职位匹配的专业性，更要强调人与组织匹配的一致性。具体来说，一是在招聘时注意对备选人的专业能力与资格经验的考察。一般通过专业资格证书、学历与经历考察以及必要的专业能力测试等方法确保备选人才的专业性符合职位要求；二是对备选人进行就职动机和价值观诊断。通过结构化面试识别备选人才的价值观与就职动机，并通过深入交流，确保入选的人才具备创业意识，必须要充分认同本企业发展理念与价值观。

（2）职业发展规划。初创期企业总是不间断地取得进步或面临挫折。企业要及时地总结经验教训，开诚布公地与员工探讨企业发展前景与面临的问题以及这些问题对员工发展的影响，使员工与管理层共同思考企业发展与自我成长。同时，由领导与部属深入探讨企业发展与个人梦想、发展计划，引导员工结合实际，逐步定位与明确职业规划，使之与个体优势、企业发展战略相结合。

2. 成长期的职业生涯管理

该阶段的主要任务在于通过系统的职业生涯管理，为企业建立一支忠诚、高效的人才队伍。在进一步科学职业匹配与正规职业规划的基础上，正式实施职业发展辅助，在职业匹配和职业发展规划方面也具有相应的特点。

（1）职业匹配。在这个阶段，企业开始走向正规化，对于规范化的要求成为企业的鲜明特色。在职业匹配上，企业对人员要求更明确，人职匹配、文化认同、团队合作以及工作的规范性成为考量的重要因素。具体来说，一是在招聘时特别注意考察被选人的专业能力，主要通过学历、职业资格与工作经历核查以及专业笔试、评价中心等方法考察备选人才的技术、管理等专业能力；二是在招聘时可以对被选人进行职业特性考察，在有条件的情况下，可以由专业人员，根据不同职位的特性要求，通过卡特尔 16 因素个性测试、职业兴趣量表、职业偏好量表等方法考察备选人才的职业特性；三是在招聘时充分诊断被选人的团队价值观，可以通过备选人的职业经历、主要专长、成绩等进行某种推断，也可以通过人格测试、结构化面试、情境测试等方法判断备选人才是否与企业文化相容，是否具备团队合作精神。

（2）职业发展规划。引导员工制定可行的发展计划，将个人的职业发展与企业的发展结合起来。一是了解员工的职业特质，通过能力倾向性、职业选择量表等方法测试员工的一般与特殊职业能力及兴趣，结合员工在企业中的关键任务完成情况，对员工能力特别是潜能进行评估；二是提供组织内部发展信息，让员工充分了解企业内部职位体系，使员工了解可能的发展空间与路径；三是帮助制定职业规划，根据员工职业特性、企业职位信息、岗位胜任力要求，通过职业研讨会或与上司探讨，帮助员工制定科学合理的发展规划并形成正式的实施方案。

例如，3M 公司注重做好员工的职业发展规划工作。首先为员工提供两天的职业发展指导，内容涉及员工的自我评估、职业发展目标和行动计划、平级工作调换的好处、职位晋升经验和技巧等；其次是在培训结束后与员工一起研讨，再将讨论的结果与规划收集整理成员工发展手册，并在日后工作中实时跟踪反馈，使职业规划更具针对性。

（3）职业发展辅助

1）发展道路的设置与实施。可设计管理、研发、技术、项目、业务、服务类发展通道，并依据每条通道上的员工数、年龄梯次、专业层次设置对应的发展阶梯。同时，还应明确各发展通道间转换的要求与方法，如任职时限与经历、知识结构、专业要求、转岗实习、跟岗代训等。对于相关性小的发展通道，转换门槛与配套要求须相应提高。例如，华为公司的职业发展通道面宽且具有相当的灵活性。针对公司发展和员工职业生涯发展的实际，公司设计了专业（技术）、管理、产品、市场等发展通道，任职时间按通道内晋升层次的升高相应延长，晋升前必须接受基于提升职位胜任力的培训并获得资格认证，在职业发展通道设计的规范性方面做出了成功范例。

2）实施接班人计划。首先，在职业特质、潜能评估的基础上，确定重点培养对象；其次，在培养对象职业发展规划实施方案中增加交叉任职，包括平级重要职能部门轮职、核心岗位任职或充当高管助理、担任一线主管等；最后，及时反馈发展情况、固强补弱。接班人计划在执行中应注意：一是降低接班人制度能上不能下的刚性；二是接班人选拔应公正透明；三是接班人培养与考察过程应公开公正；四是引入导师制，主要是在各岗位上选取有经验的业务骨干作为导师人选，并将新人的培养作为其绩效指标之一，可采取类似高校的导师—学生课题组模式。该阶段的导师制主要在于引导、锻炼、培养新员工，因此可采取一名导师多名学生的方式，但比例不宜超过1∶3。以通用电气为例。该公司内部的每一个重要岗位，从人力资源总监到地区总裁、从全球业务集团总裁到全球首席执行官，都必须实施“接班人计划”。每个重要职位都必须有2～3人作为后备管理人员，为将来的工作调动等需要做准备。针对公司的实际，候选人的确定也非常灵活，完全由员工的业绩确定，每年都根据各自的工作业绩表现重新确定名单，这充分反映出该公司业绩为王的用人价值观。

3）加强教育培训。引导员工根据自身的胜任能力与专业知识的内在联系，自主、科学地开展专业知识学习。还可针对某专题组织专业技术讲座、研讨会或短期培训，或通过项目合作方式在战略联盟间采取以工代训、共同培养等方法，强化专业知识结构的更新与提升。同时为有发展潜质的员工提供通用知识培训或教育资助，包括学费报销、与高校委托代培等。

4）关注工作，平衡生活。该阶段的工作生活平衡计划主要是采取减压增效措施，降低激烈竞争对员工发展的负面影响。如建立自我管理团队、提高管理者支持力度、提供咖啡时间、带薪假期、不定期的团队或家庭聚会等。

第 4 节　薪酬设计与管理

一、薪酬设计概念

1. 薪酬的种类

企业的薪酬分为内在薪酬与外在薪酬两种。内在薪酬指员工由于完成工作而形成的心理思维形式，主要有技能多样性、工作特性、工作意义、自主权和反馈的程度五个方面。外在薪酬包括货币性奖励和非货币性奖励两大部分，前者一般有基本工资、业绩工资、激励工资、技能工资等形式，后者一般指法定福利和补充福利等。同时，薪酬又是整个激励体系的重要组成部分。所以，薪酬制度的设计及管理者必须明确薪酬不仅是外在的物质报酬，还包括内在的薪酬形式，内在薪酬对于人的激励作用是不容忽视的。

2. 薪酬制度设计的难点

初创企业急需大批的优秀人才，从企业角度看，一个企业既需要用具有一定竞争力的薪酬吸引人才，也需要具有一定保障力的薪酬留住人才。薪酬作为企业的成本，是资本的投入，企业期望获得一定的资本回报。对员工来讲，薪酬是他们从企业获得精神认可和物质满足的过程，是维持与提高生活质量的重要前提。但现实中创业企业又存在资金不足等对吸引人才不利的现实因素，这是创业成长期企业在设计薪酬制度时要着重考虑的关键问题。

创业企业因为在工资待遇等外在激励形式上没有太大的竞争力，所以要最大限度地将各种薪酬方式、支付方法结合起来使用，尽可能充分地发挥薪酬体系的整体效用，提高人力资产的投入产出比率。

二、薪酬设计的前提与原则

1. 设计前提

薪酬设计总的前提是要注意内部的公平性、外部的竞争性及个体的公平性。创业企业资金不足、人才短缺，合理的有竞争力的薪酬肯定是吸引并留住人才的重要一环。另外，创业过程中的同心同德，也是靠激励来完成的，没有适当的激励，团队的凝聚力和竞争力便不能形成，而企业的激励也大多与薪酬挂钩。

2. 侧重点

创业企业能否生存下来，其灵魂人物或创业团队的能力是关键因素。创业企业在初始阶段人员配置少，即使有较为合理的组织结构，也多是一人身兼数职，在节省了人力成本的同时势必也带来执行力的下降。随着公司的发展，创业者有能力也愿意投入一定的资金在公司的人力资源开发上，以提高企业的执行力并吸引更多的人才。这时，研究薪酬战略的内在需求也就变得十分迫切，而薪酬设计的侧重点必须是向核心人才倾斜，向人力资本倾斜。

三、薪酬设计的主要考虑因素

1. 一般因素

广义的薪酬设计必须考虑以下因素：薪酬计算要素、薪酬水平、薪酬结构、薪酬文化（形式）、薪酬管理。其中，薪酬计算要素具有根本性，薪酬水平需要内在公平和外在公平的平衡，薪酬文化要立足于企业的承受力，薪酬管理要求制度透明、强调沟通。

2. 薪酬设计和管理的目标

薪酬设计与管理目标要根据企业的人力资源战略来确定，具体应达到以下目标：应该有助于吸引高素质人才，建立相对稳定的员工队伍；激发员工的工作热情，创造高绩效；努力实现组织目标和员工个人目标的协调一致。

薪酬管理的基本目标应该定位于：效率、公平、合法。

（1）追求效率目标。要求薪酬制度一方面能够提高企业的生产率、质量和服务水平，另一方面能够有效控制劳动成本。

（2）保证公平目标。要求薪酬制度既能体现员工的贡献，又能满足普通员工需要按时、足额获得公平报酬的要求。

（3）保证合法目标。企业在设计薪酬制度时，要把遵守各种法律法规作为薪酬决策的目标之一，一旦这些法律法规发生变化，薪酬制度也应做相应的调整，以便继续保持一致。

四、薪酬计算要素及其他因素分析

1. 薪酬计算要素

薪酬计算要素应该全面分析，主要包括绩效、技能、职位以及行业平均水平。

（1）绩效。创业成长期企业规模小，在人力资源上的投入有限，解决薪酬资源的有效分配最有效的办法就是关注绩效。建立在考核严密基础上的薪酬制度往往可以替企业节省大量人力成本。而且，如果绩效良好，达到了公司的期望，对于双方来说也是一个双赢。

（2）技能。技能是一个人才智与能力的反映，可以通过学历、从前的职位、取得的证书、最高职位工作年限、担任或完成过的项目等多方面进行衡量。技能的作用次于绩效，因为能力有可能但不必定能产生绩效，能力是否能够产生绩效，还要看其工作态度等主观因素，所以在薪酬计算要素的设计中，技能不能作为最主要的衡量基础。

（3）职位。职位也是比较重要的薪酬计算要素，因为高职位的人责任重，付出的努力和精力比一般人要多。但值得注意的是，创业成长期企业的重要职位大都是企业的创始人，而且也只能是企业的创始人，所以在考虑职位因素时要与普通企业加以区别。

（4）行业平均水平。毋庸讳言，不同的行业其平均薪酬水平是不一样的，行业中不同职业和技术工种间的差别也相当大。所以企业在进行薪酬设计时不能仅仅考虑企业的状况，还必须参照行业内相应职位的平均薪酬，只有这样，才能确保企业的薪酬设计具有竞争力和一定的合理性。

2. 薪酬管理及其合理化

（1）薪酬的支出比例。一般的做法是企业将上一年度或上一周期内利润的10%～20%用在人力资源上，这样即使员工在与历史情况的比较中获得心理上的平衡，产生较好的激励效果，又不会使企业有太大负担，在薪酬支出和发展资金的积累上也能实现较好的平衡。实践中，如果创业成长期企业出现效益井喷，还可以用上一年度利润的20%来制定新一年度的薪酬水平。当然，如果企业效益持续增加，则可以考虑将薪酬水平控制在同行业的平均水平以上即可。

（2）薪酬结构。薪酬结构包括基本工资、津贴、奖金、绩效工资和福利，很多创业企业还包括分红。其中，基本工资的计算一般与技能、职位相挂钩，实践中较多的做法是基本工资比例占总薪酬额的50%～65%，其他一般应该与绩效的考核指标挂钩。绩效工资一定要能影响和激励员工，其比例不宜低于30%。另外要注意不同职位、工种之间的结构应该是有区别的，比如研发人员或其他职能部门员工的基本工资比例要高于市场营销人员，办公室后勤人员的薪酬结构应该在绩效指标上体现得少一些。

（3）薪酬管理。对于核心团队和核心员工的薪酬管理建议采用公开透明式的信息制度。员工对于企业的经营状况、薪酬支出比例等应该有一定的知情权，只有这样才能使薪酬设计让人信服，反过来也会激励这些员工，让他们将重点放到努力工作和积极进取上来。同时，非物质类的激励要和物质类激励方式结合使用。实践中，创业核心团队在管理上经验欠缺，对薪酬设计和管理比较陌生，在这种情况下，可以先与创业团队沟通，再征求员工意见之后综合制定，具体的方式和结构并非最重要的，重要的是一定要符合企业战略，并且大家都满意。

第 5 节　常见劳动关系问题

一、创业企业的劳资问题

1. 问题与现状

近年来，创业企业蓬勃发展，对劳动力具有强大的吸纳能力。这些企业在其发展壮大过程中，资本的逐利本性决定了其和劳动者之间可能会出现利益的冲突。事实上，一些创业成长期企业的劳资矛盾是比较突出的，如果没有劳动者对权益的伸张以及政府的约束，劳资关系出现的不对等几乎是必然的。劳资关系的稳定和谐，不仅关系到企业发展，还关系到社会稳定。因此，正确处理劳资关系，是构建和谐社会的重要内容。

2. 问题的成因

创业企业之所以劳资问题比较突出，是和外在大环境和自身特点密切相关的。具体有以下几点：

（1）创业者缺乏企业管理经验，对规范化的劳动用工制度学习不够。

（2）创业者劳动法制观念淡薄。很多企业主不重视相关法律法规，只关注成本和效益的关系，忽视劳动者的基本权益。

（3）劳动保障监察机制不健全。目前，对企业主进行劳动法监督的力量主要由本企业的员工及相关的工会组织、政府的劳动保障监察机构和大众媒体组成。其中，工会组织作用有限，劳动保障监察机构的监察行为也没有起到应有的作用，员工自身力量也难以同企业抗衡。

（4）我国劳动力资源供大于求的现状依旧，劳动者的劣势地位尚未改变。即使企业主违法用工，员工也不具备足够的伸张能力。

二、处理劳动关系问题的对策

1. 及时签订劳动合同

创业企业应该做到及时与员工签订劳动合同，《劳动合同法》颁布以后，各地陆续出台配套的地方性法规和规章对劳动合同签订工作进行了细化规定。创业企业在签订劳动合同方面应该有清醒的认识。

2. 慎重对待合同解除问题

许多创业企业出于自身利益的考虑，经常以“自愿协商”为名，想尽办法逼迫员工辞职，以达到不支付经济补偿金的目的。另外有个别企业为达到解聘的目的竟不惜对目标员工进行威逼、恫吓、人格侮辱乃至人身伤害。解除劳动合同是市场经济中常见的现象，企业和员工必须在法律框架内，合理、合法、合情地协商解决合同解除方面的问题。

3. 健全员工关系的日常管理制度

有相当一部分创业企业主认为，企业不需要建立特别的员工关系管理制度，只要聘请了人事专员，就可以将企业的劳动关系理顺。在这种错误思想的指导下，实践中出现了两种不同的倾向：一种是权力高度集中于企业主，人事专员除负责发放招聘广告、收集和初步筛选求职简历并进行简单的外联工作外，在其他方面毫无作为；另一种正好相反，在企业主的无知放纵或者不负责任的授意下，人事专员在其岗位上自由发挥、任意行权，有的随意对员工的劳动合同进行单方修改，有的则经常作出一些不符合法律规定的处罚决定。因此应建立健全员工关系的日常管理制度。

4. 建立适合企业的劳动制度

创业企业往往不注重企业劳动制度的建设与管理，有的则貌似下了很大力气制定了看似比较完善的劳动纪律与规章制度，但由于在实施时欠缺法定的程序性要件，使得该制度不能被法院或者劳动争议仲裁机构认可。还有一些企业生搬硬套外企甚至是外国在华企业的劳动纪律条款，结果由于规定不明确或者与我国的法律法规不吻合而导致不能产生实际作用的结果。早期的创业企业很多都是家族制企业，企业内部本来就是一个“亲人社会”，制定严格的劳动制度容易伤害感情，但从企业发展和成长的角度出发，逐步建立规范的劳动制度已经刻不容缓。

5. 切实保护员工的合法权益

创业企业尤其是民营企业之所以成为劳资关系问题的多发地，是因为我国的民营经济发源于特定时期，这个时期的政策扶持对于私营企业乃至整个国家私营经济的发展至关重要，这种现象对于人们心理所产生的冲击是很大的，使得私营企业主们大都本能地对包括法律在内的一切规则产生某种程度的轻视。因此，私营企业员工享受到的福利待遇往往少得可怜，缺乏专业技术培训、随意加班、强制考勤等都司空见惯，甚至某些私营企业主不为员工足额缴纳社会保险金。此外，若员工发生工伤或因病需要较长时间接受住院治疗，或者女职工遇到“三期”情形时，私营企业主首先考虑的往往也是如何尽快与该员工解除劳动关系。所以，创业企业在成长期要更加关注和遵守国家法律法规对企业用工的规定，要完善和丰富企业的薪酬结构设计，要树立守法和人性化管理的观念，真正视员工为企业最可宝贵的财产。

6. 高度重视劳动保护

虽然我国已初步形成了以《中华人民共和国劳动法》为核心，内容涉及工时、休息休假、禁止使用童工、女职工和未成年工特殊劳动保护、职业安全卫生等多方面的劳动保护法律体系，但现实中企业忽视职工劳动保护的现象仍比较普遍。特别是小企业的安全生产问题较为严重，火灾、爆炸、肌体外伤事故比较突出。创业企业要把对特殊人群的保护放到企业安全的高度去考虑，从制度上、资金上和文化上去落实好。

7. 保护企业核心利益免受员工非法侵害

近年来，各地劳动争议仲裁机构和人民法院受理的侵害企业商业秘密案件以及违反竞业禁止协议案件有不断增多的趋势。这一方面说明相关当事方的法制观念和权利意识正在不断觉醒，另一方面也反映了企业这方面制度规范的混乱。所以，创业企业在创业初期就应该仔细研究国家的政策法律，尤其对于核心员工和掌握较多商业秘密的企业中高层管理人员，要切实做好防范工作，防止企业核心利益受到不法员工的侵害。

【本章知识点小结】

组织结构设计	基本设计原则	创业企业的发展周期
		企业组织结构设计的概念
		企业组织结构设计的重要性
		组织结构设计的原则
	组织结构设计的要点	常见的组织结构形式
		组织结构设计的侧重方面
	稳定性与变动性	
人才的选拔与使用	人才招聘与选拔	创业企业与人才特点分析
	企业人才招聘	真正需要再招聘
		招聘真正需要的人
		招聘应注意的一些细节
	人才的选拔及培养	尊重人才，重用人才
		大胆分权，充分放权
		宽容失败，风险共担

续表

人才的选拔与使用	留住核心员工的艺术	注重核心员工的职业生涯管理
		注重内部人才选拔
		薪酬制度体现倾斜
		注重员工培训
职业生涯管理	员工职业生涯管理内涵	职业匹配
		职业发展规划
		职业发展辅助
	企业职业生涯管理重点	初创期的职业生涯管理
		成长期的职业生涯管理
薪酬设计与管理	薪酬设计概念	内在薪酬和外在薪酬
		薪酬制度设计的难点
	薪酬设计的前提与原则	设计前提
		侧重点
	薪酬设计主要考虑因素	一般因素
		薪酬设计和管理的目标
	薪酬计算要素及其他因素分析	薪酬计算要素
		薪酬管理及其合理化
	建立有弹性的薪酬制度	薪酬具有市场竞争力
		淡化内部公平性
		多种薪酬方式搭配
常见劳动关系问题	创业企业的劳资问题	问题与现状
		问题的成因

续表

常见劳动关系问题	处理劳动关系问题的对策	及时签订劳动合同
		慎重对待合同解除问题
		健全员工关系管理制度
		建立适合企业的劳动制度
		切实保护员工的合法权益
		重视劳动保护
		保护企业核心利益

【劳资管理—案例分析】

缴不缴社会保险谁说了算

邱某于2005年10月进入山东某新创办的物业公司从事保洁员工作，双方曾于2007年12月12日签订了1年期限的劳动合同。劳动合同期满后，双方未再续签。邱某在物业公司工作期间，主动提出不愿意缴纳社会保险，所以物业公司未为邱某缴纳过社会保险费，且邱某的平均工资低于当地最低工资标准。2009年6月，邱某以物业公司不与其签订劳动合同及支付的工资低于最低工资标准为由提出辞职。2009年7月，邱某为索要2009年未签订劳动合同期间的双倍工资差额向当地劳动和社会保障部门申请监察处理。之后，物业公司向邱某支付了该笔双倍工资差额。2010年5月11日，邱某向某区劳动争议仲裁委员会提出仲裁申请，要求物业公司补缴社会保险并支付解除劳动合同的经济补偿。仲裁委员会审理后，裁决支持了邱某的申诉请求，物业公司不服并诉至区法院。

物业公司辩称，单位曾多次要求为邱某缴纳社会保险费，但邱某一直不愿缴纳，双方为此还于2008年5月5日签订了书面协议，现仲裁委员会裁决单位为邱某补缴社会保险费，违背事实真相。

法院认为，2005年10月至2009年6月期间，物业公司与邱某存在事实劳动关系，双方应按《劳动合同法》及有关法律、法规履行各自的权利义务。2009年6月，邱某以物业公司不与其签订劳动合同及支付的工资低于当地最低工资标准为由，解除与物业公司劳动关系的行为符合法律规定，物业公司依法应按邱某工作年限及当地最低工资标准760元支付邱某解除劳动关系的经济补偿 3 040 元（760 元×4 个月）。据此，法院判决：驳回物业公司的诉讼请求；物业公司支付邱某解除劳动关系经济补偿 3 040 元。

思考题

1. 创业企业在劳动关系方面经常出现哪些问题？请根据本案例具体分析。

2. 创业企业出现劳动关系纠纷问题的深层次原因是什么？请谈谈你对规范创业成长期企业劳动关系问题的理解。

第6章

营运资金管理

【本章导读】

营运资金管理是企业日常财务管理的核心，它能通过对企业短期资源的有效配置，协调企业与各方面的经济关系，提高经济效益。营运资金管理的主要内容包括货币资产管理、应收账款（信用政策）管理、存货管理等。

第 1 节　营运资金管理概述

营运管理指对企业日常营运活动进行管理。从财务角度来说，营运管理指的就是营运资金的管理。

一、营运资金的含义和特点

1. 营运资金的含义

营运资金从广义理解，是指企业生产经营过程中占用在流动资产上的资金，又称总营运资金；从狭义理解，指流动资产减流动负债后的余额，又称净营运资金。

营运资金管理主要是对流动资产进行管理。流动资产是指可以在 1 年以内或超过 1 年的一个营业周期内正常变现或使用的资产。流动资产具有占用时间短、周转速度快、易变现等特点。企业拥有较多的流动资产，可以提高支付能力，在一定程度上降低财务风险。流动资产按占用形态不同，分为货币资产、应收账款、存货等。

营运资金管理是企业财务管理的一项重要内容，直接影响企业生产经营的顺利进行。

2. 营运资金的特点

做好营运资金管理，必须把握营运资金的以下几个特点：

（1）周转快，变现能力强。营运资金周转是指企业的营运资金从货币资金投入生产经营开始到最终转化为货币资金的过程。占用在流动资产形态上的营运资金周转期较短，一般在 1 年或超过 1 年的一个营业周期内即可变现。

（2）数量有波动，实物形态具有继起性。营运资金的数量规模随着企业经营情况变化而变化，波动性很大，在季节性生产的企业中表现尤为明显。营运资金随着生产经营活动，其实物形态以货币资金、原材料、在产品、产成品、应收账款、货币资金的顺序依次转化，资金也顺序流动、相互继起，形成一个资金链。

（3）来源灵活多样。与筹集长期资金的方式相比，企业筹集营运资金的方式较为灵活多样，通常有银行短期借款、短期融资融券、商业信用、应缴税费、应付利润、应付职工薪酬等多种内外部融资方式。

二、营运资金决策

营运资金决策主要是根据企业营运战略对企业在营运资金投融资方面的规划和选择。

1. 营运资金投资决策

企业的资产按照流动性大小区分为流动资产和非流动资产两大部分。企业流动资产持有量的多少以及与非流动资产持有量的比例关系的确定，是营运资金投资决策要解决的主要问题。

（1）影响营运资金投资的主要因素有以下几个方面：

1）风险和收益。企业持有营运资金越多，及时支付能力越强，支付风险越低，但企业收益能力越低；相反，支付风险越大，收益能力越强。

2）行业差别。不同行业的营运资金投资占总资产比例不同。如商业企业流动资产占总资产的比例一般比制造企业高。

3）利率水平。利率水平比较高时企业为了降低持有成本，往往减少流动资产持有量，当利率下降时则做相反操作。

4）企业政策的决策者。企业内部不同部门的领导者通常具有不同的流动资产管理观点：生产经理通常喜欢高水平的原材料存货，以便满足生产所需；销售经理喜欢高水平的产成品存货以便满足顾客的需要并喜欢宽松的信用政策以便刺激销售；财务管理人员则喜欢使存货和应收账款最小化，以便使流动资产融资的成本最小化。

（2）营运资金投资决策分类。从满足企业需求的不同程度来看，企业流动资产需求主要从三方面考虑：

第一，正常生产经营需求。

第二，建立保险储备需求。

第三，额外需求。

因此，按需求满足程度不同，企业营运资金投资决策分为以下三种：

1）紧缩的营运资金投资决策。指企业只持有正常生产经营所需的流动资产数量的决策，又称作冒险的决策。

2）适中的营运资金投资决策。指在满足正常生产经营对流动资产的需要之外，还持有一定的保险储备量，以防不测。

3）宽松的营运资金投资决策。指在满足正常生产经营需要和保险储备量的基础上，再额外加上一部分储备量，以降低企业风险。

针对以上三种决策，可用图 6—1 表示。

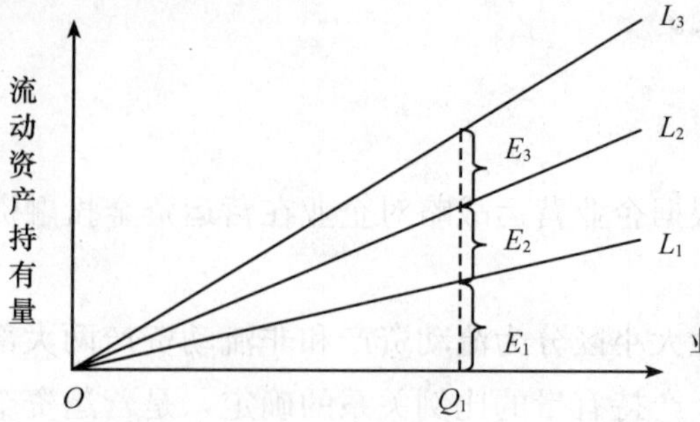

图 6—1　营运资金投资决策

图 6—1 描绘了三种不同营运资金投资决策。根据企业采用决策的不同在同一业务量水平下，流动资产的投资规模产生差异。如图所示：当业务量水平在 Q_1 点时，紧缩的营运资金决策（图中 L_1）确定的流动资产持有量为 E_1，仅为满足正常经营的需要；适中的营运资金决策（图中 L_2）确定的流动资产持有量为 E_1+E_2；宽松的营运资金决策（图中 L_3）确定的持有量为 $E_1+E_2+E_3$。

2. 营运资金融资决策

营运资金的融资决策是指营运资金的占用和来源之间的结构性匹配问题。

（1）资产和资金来源分析。企业资金占用即资产，资产按照其在经营过程中的稳定程度，区分为长期稳定资产和临时性资产。长期稳定资产包括企业对外长期投资、固定资产、无形资产和永久性流动资产等，临时性资产主要指临时性流动资产，包括季节性存货、销售和经营旺季的应收账款等。

企业的资金来源按照可使用时间长短也可以分为长期稳定的资金来源和临时性资金来源。长期稳定的资金来源包括权益性资金来源、长期负债和自发性流动负债，临时性资金来源指临时性流动负债，即为了满足临时性流动资金需要所发生的负债，如季节性生产的企业为满足旺季生产和销售需要而临时举借的债务，这类来源的资金数量一般随临时性资产规模的变化而变化。

（2）营运资金融资决策类型。临时性资产和长期稳定性资产与其资金来源的不同组合，产生不同的营运资金融资决策。一般有以下三种决策：

1）配合型融资决策。配合型融资决策指对于临时性资产占用资金，采用临时性负债筹集；对于长期稳定资产占用资金，采用长期稳定的资金来源筹集。配合型融资决策如图 6—2 所示。

配合型融资决策要求企业在经营处于季节性低谷时，应当除了自发性负债外没有其他流动负债，只有在临时性资产的需求高峰期，企业才举借各种临时性债务。

图 6—2　配合型融资决策

2）激进型融资决策。激进型融资决策指企业筹集的临时性负债资金除了满足临时性资产的需求外，还满足部分长期稳定资产对资金的需求。比如企业通过短期借款购买设备。该融资决策如图 6—3 所示。

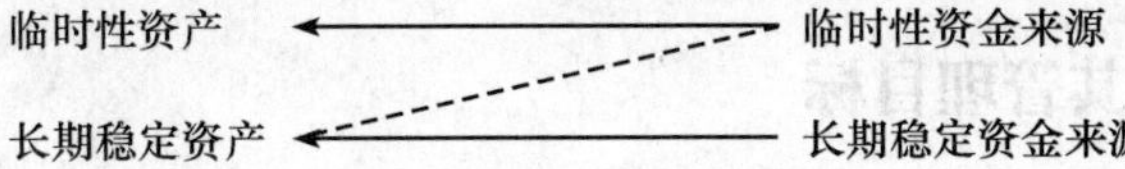

图 6—3　激进型融资决策

从图 6—3 可见，在激进型融资决策下，临时性负债在企业全部资金来源中所占比重大于配合型融资决策。这种决策对于企业而言承担了比较高的支付风险。

3）稳健型融资决策。稳健型融资决策指企业临时性负债筹集的资金只能满足部分临时性资产的需要，另一部分临时性资产和长期稳定性资产则由长期负债、自发性负债和股权资本作为来源，如图 6—4 所示。

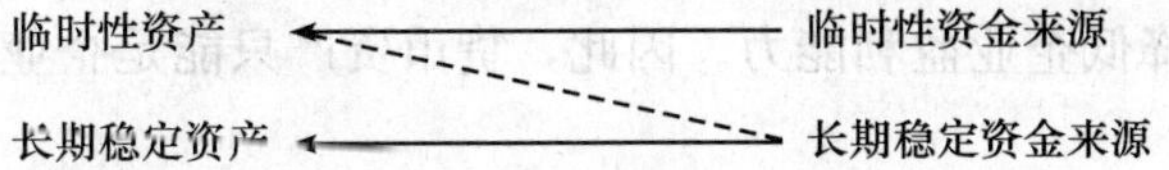

图 6—4　稳健型融资决策

从图 6—4 可见，与配合型融资决策相比，采用稳健型融资决策使临时性资金来源占企业全部资金来源的比例较小，企业支付风险也较小。

（3）融资决策的选择。以上三种融资组合决策各有利弊，企业可以根据自身的实际情况进行选择。在进行融资组合选择时，一般应考虑以下两点因素：

1）收益与风险的均衡。采用激进型融资决策，可以降低资金成本，增加企业收益，但企业持有较高比例的长期资产，变现能力较弱，企业支付风险较高。与此相反，在稳健型融资决策下，企业支付风险较低，但资金的利用率也较低。企业需要根据自身的风险承受能力和经营效率来平衡风险与收益，选择合适的融资决策。

2）保留适当的融资能力。企业确定自身的融资决策时，一般不应将所有的融资潜力全部耗尽，而应保留一定的机动融资能力，以防不时之需。由于短期资金的筹集灵活性高、机动性强，因此即使企业采用激进型筹资决策，也应适当保留一定的短期融资能力。

第 2 节　货币资产管理

货币资产又称货币资金，是指可投入流通的交换媒介，是企业拥有资产中流动性最强的资产。货币资产包括库存现金、银行存款和其他货币资金。

一、货币资产及其管理目标

1. 货币资产特点

（1）普遍可接受性。货币资产是社会公认的价值变现形式，所以它具有最直接的购买和支付能力，因而也最容易被挪用和偷盗，必须进行严格管理。

（2）特殊的资产形式。货币资产一方面具有货币所特有的流通和储备功能，另一方面又兼有资金的职能。在企业经营的各个阶段和资金活动的全过程中，货币资产发挥着其他资产无法替代的作用。

（3）企业生产经营活动过程中暂时间歇的资产。企业经营不可能脱离货币资产，但持有过量货币资产又会降低企业盈利能力。因此，货币资产只能是企业经营过程中短暂停留的资金。

（4）货币资产的持有规模是企业偿付能力的重要标志。企业偿债的直接保障是货币资产，货币资产规模也是衡量其财务风险的重要依据。

2. 持有货币资产的动机与成本

（1）持有货币资产的动机

1）交易性需要。交易性需要又称为支付需要，是指企业为满足正常生产经营活动中的各种货币资产支付的需要。例如，用于购买固定资产和原材料、支付工资、缴纳税金等。由于企业的货币资产流入与货币资产流出在时间上与数量上通常有一定的差异，因此必须保持一定的货币资产余额以应付频繁的支付需要。满足交易需要的货币资产数额主要取决于企业的销售水平，企业销售扩大，销售额增加，所需货币资产余额也应随之增加。

2）预防性需要。预防性需要是指企业保持一定的货币资产余额以应付意外的货币资产需求。比如，自然灾害、生产事故、客户款项不能如期支付以及国家政策的某些突然变化等，这些都会打破企业原先预计的货币资产收支平衡。预防性需要量的多少主要取决于以下几方面：一是企业货币资产需要量预测的可靠程度，货币资产预测的可靠程度越高，预防性需要量就越少，相反则越高；二是企业临时融资能力，企业临时融资能力越强，预防性需要量就越少；三是企业风险偏好程度，企业如果偏好风险，相应的经营政策越激进，预防性需要量越少。

3）投机性需要。指企业为了把握意外出现的购买机会而持有货币资产。比如，企业投资证券时，当市场上股票价格下跌时购入，当股票价格上扬时抛出，以获取资本利得；当企业预计原材料价格将有较大幅度的上升时，可利用手中多余的货币资产以目前较低价格购入原材料，使将来价格上升时少受影响。

（2）持有货币资产的成本。企业持有货币资产会发生以下相关成本：

1）投资成本。指因持有货币资产而丧失的再投资收益，又称机会成本。货币资产作为企业的一项资金占用，是有代价的，这种代价是资金因被占用在货币资产状态而丧失投资于其他领域所获得的收益或者是资金的成本。企业的投资收益率或资金成本率越高，持有货币资产的机会成本越大；货币资产持有量越大，机会成本越大。企业为了经营业务，需要拥有一定的货币资产，付出相应的机会成本代价是必要的，但货币资产拥有量过多，机会成本代价大幅度上升，就不合适了。持有成本的大小，通常用有价证券的利率来衡量参考。

2）管理成本。指因持有货币资产而发生的管理费用。企业为了保证持有货币资产的安全完整，采取一定的管理措施，会发生管理费用，如出纳人员工资、安全措施费等，这些费用是货币资产的管理成本。当货币资产的持有量在一定的范围内变化时，管理成本是不变的，即为固定成本。

3）转换成本。企业出于流动性和获利性的考虑，常常会将货币资产同有价证券进行相互转换。当货币资产富裕时，将暂时闲置的货币资产购买有价证券，而当支付能力不足时，又将有价证券出售变现。此时会发生货币资产转换成本，如证券委托买卖佣金、交易印花税等。转换成本是混合成本，具有半变动性质。

4）短缺成本。指因缺乏必要的货币资产，不能应付业务开支所需，而使企业蒙受损失或为此付出的代价。货币资产的短缺成本一部分是确知的，可以量化，如不能进行及时采购导致的经营中断的损失；而另一部分是很难量化，如不能进行按期偿债造成的信用损失。货币资产的短缺成本随货币资产持有量的增加而下降，随货币资产持有量的减少而上升。

3. 货币资产管理目标

企业货币资产管理中最重要的问题之一，一方面是保证企业良好的支付能力，出于各种支付动机保持一定的货币资产余额。但另一方面，由于货币资产不能为企业带来投资收益，过多的持有货币资产将降低企业的资金使用效益，从而降低企业的市场价值。因此，货币资产管理的目的是在保证企业正常生产经营活动所需货币资产的基础上，尽量节约资金使用，降低资金成本，提高资金使用效益，在流动性与盈利性之间做出最佳选择。

二、最佳货币资产持有量

确定最佳货币资产持有量的方法主要有成本分析模式、货币资产有价证券配合模式和随机模式。

1. 成本分析模式

成本分析模式是通过分析持有货币资产的成本，寻找持有成本最低的货币资产持有量。在此模式下，持有货币资产的成本包括投资成本、管理成本和短缺成本，而与货币资产持有量相关的成本是投资成本和短缺成本。考虑到货币资产持有量变化，投资成本与之同方向变化，而短缺成本反方向变化，管理成本固定不变这一状况，当上述三项成本之和最小时的货币资产持有量，就是最佳货币资产持有量。

如果把以上三种成本与持有量的关系放在一个图上（见图 6—5），就能表现出持有货币资产的总成本，找出最佳货币资产持有量的点。投资成本线向右上方倾斜，短缺成本线向右下方倾斜，管理成本线平行于横轴，总成本线便是一条抛物线，该抛物线的最低点 TC^* 即为持有货币资产的最低总成本。在该点之前，短缺成本（SC）随持有量的增长而下降的幅度大于投资成本（IC）上升的幅度，因此总成本（TC）下降；超过这一点，投资成本上升的幅度又会大于短缺成本下降的幅度，总成本上升。这一点对应在横轴上的量 Q^*，即是最佳货币资产持有量。如图 6—5 所示。

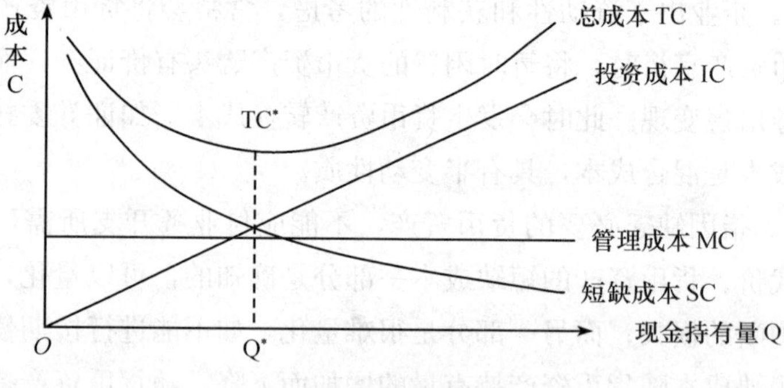

图 6—5　成本分析模式

最佳货币资产持有量的成本分析模式在实际中一般是通过比较总成本大小的方法来进行的。该方法的操作步骤是：

（1）根据不同货币资产持有量方案，计算每个方案的投资成本、管理成本、短缺成本，并确定各方案总成本。

（2）按照不同货币资产持有量及其有关成本资料编制最佳货币资产持有量测算表。

（3）在测算表中找出总成本最低时的货币资产持有量即为相对最佳货币资产持有量。

【例6—1】 某企业有四种货币资产持有方案，它们各自的投资成本、管理成本和短缺成本见表6—1。

表6—1　　货币资产持有方案　　单位：元

项目	A方案	B方案	C方案	D方案
货币资产持有量	55 000	90 000	125 000	160 000
投资成本	4 600	6 400	9 200	12 000
管理成本	2 000	3 000	3 000	3 000
短缺成本	10 000	7 750	4 500	2 000

注：对外投资收益率为8%。

通过表6—2可知，C方案企业持有125 000元货币资产时的总成本最低，即C方案最佳。

表6—2　　某企业最佳货币资产持有量测算表　　单位：元

项目	A方案	B方案	C方案	D方案
货币资产持有量	55 000	90 000	125 000	160 000
机会成本	6 050	9 900	11 250	14 600
管理成本	2 000	2 000	2 000	2 000
短缺成本	6 800	3 150	1 200	500
总成本	14 850	15 050	14 450	17 100

2. 货币资产与有价证券配合模式

货币资产有价证券配合模式是将存货经济订货量模型原理用于确定目标货币资产持有量。这个模式将持有货币资产的机会成本同证券买卖的交易成本进行权衡，用以解决企业货币资产的最佳持有量和一定时期内有价证券的最佳变现次数问题。

该模式建立在以下假设条件基础上：

（1）企业一定时期内收入与耗用的货币资产均匀、稳定且可预测。

（2）短期有价证券的利率或报酬率可知。

（3）每次将有价证券变现为货币资产的交易成本可知。

（4）一定时期内企业货币资产总需求量为已知。

（5）与货币资产持有量决策相关的成本包括机会成本和交易成本。这里所谓机会成本是指企业持有货币资产时丧失的将这些资金投资于证券可得的收入，所谓交易成本是指证券每次变现所花费的经纪费用等。机会成本和交易成本的变化成反比关系，机会成本随持有量的增大而增大，交易成本随持有量的增大而减少。

假设期初有货币资产 Q 元，当货币资产耗尽时，就需出售 Q 元的有价证券来补充货币资产。则货币资产持有相关总成本可用下列公式表示：

总成本＝机会成本＋交易成本

即：

$$TC=\frac{Q}{2}\times K+\frac{T}{Q}\times F$$

式中 TC——总成本；

Q——货币资产持有量；

K——有价证券的收益率；

T——在一定时期内货币资产总需要量；

F——有价证券的每次交易成本。

最佳货币资产持有量就是能够使总成本最低货币资产持有量 Q^*。

若要确定总成本最低时的货币资产持有量，可对总成本函数公式求导取得，当 TC 的一阶导数等于零时的持有量即为最佳持有量 Q^*。

由：

$$TC^*=\frac{K}{2}-\frac{T}{Q^2}\times F$$

可得下列公式：

$$Q^*=\sqrt{\frac{2FT}{K}}$$

将最佳货币资产持有量代入总成本的计算公式，可得持有货币资产总成本（TC^*）的计算公式：

$$TC^*=\sqrt{2FTK}$$

年内最佳货币资产交易次数（N^*）：

$$N^*=\frac{T}{Q^*}$$

【例 6—2】 某企业预计在年内（按 360 天计算）经营所需货币资产为 600 万元，准备用有价证券变现取得，其日常的收支较为均衡，每次有价证券的交易成本为 750 元，有价证券的年收益率为 10%，可求得：

$$Q^*=\sqrt{\frac{2\times750\times6\ 000\ 000}{10\%}}=300\ 000\text{（元）}$$

$$N^*=\frac{6\ 000\ 000}{300\ 000}=20\text{（次）}$$

$$TC^*=\sqrt{2\times750\times6\ 000\ 000\times10\%}=30\ 000\text{（元）}$$

3. 随机模式

对于企业来说，货币资产需要量在实际生活中有时很难准确预知，此时企业可以根据历史经验和现实需要，测算出一个货币资产持有量的控制范围，即制定出货币资产持有量的上限和下限，将货币资产持有量控制在上下限之内。如图 6—6 所示。

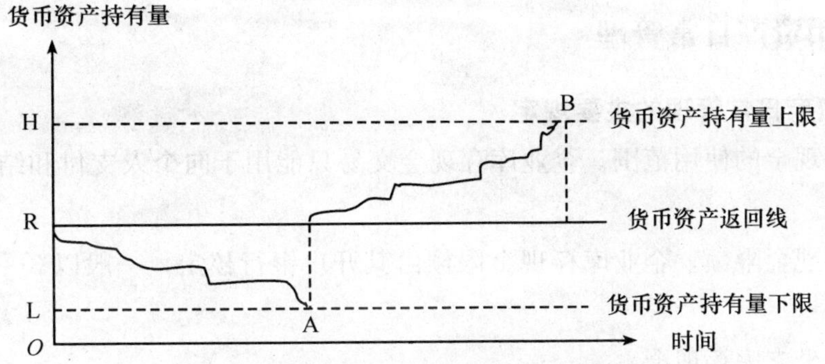

图 6—6　随机模式

图 6—6 中，虚线 H 为企业设定的货币资产持有量上限，虚线 L 为货币资产持有量的下限，实线 R 为最优货币资产持有量返回线。企业的货币资产持有量是随机波动的，当其达到 A 点时，即达到了控制的下限，企业应出售有价证券，使货币资产量回升到返回线 R 的水平；当其升至 B 点时，即达到了控制的上限，企业应投资有价证券，使货币资产存量回落至返回线 R 的水平。货币资产存量在上下限之间的波动属控制范围内的合理变化。货币资产控制的上限 H、返回线 R 可按下列公式计算：

$$H=3R-2L$$

$$R=\sqrt[3]{\frac{3bq^2}{4i}}+L$$

式中　b——每次有价证券的固定转换成本；

i——有价证券的日利息率；

q——预期每日货币资产余额变化的标准差（可根据历史资料测算）。

下限 L 的确定，则受到企业每日的最低货币资产需要、管理人员的风险偏好等因素的影响。

【例 6—3】　假定某企业有价证券的年利率为 9%，每次固定转换成本为 200 元，企业确定的货币资产余额不能低于 8 000 元，根据以往经验测算出货币资产余额波动的标准差为 600 元。最优货币资产返回线、货币资产控制上限的计算为：

$$R=\sqrt[3]{\frac{3\times200\times600^2}{4\times0.09/360}}+8\,000=14\,000\text{（元）}$$

$$H=3\times 14\ 000-2\times 8\ 000=26\ 000\text{（元）}$$

当企业的货币资产余额达到 26 000 元时，即应投资有价证券 12 000 元，使货币资产持有量回落到 14 000 元；当公司的货币资产余额降至 8 000 元时，则应转让 6 000 元的有价证券，使货币资产持有量回升到 14 000 元。

三、货币资产日常管理

1. 货币资产日常管理的主要规定

（1）库存现金的使用范围。企业库存现金交易只能用于向个人支付和结算 1 000 元以下的零星费用。

（2）库存现金限额。企业库存现金限额由其开户银行核定，一般以 3～5 天的零星开支额为限。

（3）不得坐支库存现金。

（4）不得出租、出借银行账户。

（5）不得签发空头支票和远期支票。

（6）不得套取银行信用。

（7）不得保存账外公款。

2. 货币资产回收的管理

货币资产回收管理的目的是加速收款和提高收现效率。货币资产回收管理的核心问题是减少货币资产的回收时间。货币资产回收时间的减少可以使企业尽早获得可用资金，并可通过这些资金运用获取一定的投资收益。

【例 6—4】 某公司 2008 年销售收入为 9 490 万元，现由于采取措施，货币资产回收时间缩短了一天，如果这些资金进行投资可产生 8%的年收益，那么：

$$\text{每天的销售收入}=\frac{9\ 490}{365}=26\text{（万元）}$$

$$\text{年收益}=26\times 8\%=2.08\text{（万元）}$$

即货币资产回收缩短一天可增加年收入 2.08 万元。

企业的货币资产流入主要来源于销货收入，需要解决两个问题：一是如何缩短收款时间；二是如何确保收款的安全性。

企业在与客户和银行的结算过程中，会形成一系列的结算占用时间，主要由结算凭据从客户传递到收款企业的时间，收款企业收到结算凭据转交银行处理的时间，银行系统内部转账时间三部分组成。提高企业收现效率就是要尽可能地在收现过程中减少各种时间占用，使公司尽早获得可用资金。常用的方法有银行业务集中法、邮政信箱法。

（1）银行业务集中法。银行业务集中法又称集中收款系统法，就是通过建立多个收款中心来加速货币资产流转的方法，一般适用于大企业和企业集团。由于其往来客户分布在各地，所以企业可以在客户相对比较集中、收款额较多的地方建立收款中心，缩短结算凭据传递时间。具体过程：首先，企业通过各地销售中心开出销货账单并通知客户将货款直接转入当地收款银行，或将支票寄给最近的收款中心；然后，收款中心委托当地收款银行兑现后存入地区集中银行，一般企业在地区集中银行中维持较大额的存款账户，并及时将资金汇入总部主要往来银行。

银行业务集中法的优点：

1）可以大大缩短收款时间，提高资金的周转效率。

2）由于各收款中心全面负责收款业务，这不仅有利于对账款的催收和控制，而且能大大节约收账成本。

3）有利于对资金的集中控制，便于总部有效地集中调配和使用资金。

（2）邮政信箱法。邮政信箱法又称锁箱系统，指企业在各销售点当地的邮局租用一个加锁的编码专用信箱，并通知客户将付款支票投寄到该信箱内，企业授权当地代理银行每天定时开箱收取支票，并直接将其存入企业存款账户内。

邮政信箱法的优点：

1）可以明显缩短公司收款过程中占用的传递时间和处理时间。

2）银行专业人员取代企业职员处理支票，可减少支票处理过程中可能发生的差错，便于企业集中控制和审计。

3）可以及时有效地识别出空头支票。

企业采用上述各种方法来达到加速货币资产回收的目的，这些方法都需要耗费一定的成本，一般称为加速收款的服务成本。如采用邮政信箱法，银行开启信箱并处理支票等服务并不是免费的，而要收取一定的手续费；如采用银行业务集中法，企业必须花费大笔资金在各地设立收款中心并维持日常开支。企业必须将采用某种方法所支出的服务费用与企业加速货币资产回收的收益进行比较，从而决定是否采用。

3. 货币资产支出的管理

与货币资产回收相反，企业货币资产支付的目的是尽可能地合理延缓货币资产的支出时间，同时避免货币资产账户余额过多。

（1）合理使用货币资产浮游量。所谓货币资产浮游量是指企业账户上的银行存款余额与在银行账户上的存款余额之间的差额。企业在采用银行转账结算付款时，从开出支票到客户去银行将款项划出，中间需要一段时间，这时就产生了浮游量。企业应充分利用这些货币资产的浮游量。例如，某企业账户的货币资产余额为 10 万元，现开出支票 10 万元，则企业账户中银行存款余额为0，而预计该支票兑现时间为8天以上，这时，企业在银行的存款账户余额实际仍为10万元，企业就可将这10万元合理地加以利用，只要在第8天及时存入即可。

（2）合理延缓应付款的支付。企业在不影响其信誉的前提下，尽可能地推迟应付款的支付期，特别是充分运用供应商提供的信用期。但要注意供应商提供的这种信用期有无现金折扣优惠，如没有优惠，则应全部享受其信用期，如对方提供一定的现金折扣优惠，则要充分衡量折扣优惠与企业急需资金之间的利弊得失，根据企业当时的实际情况作出最恰当的决策。

第3节 应收账款管理

应收账款是指企业因对外销售货物、供应劳务及其他原因，应向购货单位、接受劳务的单位或其他单位收取的款项，一般包括应收账款、应收票据和其他应收款等。

一、应收账款的功能与成本

1. 应收账款的功能

（1）促进销售。这是应收账款的主要功能。在市场经济的激烈竞争中，企业统统以各种手段扩大销售，赊销即为促销的手段之一，于是就产生了应收账款。

（2）减少存货，加速资金周转。企业存货不仅占用大量资金，还增加存货管理费用。通过较为优惠的赊销条件，把存货转化为应收账款，在一定条件下可减少各种支出，加速存货周转从而提高资金使用效率。

2. 应收账款成本

企业占用在应收账款上的资金会发生各种成本，主要包括：

（1）投资成本。应收账款的投资成本指企业的资金如不占用在应收账款上，可用于其他投资或存入银行而获取收益。这种因投放于应收账款而放弃的其他收益也被称为机会成本。确定该机会成本有三个要素：应收账款数额、企业进行其他投资的收益率及持有时间。

应收账款投资成本的计算公式如下：

应收账款投资成本＝维持赊销业务所需资金×企业投资收益率

维持赊销业务所需资金＝应收账款平均余额×变动成本率

应收账款平均余额＝日销售额×平均收款期

变动成本率＝变动成本/销售收入

【例 6—5】 某企业预计下年度赊销额为 14 400 000 元，应收账款平均收款天数为 45 天，变动成本率为 75%，企业投资收益率为 8%，则应收账款机会成本为多少？

$$应收账款平均余额=\frac{14\ 400\ 000}{360}\times 45=1\ 800\ 000（元）$$

$$维持赊销业务所需资金=1\ 800\ 000\times 75\%=1\ 350\ 000（元）$$

$$应收账款投资成本=1\ 350\ 000\times 8\%=108\ 000（元）$$

（2）管理成本。应收账款的管理成本主要有：

1）调查客户信用情况的费用。

2）催收和组织收账的费用。

3）其他费用。

（3）坏账成本。应收账款因不能收回而发生的损失就是坏账成本。发生坏账的原因主要有客户破产、解散、财务状况恶化且拖欠时间较长等。一般来说应收账款数额越大，拖欠时间越长，发生坏账成本的可能性也就越大。

应收账款既可以扩大销售增加企业收益，同时也会产生成本，即收益与风险并存。这就要求企业在应收账款信用政策所增加的收益与实施这种政策所增加的成本之间做出权衡。只有当应收账款增加的收益超过所增加的成本时，才应实施赊销。应收账款的管理目标是在发挥应收账款扩大销售、加强竞争力作用的同时，努力降低机会成本、减少坏账损失及管理成本，提高应收账款的效益。为此应合理确定信用政策，强化应收账款日常管理。

二、信用政策

信用政策即应收账款的管理政策，是企业对应收账款投资进行规划与控制而确定的基本原则与规范。应收账款信用政策包括：信用标准、信用条件和收账政策。

1. 信用标准

信用标准是指客户获得建立交易信用所应具备的条件，通常以预期坏账损失率表示。如果客户达不到信用标准条件，便不能享受企业的信用优惠或只能享受较低的信用优惠。

（1）影响信用标准的因素。信用标准的确定，首先应通过对客户的资信程度进行调查和分析，判断客户的信用等级，决定是否给予客户信用。客户的资信程度主要由五个因素构成：

1）客户的品质（character），即客户的信誉，看客户是否曾有无故拖欠账款的行为。

2）偿债能力（capacity），通过对客户财务报表的分析确定其偿还债务的能力。

3）资本（capital），主要是客户所拥有的资产总量和获利的可能性，表明客户可能偿还债务的背景。

4）担保品（collateral），即客户拒付款项或无力支付款项时能用作抵押的资产，尤其是存货和应收账款的数量和质量。

5）经济情况（condition），包括社会经济环境和企业间竞争的激烈程度。

由于以上五个方面的英文首字母均为“c”，故又称作“五 C”系统。“五 C”系统的具体操作是采用评分方法。其一般操作步骤是：

第一，确定“五 C”中每一个方面对客户信用的影响程度，依此确定各方面在信用评分中所占分值的比重。

第二，分别对客户的品质、偿债能力、资本、担保品和经济情况这五个方面详细进行评估打分。

第三，根据每个客户评估所得的分值，确定相应的信用政策。

通过对客户资信程度“五 C”的评定，可反映出客户的还债能力，并估计出给予客户信用后企业的坏账损失率。

对客户资信程度评定的途径主要有两个：一是大型企业设立的专门调查和评估客户资信程度的部门；二是社会上专设的资信评估机构提供的有偿调查服务。

对信用标准产生影响的因素除了客户的资信程度之外，还有同行业竞争对手的情况以及企业承担风险的能力。

（2）确定信用标准的定量分析。通过对信用标准的定量分析，一方面可以确定客户拒付账款的风险，即坏账损失率；另一方面可以具体确定客户的信用等级，以作为给予或拒绝信用的依据。

信用标准定量分析，一般从考察客户的财务报表开始。通常使用比率分析法评价客户的财务状况。选择一组具有代表性的、能够说明付款能力和财务状况的指标：流动性和营运资本比率、债务管理、支付比率和盈利能力指标。将这些指标和信用评级机构及其他协会发布的行业标准进行比较可以判断客户的信用状况。具体分为三个步骤：

1）设定信用等级的评价标准。企业根据自己的实际情况和预期目标来确定评价标准，一般以行业标准为目标。

2）利用客户的财务报表数据和相关资料，计算其各项指标值，并与上述标准比较。

3）对各客户进行信用风险排队，确定各客户的信用等级。

企业针对不同信用等级的客户分别采取不同的信用对策，对于不达标的客户，拒绝其信用订单，达标客户则接受其信用订单。即使对于达标客户，也要区分其达标程度不同，给予不同的信用优惠条件或附加某些限制条款。

(3) 信用标准决策。企业在确定给予不同预期坏账损失率的客户信用时，应从收益与成本两个角度采用“差量分析法”予以分析。

“差量分析法”是比较不同信用政策下的收益和成本的变化。当改变信用政策所增加的收益（即差量收益）大于增加的成本（即差量成本）时，企业的净收益增加，则选择改变信用政策；相反则不改变。如改变信用政策所减少的收益大于减少的成本，企业净收益减少，则不改变信用政策；相反则改变。

【例 6—6】 某企业本年度的经营情况和信用标准见表 6—3。

表 6—3　　某企业本年度经营和信用标准情况表

项目	数据
销售收入	12 960 000 元
边际贡献	5 184 000 元
边际贡献率	40%
信用标准（以预期坏账损失率为依据）	≤8%
平均实际坏账损失率	9%
应收账款管理成本	100 000 元
信用期限	30 天
实际平均收款期	50 天
企业投资收益率	12%

该企业在下年度拟改变信用标准，现提出了 A、B 两个方案，信用标准的变化对企业经营情况影响见表 6—4。

表 6—4　　某企业信用标准的 A、B 方案表

A 方案（信用标准收紧）	B 方案（信用标准放松）
信用标准：只对预期坏账率小于 5% 的客户提供信用	信用标准：只对预期坏账率小于 10% 的客户提供信用
因收紧标准预计销售额下降到 11 772 000 元	因放松标准预计销售额增加到 14 400 000 元
预计实际平均收款期 40 天	预计实际平均收款期 60 天
平均坏账率 6%	平均坏账率 12%
应收账款的管理成本 50 000 元	应收账款的管理成本 125 000 元

计算这两个方案对收益和成本的影响。

该企业变动成本率为：1－40%＝60%

A 方案：

(1) 收紧信用标准收益的变化：

$$(11\ 772\ 000-12\ 960\ 000)\times 40\%=-475\ 200\text{（元）}$$

（2）收紧信用标准成本的变化：

1）投资成本的变化：将已知数据代入计算投资成本的变化：

$$\left(\frac{11\ 772\ 000}{360}\times 40\times 60\%-\frac{12\ 960\ 000}{360}\times 50\times 60\%\right)\times 12\%=-35\ 424\text{（元）}$$

2）坏账成本的变化：

$$11\ 772\ 000\times 6\%-12\ 960\ 000\times 9\%=-460\ 080\text{（元）}$$

3）管理成本的变化：

$$50\ 000-100\ 000=-50\ 000\text{（元）}$$

4）总成本的变化：

$$-35\ 424+(-460\ 080)+(-50\ 000)=-545\ 504\text{（元）}$$

（3）税前收益的变化：

$$-475\ 200-(-545\ 504)=70\ 304\text{（元）}$$

B方案：

（1）放松信用标准收益的变化：

$$(14\ 400\ 000-12\ 960\ 000)\times 40\%=576\ 000\text{（元）}$$

（2）放松信用标准成本的变化：

1）机会成本的变化：

$$\left(\frac{14\ 400\ 000}{360}\times 60\times 60\%-\frac{12\ 960\ 000}{360}\times 50\times 60\%\right)\times 12\%=43\ 200\text{（元）}$$

2）坏账成本的变化：

$$14\ 400\ 000\times 12\%-12\ 960\ 000\times 9\%=561\ 600\text{（元）}$$

3）管理成本的变化：

$$125\ 000-100\ 000=25\ 000\text{（元）}$$

4）总成本的变化：

$$43\ 200+561\ 600+25\ 000=629\ 200\text{（元）}$$

（3）税前收益的变化：

$$576\ 000-629\ 200=-53\ 200\text{（元）}$$

由于A方案将使企业税前收益增加70 304元，而B方案却使企业税前收益减少53 200元，因此该企业应选择A方案收紧信用标准。

2. 信用条件

信用条件是销货企业要求赊购客户支付货款的条件，由信用期限和现金折扣两个要素组成，可通过设计销售合同或协议来明确规定在何种情形下可以给予信用。企业必须建立信息系统或购买软件对应收账款进行监控以保证信用条款的执行，并应查明客户还款方式在总体和个体方面可能发生的变化。

（1）信用期限。信用期限是企业允许客户延迟付款的时间。企业信用期限长短对销售有着直接影响，信用期限过短不足以吸引顾客，可能会造成销售额下降，进而使企业盈利能力下降；信用期限过长虽可增加销售额，但同时也会增加费用成本，如增加的成本大于增加的收入也会造成利润减少。

信用期限的确定，主要要分析现行信用期限对收入和成本的影响。在选择时应将现金折扣与信用期限这两个内容综合起来考虑，以确定最佳的信用方案。

（2）现金折扣。现金折扣是指在信用销售方式下，当销售实现后，为了鼓励客户尽快付款，规定给予在短于信用期内付款的客户一定的优惠。现金折扣作为一种鼓励客户尽快付款的手段，成为信用政策的一个重要组成部分。现金折扣政策主要包括折扣期限与折扣率。折扣期限是规定的客户可享受现金折扣的付款时间。现金折扣的通常表达方式为“折扣率/折扣期限”，结合信用期限可以表达如“2%/20，*N*%/40”，表示20天内付款可享受2%的价格优惠，如在20天后付款则无现金折扣，信用期限为40天。

分析折扣期限的长短，折扣率的高低对企业效益的影响，必须和信用期及加速收款得到的收益与付出的现金折扣成本结合起来考察。

（3）信用条件备选方案的评价。信用期限和现金折扣结合使用案例：

【例6—7】 参考例6—6某企业本年度的有关情况（见表6—4），在确定下年度的信用政策时，有A、B两个方案可供选择（见表6—5），假设销售边际贡献率为40%，企业投资报酬率为12%。

表6—5　　某企业信用政策的A、B方案表

信用政策A		信用政策B	
项目	数据	项目	数据
信用政策：信用期60天，无现金折扣		信用政策：信用期30天，现金折扣（2%/10，*N*%/30）	
预计销售额	15 120 000元	预计销售额	15 840 000元
预计坏账损失率	12%	预计坏账损失率	7%
预计管理成本	17 000元	预计管理成本	42 000元
预计享受现金折扣的销售额占总销售额比例	0	预计享受现金折扣的销售额占总销售额比例	80%
预计平均收款期	70天	预计平均收款期	25天

方案A：

（1）收益的变化：

$$(15\ 120\ 000-12\ 960\ 000)\times 40\%=864\ 000\text{（元）}$$

（2）成本的变化：

1）机会成本的变化：

$$\left(\frac{15\ 120\ 000}{360}\times 70\times 60\%-\frac{12\ 960\ 000}{360}\times 50\times 60\%\right)\times 12\%=82\ 080\text{（元）}$$

2）坏账成本的变化：

$$15\ 120\ 000\times 12\%-12\ 960\ 000\times 9\%=64\ 8000\text{（元）}$$

3）管理成本的变化：

$$17\ 000-100\ 000=-83\ 000\text{（元）}$$

4）总成本的变化：

$$82\ 080+648\ 000-83\ 000=647\ 080\text{（元）}$$

（3）税前收益的变化：

$$864\ 000-647\ 080=216\ 920\text{（元）}$$

方案B：

（1）收益的变化：

$$(15\ 840\ 000-12\ 960\ 000)\times 40\%=1\ 152\ 000\text{（元）}$$

（2）成本的变化：

1）机会成本的变化：

$$\left(\frac{15\ 840\ 000}{360}\times 25\times 60\%-\frac{12\ 960\ 000}{360}\times 50\times 60\%\right)\times 12\%=-50\ 400\text{（元）}$$

2）坏账成本的变化：

$$15\ 840\ 000\times 7\%-12\ 960\ 000\times 9\%=-57\ 600\text{（元）}$$

3）管理成本的变化：

$$42\ 000-100\ 000=-58\ 000\text{（元）}$$

4）现金折扣支出：

$$15\ 840\ 000\times 80\%\times 2\%=253\ 440\text{（元）}$$

5）总成本的变化：

$$-50\ 400+(-57\ 600)+(-58\ 000)+253\ 440=87\ 440\text{（元）}$$

（3）税前收益的变化：

$$1\ 152\ 000-87\ 440=1\ 064\ 560\text{（元）}$$

比较A、B两个方案，由于B方案可获得的利润多，所以应采用B方案的信用政策。

3. 收账政策

收账政策是企业针对客户违反信用条件，拖欠甚至拒付账款所采取的收账策略与措施。

企业通过信用标准和信用条件的确定，最大限度地防止客户拖欠账款，但仍会由于各种原因导致部分甚至全部账款遭到拖欠甚至拒付。针对这种情况，企业应该制定完善的收账政策，采取有效的收账措施。通常的做法是：当账款被客户拖欠或拒付时，企业应当分析现有的信用标准及信用条件是否存在纰漏，然后对违约客户的资信等级进行重新调查评价。对于信用品质恶劣的客户应从信用名单中删除，对其所欠账款采取有力的收款措施催收。对于信用记录正常的客户，分析未付的原因，可以采取相对缓和的措施。一旦出现发生坏账的迹象，企业就须尽力去催收。例如，在没有按时收到客户的货款时，对过期较短的客户可不予打扰，对过期一定时间（例如三个月）以上尚未付款的客户可以发出一封账款过期通知书；对过期六个月以上的，可再寄措辞更为严厉的账款过期通知书；对过期九个月的，应直接打电话催讨；如果过期一年以上，则可交由专门的收账公司催讨或向法庭起诉。

组织应收账款的收回是应收账款管理中的一项重要工作，也是减少坏账的一项措施。企业应将不同的收账政策所避免的坏账损失与所发生的收账成本进行比较，从中找出最佳的收账政策。

三、应收账款日常管理

企业应收账款的日常管理主要包括如下要点：

1. 监督应收账款的收回

应收账款逾期时间越长，款项收回的可能性越小，形成坏账的可能性越大，对此企业应实施严密的监督，随时掌握回收情况。对于应收账款的日常监督，可以通过编制账龄分析表来进行，见表6—6。

表6—6　　账龄分析表　　（200×年12月31日）

应收账款账龄	客户数量（个）	金额（万元）	百分率
信用期内	200	1 240	56.20%
超过信用期1～30天	60	520	21.49%
超过信用期31～180天	40	240	9.92%
超过信用期181～360天	60	200	8.26%
超过信用期360天以上	10	100	4.13%
合计	370	2 300	100.00%

2. 坏账损失的处理

企业在提供信用的过程中发生坏账损失是不可避免的。按现行企业财务制度的规定，企业可以在发生坏账当期直接冲销，也可以从稳健原则出发，按照备抵法于年度终了时采用一定的方法计提坏账准备金。

3. 应收账款保付代理

保付代理简称保理，是指保理商与债权人签订协议，受让债权人对应收账款的部分或全部权利与义务，并收取一定费用的过程。

应收账款保理是企业将赊销形成的未到期应收账款在满足一定条件的情况下转让给保理商，以获得银行的流动资金支持，加快资金的周转。保理可以分为有追索权保理（非买断型）和无追索权保理（买断型）、明保理和暗保理、折扣保理和到期保理。

有追索权保理是指供应商将债权转让给保理商，供应商向保理商融通资金后，如果购货商拒绝付款或无力付款，保理商有权向供应商要求偿还预付的货币资产，因而保理商具有全部“追索权”。无追索权保理是指保理商将销售合同完全买断，并承担全部的收款风险。

明保理是指保理商和供应商需要将销售合同被转让的情况通知购货商，并签订保理商、供应商、购货商之间的三方合同。暗保理是指供应商为了避免让客户知道自己因流动资金不足而转让应收账款，并不将债权转让情况通知客户，货款到期时仍由销售商出面催款，再向银行偿还借款。

折扣保理又称为融资保理，即在销售合同到期前，保理商将剩余未收款部分先预付给销售商，一般不超过全部合同额的70％～90％。到期保理是指保理商并不提供预付账款融资，而是在赊销到期时才支付，届时不管货款是否收到，保理商都必须向销售商支付货款。

应收账款保理对于企业而言，其作用主要体现在：（1）融资功能；（2）减轻企业应收账款的管理负担；（3）减少坏账损失，降低经营风险；（4）改善企业的财务结构。

第4节　存货管理

一、存货管理的目标

存货是指企业在生产经营过程中为销售或耗用而储备的物资，包括材料、燃料、低值易耗品、在产品、半成品、产成品、协作件、商品等。

1. 储备存货的原因

企业在经营过程中须储备一定的存货，主要出于以下原因：

(1) 生产经营需要。由于市场的不确定，存货供应往往难以满足企业生产和销售的及时性需要，为了防止生产和销售的中断，企业必须储备一定的存货。此外，一定数量的存货储备能够增加企业在生产和销售方面的机动性和适应市场变化的能力。当市场需求量增加时，企业若产品储备不足就有可能失去销售良机，所以保持一定量的存货是有利于市场销售的。

(2) 降低成本的需要。为了得到数量折扣的优惠，批量采购可以降低存货的采购成本。单件或少量生产的单位成本通常较高，批量生产则因规模效应单位成本一般较低。有些产品属于季节性产品或者需求波动较大的产品，若根据需求状况组织生产，则可能造成有时生产能力得不到充分利用，有时又超负荷生产的情况，使产品成本上升。企业储备存货有利于维持均衡生产，降低产品成本。

(3) 预防性需要。企业在采购、运输、生产和销售过程中，都可能发生意料之外的事故。建立必要的存货保险储备，可以避免和减少因意外事件造成的损失。

2. 储备存货的成本

储备存货发生的成本，包括以下三项内容：

(1) 取得成本。取得成本指为取得一定数量存货而花费的代价，通常包括订货成本和购置成本。

1) 订货成本。订货成本指取得存货订单的成本，如采购部门的办公费、采购人员差旅费、通信费等。订货成本中有一部分与订货数量和订货次数无关，如常设采购机构的基本开支等，称为固定订货成本；另一部分与订货数量和次数有关，这类成本与每次订货数量成反比，与订货次数成正比，如差旅费、通信费等，称为变动订货成本。每次订货成本为 K，一定时期存货的需要量为 D，每次采购量为 Q，则变动订货成本为 $\frac{D}{Q}K$。订货成本应为变动订货成本与固定订货成本之和。

2) 购置成本。购置成本指存货本身的价格，通常用数量与单价的乘积来确定。当存货价格保持不变，并且无数量折扣时，存货的购置成本是稳定的；若存货购置有数量折扣，必须考虑订购批量变动时购置成本的变动。

订货成本加上购置成本即为存货的取得成本，其公式可表达为：

取得成本＝订货成本＋购置成本＝固定订货成本＋变动订货成本＋购置成本

即：
$$TC_a = F1 + \frac{D}{Q}K + D \times U$$

式中　TC_a——取得成本；

$F1$——固定订货成本；

D——某一时期存货需要量；

Q——每次进货量；

K——每次订货的变动成本；

U——存货的单价。

（2）储存成本。储存成本指存货储存过程中发生的成本，包括存货占用资金应计的利息、仓储费用、保险费用、存货毁损和变质损失等。

储存成本分为固定储存成本和变动储存成本。固定储存成本与存货数量的多少无关，如仓库折旧、仓库职工的固定月工资等。变动储存成本与存货的数量有关，如存货资金的应计利息、存货的毁损和变质损失、存货的保险费用等，变动储存成本通常用平均存货量与单位存货的变动储存成本的乘积表示。储存成本的公式表达为：

储存成本＝固定储存成本＋变动储存成本

即：
$$TC_C = F2 + K_C$$

式中　TC_C——储存成本；

$F2$——固定储存成本；

K_C——单位存货的变动储存成本。

3. 缺货成本

缺货成本指企业由于存货供应中断而造成的损失，包括材料供应中断造成的停工损失、产成品库存缺货造成的拖欠发货损失、丧失销售机会的损失和企业信誉损失。如果生产企业以紧急采购代用材料解决库存材料中断问题，那么缺货成本表现为紧急订货产生的额外开支。

储备存货的总成本应为上述三种成本之和。其计算公式为：

$$TC = TC_a + TC_C + TC_S$$
$$= F1 + \frac{D}{Q}K + D \times U + F2 + K_C + TC_S$$

式中　TC——储备存货的总成本；

TC_S——缺货成本。

企业出于生产经营和降低成本的需要应当储备一定的存货，但储备存货在降低存货短缺成本为企业增加效益的同时，也会增加存货取得成本和储存成本。存货管理的目标就是要尽量在各种存货成本与存货效益之间做出权衡，达到两者的最佳结合。

二、最优存货量的确定

存货管理决策涉及四项内容：决定进货项目、选择供货单位、决定进货时间和决定进货批量。决定进货项目和选择供货单位是销售部门、采购部门和生产部门的职责，财务部门要做的是决定进货时间和决定进货批量，并根据进货有关要求控制、安排和调度资金。按照存货管理的目标，需要确定合理的进货批量和进货时间，使存货的总成本最低，这个批量叫作经济订货量或经济批量。确定了经济订货量，便可以相应地找出最适宜的进货时间和进货周期。

影响存货总成本的因素很多，在确定经济订货量的过程中，应先舍弃一些因素，这需要设立一些假设，在此基础上建立经济订货量的基本模型，然后再进行扩展。

1. 经济订货量基本模型

经济订货量基本模型的假设条件如下：

(1) 存货市场供应充足且企业资金充裕，即企业需要订货时便可立即取得存货，即无缺货成本。

(2) 能集中到货，而非陆续供货。

(3) 一定时期的存货需求量稳定，并且能预测。

(4) 存货单价已知，不考虑现金折扣。

(5) 每次的变动订货成本和一定时期内单位存货变动的储存成本不变。

(6) 存货耗用均衡。

在上述假设条件建立后，存货总成本的公式可以简化为：

$$TC=F1+\frac{D}{Q}K+D\times U+F2+\frac{Q}{2}K_C$$

当F1、K、D、U、F2、K_C 为常量时，TC 的大小取决于Q。为了求出 TC 的极小值，对其进行求导演算，可得出下列公式：

$$TC=\frac{K_C}{2}-\frac{DK}{Q^2}=0$$

解出：

$$Q^*=\sqrt{\frac{2KD}{K_C}}$$

而此时 TC 的二阶导数 $TC=\frac{2DK}{Q^3}$，因 D、K、Q 均为正数，故 TC 必大于 0，说明 Q^* 为使总成本最低的订货量，即最佳订货量。其他有关指标：

$$\text{最佳订货次数 } N^*=\frac{D}{Q^*}=\sqrt{\frac{DK_C}{2K}}$$

$$订货量有关的存货总成本\ TC_{(Q^*)}=\frac{KD}{\sqrt{\frac{2KD}{K_C}}}+\frac{\sqrt{\frac{2KD}{K_C}}}{2}\times K_C=\sqrt{2KDK_C}$$

$$最佳订货周期\ t^*=\frac{1}{N^*}=\frac{1}{\sqrt{\frac{DK_C}{2K}}}$$

$$经济订货量占用资金\ I^*=\frac{Q^*}{2}U=\sqrt{\frac{KD}{2K_C}}\times U$$

【例 6—8】 某商业企业预计下一年度需要销售 A 产品 6 400 件，该商品单位成本为 1 000 元，每件年储存成本为 20 元，每次订货成本为 4 000 元，则：

$$Q^*=\sqrt{\frac{2\times 4\,000\times 6\,400}{20}}=1\,600（件）$$

$$N^*=\sqrt{\frac{6\,400\times 20}{2\times 4\,000}}=4（次）$$

$$TC_{(Q^*)}=\sqrt{2\times 4\,000\times 6\,400\times 20}=32\,000（元）$$

$$t^*=\frac{1}{4}（年）=3（个月）$$

$$I^*=\frac{1\,600}{2}\times 1\,000=800\,000（元）$$

2. 经济订货量基本模型的扩展

经济订货量的基本模型是在前述各项假设条件下建立的，但现实生活中能够满足这些假设条件的情况十分罕见。为使模型更接近于实际情况，需逐一放宽假设，同时改进模型。

(1) 订货提前期。一般情况下，企业的存货不能做到随时需要随时补充，因此不能等存货用完再去订货，而需要在没有用完时提前订货。企业提前订货时，尚有的库存量称为再订货点，它的数量等于交货时间和每日平均需要量的乘积：

$$R=L\times d$$

式中 R——再订货点；

L——交货时间；

d——每日平均需用量。

【例 6—9】 续例 6—8，企业订货日至到货期的时间为 10 天，预计下年度企业营业时间为 365 天，每日该商品需要量 18 件，那么：

$$R=10\times18=180\text{（件）}$$

即企业在尚存 180 件商品时，应当再次订货，等到下批订货到达时（再次发出订货单 10 天后），原有库存刚好用完。此时，有关存货的每次订货批量、订货次数、订货间隔时间等并没有变化，与瞬时补充时相同。这就是说，订货提前期对经济订货量并没有影响，仍以原来瞬时补充情况下的 1 600 件为订货批量，只不过在达到再订货点时即应发出订单。

（2）存货陆续供应和使用。在建立经济订货量基本模型时，是假设存货一次全部入库，存货的储存量瞬时达到最高，然后均衡耗用。事实上，各批存货可能陆续入库，使存货数量陆续增加，尤其是产成品入库和在产品转移，几乎总是陆续供应和陆续耗用的。在这种情况下，需要对基本模型做一些修改。

若每批订货量为 Q，每天货物到达量为 P，则一批货全部到达需要天数为$\frac{Q}{P}$，称之为送货期。如存货每天耗用量为 d，则当货全部到达时已被耗用$\frac{Q}{P}d$，此时最高储存量为：$Q-\frac{Q}{P}d$，而平均储存量为$\frac{1}{2}\left(Q-\frac{Q}{P}d\right)$。

这样，与批量有关的总成本为：

$$TC_{(Q)}=\frac{D}{Q}K+\frac{1}{2}\left(Q-\frac{Q}{P}d\right)K_C=\frac{D}{Q}K+\frac{Q}{2}\left(1-\frac{d}{P}\right)K_C$$

按照确定经济订货量基本模型的原理可以确定此处的经济订货量：

$$Q^*=\sqrt{\frac{2KD}{K_C}\times\frac{P}{P-d}}$$

也可以确定其他指标：

$$TC_{(Q^*)}=\sqrt{2KDK_C\left(1-\frac{d}{P}\right)}$$

【例 6—10】 续例 6—8，该企业每次订货为陆续到货，每天到货为 160 件，每天需要 18 件。则：

$$Q^*=\sqrt{\frac{2\times4\ 000\times6\ 400}{20}\times\frac{160}{160-18}}\approx1\ 698\text{（件）}$$

$$TC_{(Q^*)}=\sqrt{2\times4\ 000\times6\ 400\times20\times\left(1-\frac{18}{160}\right)}\approx30\ 146\text{（元）}$$

（3）保险储备。前面讨论假定存货的供需稳定且确知，即每日需求量不变，交货时间也固定不变。但实际上每日需求量可能变化，交货时间也可能变化。按照某一订货批量和再订货点发出订单后，如果需求增大或送货延迟，就会发生缺货或供货中断。为防止由此造成的损失，就需要多储备一些存货以备应急之需，称为保险储备。这些存货在正常情况下不动用，只有当存货过量使用或送货延迟时才动用。为防止需求变化引起缺货损失，设立保险储备量时，再订货点 R 应相应提高为：

$$R=\text{交货时间}\times\text{平均日需求量}+\text{保险储备量}$$

一般情况下保险储备的建立不会改变经济订货量。

企业建立保险储备固然可以避免因缺货或供应中断造成的损失，但存货平均储备量增加却会使储存成本升高。研究保险储备的目的，就是要找出合理的保险储备量，使缺货或供应中断损失与储存成本之和最小。具体方法上可先计算出各示中不同保险储备量下的总成本，然后再对总成本进行比较，选定其中最低的那种。

（4）实行数量折扣的经济进货量模式。供应商为了鼓励企业购买更多的货物，往往会给予一定程度的价格优惠，即数量折扣，购买的货物数量越多，价格的优惠程度就越大。在基本经济订货量模式中，由于假设存货的价格是不变的，所以在进行决策时，不需要考虑其购买成本。而在有数量折扣时，存货的购买成本与进货数量有直接的联系，在决策中必须考虑。这时与决策有关的存货总成本应为购置成本、订货总成本和储存成本之和。即：

$$\text{与存货相关总成本}=\text{购置成本}+\text{订货成本}+\text{储存成本}$$

其计算公式如下：

$$TC=D\times U\ (1-S)\ +\frac{D}{Q}K+\frac{Q}{2}K_{C}$$

式中　S——数量折扣率。

有数量折扣时的经济订货量的计算步骤如下：

1）计算无数量折扣的经济订货量的总成本。

2）计算不同数量折扣时最小批量的总成本。

3）比较总成本的大小，确定最佳订货量。

【例 6—11】　某公司 A 材料年需要量为 36 000 吨，每吨单价为 1 500 元。供应企业规定每批购买不足 3 000 吨的按平价计算，3 000 吨及以上至 5 000 吨以下的价格优惠 5%，5 000 吨及以上的价格优惠 8%。已知每批订货成本为 4 000 元，单位材料年持有成本 50 元，计算最佳订货量。

1）购买 3 000 吨以下时，无数量折扣。

$$\text{最经济订货量}\ Q^{*}=\sqrt{\frac{2\times 36\ 000\times 4\ 000}{50}}=2\ 400\ \text{（吨）}$$

存货总成本 $TC_1=36\ 000\times1\ 500+\frac{36\ 000}{2\ 400}\times4\ 000+\frac{2\ 400}{2}\times50=54\ 120\ 000$（元）

2）购买 3 000 吨及以上至 5 000 吨以下时，数量折扣为 5%。

在此范围内，购买价格是相同的，购买总成本也是相同的。通过逐项计算可知，随着购买数量的增加，订货总成本与持有总成本之和逐渐增加，所以越接近价格优惠的最低点，存货总成本越低，这是一个规律。因此，享受 5%的数量折扣条件下，订货量为 3 000 吨时存货总成本最低。订货量为 3 000 吨时的存货总成本：

$$TC_2=36\ 000\times1\ 500\ (1-5\%)\ +\frac{36\ 000}{3\ 000}\times4\ 000+\frac{3\ 000}{2}\times50=51\ 423\ 000\ (元)$$

3）购买 5 000 吨及以上时，数量折扣为 8%。

据以上分析，享受 8%的数量折扣条件下，订货量为 5 000 吨时存货总成本最低。订货量为 5 000 吨时的存货总成本：

$$TC_3=36\ 000\times1\ 500\ (1-8\%)\ +\frac{36\ 000}{5\ 000}\times4\ 000+\frac{5\ 000}{2}\times50=49\ 833\ 800\ (元)$$

根据上述三种情况的分析可知，购买 5 000 吨时的与存货相关总成本 TC_3 最低，所以该公司购买 A 材料的最佳订货量为 5 000 吨。

三、存货的日常管理

由于存货在营运资产中所占比例较高，工业企业一般是 50%左右，商业企业多数超过 50%，而且存货流动性也较高，因此必须加强对存货的日常管理。

1. ABC 分类管理法

企业存货往往品类繁多，价值也相差甚远。同时，存货的使用率会随着时间的流逝而变化，但管理者的管理精力却有限。为了提高管理效率，必须将有限的管理精力用于最需要的地方。存货 ABC 分类管理法是对存货进行分类，针对不同类别采取相应措施的一套方法，也称为重点管理法。

采用 ABC 分类管理法，首先必须根据存货的价值、使用频率、缺货的严重性、订货时提前时间及其他标准分析每种存货，并且将其分为 ABC 三大类。属于 A 类的存货是少数价值大、经常使用、订货提前时间长的存货，这类存货的品种数人约只占全部存货总品种的 10%，而一定期间内的出库金额却要占全部出库存货总金额的 70%左右。属于 C 类的存货品种数量多，价值小，这类存货的品种数约占全部存货品种数的 70%，但一定期间内的出库金额则只占全部出库存货总金额的 10%左右。属于 B 类的存货则处于两者之间，其品种数和一定期间内的出库金额占比均在 20%左右。

对存货中的A类，要严格进行控制。企业管理部门应每月检查A类存货最近的使用率、库存情况和运送时间，严格按照事先经过科学计算和分析所确定的订货数量与时间进行订货，并根据A类存货的实际情况，调整其进货的经济订货量。B类存货一般可隔一个季度进行一次检查与调整，在检查时往往只需控制和调整大类即可。对于C类货物，一般可一年进行一次检查和调整，并且集中在对其总额进行控制即可。

有效的存货管理能够减少由于存货的废旧或损坏给企业带来损失，也可以避免由于缺货所造成的生产停顿或市场销售机会丧失等，同时能提高存货的周转率，减少存货的资金投入，对企业的利润、投资报酬率、总资产周转率和企业价值的提高有益。

ABC三类存货的具体划分过程可以分三个步骤：

（1）列出企业全部存货的明细表，并计算出每种存货的价值总额及占全部存货金额的比例。

（2）按照金额标志由大到小进行排序并累计金额比例。

（3）当金额百分比累计到70%左右时，以上存货视为A类存货；比例介于70%～90%之间的存货视为B类存货，其余则为C类存货。

【例6—12】 表6—7为某企业的50种存货的年需要量及成本情况表。经分析各种存货的数量和成本占总体的比例已计算出，并按存货金额所占比例从大到小排列。通过表6—7可知：

表6—7 **某企业存货分类情况**

存货项目	金额（万元）	金额比例	累计比例	数量（kg）	数量比例	累计比例	类别
1#	300	20%	20%	1 200	1%	1%	A
2#	270	18%	38%	2 400	2%	3%	A
3#	255	17%	55%	1 800	1.5%	4.5%	A
4#	120	8%	63%	3 600	3%	7.5%	A
5#	105	7%	70%	3 000	2.5%	10%	A
6#	60	4%	74%	2 400	2%	12%	B
7#	45	3%	77%	2 160	1.8%	13.8%	B
8#	37.5	2.5%	79.5%	2 640	2.2%	16%	B
9#	36	2.4%	81.9%	2 760	2.3%	18.3%	B
10#	30	2%	83.9%	2 040	1.7%	20%	B
11#	27	1.8%	85.7%	1 800	1.5%	21.5%	B

续表

存货项目	金额（万元）	金额比例	累计比例	数量（kg）	数量比例	累计比例	类别
12#	22.5	1.5%	87.2%	3 000	2.5%	24%	B
13#	18	1.2%	88.4%	3 600	3%	27%	B
14#	15	1%	89.4%	1 200	1%	28%	B
15#	9	0.6%	90%	2 400	2%	30%	B
其他（35 种）	150	10%	100%	84 000	70%	100%	C
合计	1 500	100%	—	120 000	100%	—	—

A 类存货占企业存货总金额的 70%，数量比例仅占存货总数量 10%，品种为 5 个；B 类存货金额比例为 20%，数量比例也为 20%，品种为 10 个；而 C 类存货金额比例仅为 10%，但数量比例却达 70%，品种为 35 个。

2. 存货的准时供应系统

存货的准时供应系统又称为零存货管理，是指企业通过合理规划供产销过程，使从原材料采购到产成品销售每个环节都能紧密衔接，减少制造过程中不增加价值的作业，减少库存、消除浪费、降低成本，实现效益最大化。该系统通过发展与供应商的密切关系，通过内部各部门之间协调配合，提高库存补给效率，使企业保持较低的安全库存量，从而降低库存资金投入，这是企业的一种理想存货管理状态。

准时供应系统从三方面改进了经济订货量模型：

（1）企业通过与同一地区的供应商建立密切的关系并确定节省时间的进货补充策略，从而减少安全存货量，降低存货资金占用成本。

（2）准时供应系统要求将库存的供应安排在方便的地点，便于降低运送成本并方便卸货。

（3）对订货系统进行计算机控制，可以明显减少订货的成本。

准时供应系统对企业十分有利，但实施起来有一定的难度，如与供应商距离较远，缺少接受库存的便利通道（如货物码头等）等都会限制该系统的成功实施。目前，准时供应系统除了在汽车行业流行之外，更多的领域已开始相继效仿。

【本章知识点小结】

营运资金决策	营运资金投资决策	紧缩政策
		适中政策
		宽松政策
	营运资金融资决策	激进型
		配合型
		稳健型
货币资产管理	货币资产持有动机与成本	
	最佳货币资产持有量	成本分析模式
		货币资产与有价证券配合模式
		随机模式
	货币资产日常管理	
应收账款管理	应收账款功能与成本	
	信用政策	信用标准
		信用条件
		收账政策
	应收账款日常管理	
存货管理	储备存货原因与存货成本	
	最优存货量确定	
	存货日常管理	

【营运资金管理—案例分析】

玻璃套装门经销商的运营资金管理

某公司是一家玻璃套装门经销商。管理部门预计年度需求量为 10 000 套。套装门的购进单价为 395 元。与定购和储存这些套装门相关的资料如下：

1. 去年的订单共 22 份，总处理成本 13 400 元，其中固定成本 10 760 元。预计未来成本形态不变。

2. 公司取得每一张订单要发生通信费用为 280 元。

3. 套装门入库需要检验。为此雇用一名检验人员，每月支付工资 3 000 元。每个订单的抽检工作需要 8 小时，发生的变动费用为每小时 6.5 元。

4. 公司租借仓库来存储套装门，估计成本为每年 5 000 元，另外加上每套门 5 元。

5. 在储存过程中会出现破损，估计破损成本平均每套门为 28.5 元。

6. 每套门占用资金利息等其他储存成本 25 元。

7. 从发出订单到货物运至公司需要 8 个工作日。

8. 为防止供货中断，该公司设置了 100 套的保险储备。

9. 按每年经营 50 周，每周营业 6 天计算。

请计算以下数据：

(1) 经济批量模型公式中的“订货成本”。

(2) 经济批量模型公式中的“储存成本”。

(3) 经济订货批量。

(4) 每年与批量相关的存货总成本。

(5) 再订货点。

(6) 每年与存货储备量相关的总成本。

思考题

1. 营运资金管理包括哪些方面?

2. 存货成本包括哪些内容？它们分别对最优存货量决策有何影响?

7

第 7 章

绩效管理

【本章导读】

绩效管理是劳动关系的一个重要内容，也是实现制度化管理的关键环节。建立企业的绩效评价机制，明确奖罚制度，实现透明化管理，有利于把员工的行为统一到企业的战略目标上来。整个绩效考核体系的有效性还对整合人力资源、协调控制员工关系具有重要意义。本章主要论述绩效管理方法、绩效管理体系与管理制度、绩效管理设计方案和绩效考核的应用技术。创业者通过学习和灵活应用这些实用技术，可以达到增强企业的运行效率、提高员工的职业技能、推动企业良性发展的目的，最终使企业和员工共同受益，提升企业的整体效率和凝聚力。

第 1 节　绩效管理方法

所谓绩效管理，是指各级管理者和员工为了达到组织目标共同参与的绩效计划制定、绩效辅导沟通、绩效考核评价、绩效结果应用、绩效目标提升的持续循环过程。绩效管理的目的是持续提升个人、部门和组织的绩效。

实践证明，考核是提高工作效率的中心环节。在企业内部实行绩效考核，不仅能通过考核对员工的表现和成绩进行实事求是的评价，同时也能了解员工的能力和工作适应性等方面的情况，并以此作为奖惩、培训、辞退、职务任用与升降等的基础与依据。

建立科学适用的绩效管理制度是现代企业管理发展的需要。绩效管理是企业衡量员工工作的标准，也是牵引机制，本节将介绍几种绩效考核的方法。

一、图尺度考核法

图尺度考核法也称为图解式考评法，它列举出一些组织所期望的绩效构成要素，还列举出跨越范围很宽的工作绩效登记。在进行工作绩效评价时，首先针对每一位下属员工从每一项评价要素中选择最能符合其绩效状况的分数，然后将其所得到的分值进行汇总，即得到最终的工作绩效评价结果。

二、直接排序法

直接排序法是指简单地根据岗位的价值大小从高到低或从低到高对职位进行总体上的排队，是一种定性绩效考核评价方法。直接排序法是一种较为常用的排序考核法，在群体中挑选出最好的或者最差的绩效表现者，将所有参加评估的人选列出来，就某一个要素展开评估，评估要素可以是整体绩效，也可以是某项特定的工作或体现绩效的某个方面。在进行直接排序法考核时，首先找出该因素上表现最好的员工，将其排在第一的位置，再找出在该因素上表现差的员工，将他排在最后一个位置，然后找出次最好的、次最差的，依此类推。

三、强制分配法

强制分配法是在考核进行之前就设定好绩效水平的分布比例，然后将员工的考核结果安排到分布结构中去，也就是按照每人绩效的相对优劣程度，列入其中的一定等级。为了克服强制正态分布考评方法的缺陷，同时也将员工的个人激励与集体激励较好地结合起来，可以采取团体考评制度以改善硬性分配可能产生的不良效果。强制分配考评方法的基本步骤如下：

1. 确定 A、B、C、D 各个评定等级奖金分配的点数，各个等级之间的点数应具有一定的差别，以达到激励效果。

2. 每个部门的每位员工根据发布的业绩考核标准，对除自己以外的所有其他员工进行百分制的评分。

3. 对称地去掉若干个最高分和最低分，保留其余得分，并求出每位员工的平均分。

4. 将部门中所有员工的平均分相加得一总分，再除以部门的员工人数，计算出部门所有员工的业绩考核平均分。

5. 用每位员工的平均分除以部门的平均分，就可以得到一个考评标准分。标准分等于或接近于 1 的员工应得到中等的考评，标准分明显大于 1 的员工应得到良甚至优的考评，标准分明显低于 1 的员工应得到及格甚至不及格的考评。

6. 根据每位员工的考评等级所对应的奖金分配点数，计算部门的奖金总点数，然后结合可以分配的奖金总额，计算每个奖金点数对应的金额，并得出每位员工应该得到的奖金数额。

为了鼓励每位员工客观准确地考评自己的同事，对同事的考评排列次序与最终结果的排列次序最接近的若干名员工应该得到提升考评等级等形式的奖励。另外，员工的考评结果不应在考评当期公开，奖金发放也应秘密给付，以照顾员工的情绪。但是各个部门的考评结果应该是公开的，以促进部门之间的良性竞争。

强制分布法适用于被考核人员较多的情况，操作起来比较简便。由于遵从正态分布规律，这种方法可以在一定程度上减少由于考核人的主观性所产生的误差。此外，该方法也有利于管理控制，尤其是在引入员工淘汰机制的企业中，具有强制激励和鞭策功能。

四、关键事件法

关键事件法是一种通过员工的关键行为和行为结果来对其绩效水平进行考核的方法。一般由主管人员将其下属员工在工作中表现出来的非常优秀的行为事件或者非常糟糕的行为事件记录下来，然后在考核时与该员工进行一次面谈，根据记录共同讨论来对其绩效水平做出考核。其主要原则是认定员工与职务有关的行为，并选择其中最重要、最关键部分来评定其结果。

五、目标管理法

目标管理法是指将管理活动围绕和服务于目标中心，以分解和执行目标为手段，以圆满实现目标为宗旨的一种管理方法。现代企业的管理者通常很强调利润、销售额和成本这些能带来成果的结果指标。在目标管理法下，每个员工都确定有若干具体的指标，这些指标是其工作成功开展的关键，它们的完成情况可以作为评价员工的依据。目标管理法的评价标准直接反映员工的工作内容，结果易于观测，所以很少出现评价失误，也适合对员工提供建议并进行反馈和辅导。由于目标管理的过程是员工共同参与的过程，因此，员工工作积极性大为提高，增强了责任心和事业心。但这种方法企图将组织目标的成果和责任划归一个职位或部门，容易产生授权不足或职责不清等缺陷。

第 2 节　绩效管理体系与管理制度

绩效管理体系是把关键绩效指标和工作目标设定作为企业考核的载体，通过制定绩效计划及其衡量标准，进行日常和定期的绩效指导，最终以评估、考核绩效来实现对整个企业各层各类人员工作绩效的客观衡量、及时监督、有效指导和科学奖惩，进而调动全体员工的积极性并发挥各岗位优势，达到提高企业绩效，实现企业战略目标的目的。

一、构建高效绩效管理体系

1. 绩效管理体系的基本目标

（1）通过绩效管理体系实施目标管理，保证员工的行动与核心价值取向和整体战略目标相一致，提高在市场竞争环境中的核心竞争能力与整体运作能力。

（2）通过对部门工作业绩的评估，促进整体业绩的改善与提升，加强员工的团队合作精神。

（3）依靠制度性的规范与约束，建立自我激励、自我约束、促进优秀人才脱颖而出的人力资源管理体制。

（4）通过绩效管理帮助每位员工提升工作绩效与工作胜任力，实现员工个人职业生涯的发展与辉煌，同时建立适应企业发展战略的人力资源队伍。

（5）在绩效管理的过程中，促进管理者与员工之间的沟通与交流，形成开放、参与、沟通的团队氛围，增强企业凝聚力。

2. 绩效管理体系的基本原则

（1）公开性原则。考核者要向被考核部门、被考核人员明确说明考核的标准、程序、方法、时间等事宜，使考核公开透明。

（2）客观性原则。考核要做到以事实为依据，对被考核部门和被考核人员的任何评价都应有事实根据，避免主观臆断和加入个人感情色彩。

（3）开放沟通原则。在整个考核过程中，考核者和被考核人员要开诚布公地进行沟通与交流。考核者要将考核结果及时反馈给被考核人员，肯定成绩、指出不足，并提出今后应努力和改进的方向。如发现问题或有不同意见，双方应在第一时间进行沟通。

（4）差别性原则。对不同类型的单位、不同类型被考核人员进行考核评价时，要根据不同的工作内容制定切合实际的标准，考核的结果要适当拉开差距，不搞平均主义。

（5）常规性原则。绩效管理是各级管理者的日常工作职责，对下属部门及下属员工做出正确的评价，帮助下属员工改善工作业绩是管理者重要的工作内容，绩效管理必须成为管理者常规性的工作。

（6）发展性原则。绩效考核是通过约束与竞争机制促进个人及团队的发展。因此，考核者和被考核人员都应将通过绩效管理手段提高工作绩效作为首要的目标。任何利用考核手段打击、压制、报复他人和小团体主义的做法都应受到制度的惩处。

二、建立有效的绩效管理制度

企业的绩效管理制度有两个方向：目标管理和职能管理。

1. 目标管理

目标管理是在上一年年底或当年年初时，把年度目标制订出来。通过以下几项原则建立有效的目标管理，需建立 SSMART 的检测原则。SSMART 的原则如下：

（1）延展性。每项目标需要使员工在能力范围外再多做一点，若达到一般目标是 100 分，那延展的满分就可以是 110～130 分。

（2）特定性。目标一定是特定的，而不是概略性的。

（3）量化性。每项目标必须要有量化的指标。绩效评价中，数字是最容易取得的，如客户服务满意调查报告、市场调查报告或员工工作满意度调查报告等。

（4）可实现性。所有的目标虽可比能力范围再多一点，但一定是能达到的。上司必须帮助员工检视目标的可行性，制订可行性不高的目标，员工达不到就会缺乏动力。

（5）相关性。每项目标必须与其直接报告上司的目标相结合。

（6）时限性。每项目标设定后，除了要能量化评估外，还应要求员工在限定的时间内完成。

2. 职能管理

职能管理的做法是定义每个单一工作或性质相似的工作群组要完成此份工作时所需具备的职能。定义每个工作所需的职能，需按照不同的工作说明书来做，亦可采用问卷调查法或访谈法。

举例来说：某个化工企业的技术服务工程师，虽然职位相同、职级相同，但因为工作性质不同，所需的职能就不同。A技术服务工程师因业务关系，必须常到各国去帮助当地的化工厂解决技术问题，他所面临的主要问题是文化上的冲击；B技术服务工程师不需出差，但因为在他的工作领域里，需要调制超过一百种不同配方的化学组合，他所面临的主要问题则是技术问题。A与B同样是技术服务工程师，但因为他们面对的问题、挑战不同，所以在工作中所需的专业背景不同、工作方式不同、解决问题的思路也不同。因此，A与B所需的职能自然就不同。

除了职能导向外，绩效管理制度也可以选择性地结合360度回馈，使原本的单向评估变成多向评估，定点评估变成多点评估，使绩效管理制度的功能深度化、广度化。360度回馈也能弥补并辅助管理制度上的某些盲点，在绩效评估上作用显著。

三、制定有效的绩效考核制度

制定有效的绩效考核制度，除了做好宣传、解释工作，使得绩效考核思想深入人心外，构建良好的沟通平台也是必要的。考核者与被考核人员开诚布公地交流，不仅能使绩效考核比较客观、公正地开展，而且能减少企业内耗，形成较强的凝聚力。绩效考核体系必须体现质量管理的思想，因此，我们可以提出制定有效的绩效考核制度的一些措施：

1. 计划

绩效计划是管理者与员工开始绩效管理过程的起点，是绩效考核体系的基础。它包括以下内容：

（1）进行工作分析，明确工作职责

1）确定企业宗旨。即明确企业的社会定位，企业存在的目的和使命。

2）确立部门宗旨。依据公司的宗旨，阐述部门存在的目的和价值，这是明确部门在企业中的定位。

3）确立部门职责。部门职责指部门为实现其宗旨而应履行的工作责任和应承担的工作项目，是对工作范围和职责边界的界定，如部门所处的业务环节、工作模式、与相关部门的职责界定等。

4）明确岗位职责。岗位职责应明确具体岗位应承担的职责、岗位素质、工作条件、岗位考核等具体规定。因此，明确岗位职责能减少部门之间的工作职责交叉，避免部门之间相互推诿、扯皮的现象，同时也起到确定部门设置，制订工作流程的作用。

（2）建立目标体系，分解落实目标。目标是宗旨的具体化，目标体系的建立是指从企业的最高部门，自上而下逐级建立目标，做到每个部门有目标，每个目标有专人负责。目标分解过程如下：

1）各部门依据公司目标制定年度目标。

2）部门内部对目标进行分解，建立各工作小组的年度目标、季度目标及实施计划。

3）联系工作职责，将目标分解并落实到人，为监控和考核打下基础。

（3）制定切实可执行的考评体系。绩效考评体系是由一组既独立又相互关联并能较完整地表达评价要求的考核指标组成的评价系统。绩效考评体系的建立有利于评价员工工作状况，是进行员工考核工作的基础，也是保证考核结果准确、合理的重要因素。具有有效的考察作用是决定一种考核体系能否令人满意的最为重要的因素。

2. 实施

绩效考核是一个持续的绩效沟通过程，一般从两方面进行实施：

（1）部门考核。部门考核每季度进行一次，受利润导向、时间进度等可以量化的指标影响。部门考核的目的是通过检查各部门工作和主要目标的实现情况，加强企业对部门工作的导向性，增强企业整体的团队意识，同时可以对实施过程中出现的问题进行原因分析进而提出改进建议，保证下阶段工作目标的实现。

（2）员工考核。员工的绩效考核也分成两部分：

1）业绩考核。这是针对直接上级与员工共同商定的目标进行的，包括自评与他评。员工对照岗位职责、岗位要求以及部门目标、个人目标填写考核表，自评任务的完成情况，并按统一格式如实填写自己的强项与不足，哪方面需要哪些方式的提高，需要公司哪方面的帮助。

2）能力、态度、价值观考核。这部分考核一般只做他评。此项考核以过程为导向，即考核者关注的是被考核者的行为。这部分考核指标通过行为来验证和衡量，考核的关键在于有员工的实际表现为依据。所以，这部分的考核要注意在平时事件发生时就对员工进行及时的表扬、批评，并记录在案，作为正式考核时的参考依据。

以上两部分考核分值的权重可以根据企业的需要设定。直接上级在员工自评的基础上，对照工作职责、目标体系以及员工的实际业绩和表现进行打分。考核结果返回员工后，员工若有疑义，可以找直接上级沟通，根据实际情况取得一致意见。难以取得一致意见的，员工可以请部门主管或人力资源部负责人出面调解。沟通不仅是对员工的一种激励，同时能让员工明白自己在企业中的真实表现和企业对员工的期望，形成一致的企业价值观。开放式的沟通还有利于营造企业良好氛围，减少内耗。

部门主管对员工的考核等级进行审核、调整后，将资料上交人力资源部，由人力资源部对数据进行处理、分析，随后告诉员工考核结果并拟订培训计划、人员发展计划、提出改进意见等。

3. 审核

企业的财务、审计部门每年都要对各个部门的营运业绩进行核实，检查效果、发现问题并及时纠正偏差。检查不仅是对目标管理的支持，同时也是绩效考核公正、客观的保证。

4. 考核结果的分析与反馈

这一环节是本考核期内工作的完结，又是下一考核期工作的开始。在这一环节里，可以了解企业现状、员工与部门的差距、部门与行业核心竞争力模型的差距等。可通过围绕利润实现情况、业务目标完成情况、资本消耗情况来发现问题和解决问题从而改进企业当前的工作。

第 3 节　绩效管理设计方案

一、建设高效的绩效管理体系的基本原则

创业企业发展迅速，也面临很多的挑战，这些挑战包括扩展业务、研发新的技术、成本控制、产品控制、完善售后服务、提高顾客满意度等。要应对这些挑战，必须提高员工的工作绩效与工作满意度。创业企业不仅要平衡自身发展的长期与短期目标，也需要关注员工自身的利益需求，这就需要在企业内部建立一套优秀的绩效管理体系。设计高效的绩效管理体系的基本原则有如下 4 点：

1. 创造平等但不是平均主义

每位员工由于自身的天赋、学历、能力、工作状态都不一样，并且这种差异性较难消除，管理者与普通员工之间也存在着一定的鸿沟，平等的工作环境能够部分消除员工之间能力地位的不平等，能够促进团队的合作与沟通。管理者通常可以采取经常性的员工满意度调查、员工建议系统、扩大员工参与等手段主动赋予员工决策的主动权。但平等的工作状态绝不等于平均主义，平均主义抹杀了员工的个性与能力区别，同时会降低员工的积极性与主动性，对整个公司的发展起到消极作用。

2. 薪酬与绩效挂钩的原则

优秀的绩效管理体系能够发现并创造企业与员工之间的共同利益。从人性的角度来说，员工总是追求对自己最有利，而不是对企业最有利的结果。薪酬与绩效的挂钩，能够体现员工工作能力的价值，同时也确保了公平的原则。从企业实际的运作情况来考察，只要员工提高了自己的工作绩效，马上就能从薪酬上获得自己努力的成果，这能极大激发员工的积极性。

3. 沟通流畅信息共享

新的通信与信息技术的发展与应用，让每一位员工能快速而全面了解企业的发展程度、业务流程、伙伴的工作进度等。企业也依赖每一位员工发挥主动性，利用专业技术去解决问题、把握机会。现代企业都从原来的官僚体制迅速向扁平化发展，从组织结构上为沟通流畅信息共享创造了条件。

4. 自身知识的开发与应用

一个高效的绩效管理体系需要开发、培养每一位员工的技能、创造力和人际沟通技巧，这样才能应对市场的快速变化。因此，也需要对员工进行不断地培训，并使用改进的方法来解决新出现的问题。

二、优秀绩效管理体系的特点

有效的绩效管理能激发员工的工作潜能，使企业运转通畅，促进企业长短期目标的达成。目前我国企业都进入了普遍重视以绩效管理为核心的人力资源管理阶段，一些先进的管理思想和方法不断融合到企业的管理实践中，很多优秀企业不断对绩效管理进行探索和实践，积累了适合企业发展要求的绩效管理工具和方法，绩效管理对企业和员工绩效的提升起到了重要作用。这些优秀的绩效管理系统具备以下基本特征：

1. 绩效管理发生作用的机制是通过恰当的激励机制，激发员工的主动性和积极性，以充分利用企业的内部资源和提高员工素质，最大限度地提高个人绩效，从而促进企业和部门绩效提升。

2. 建立激励机制要考虑企业员工成熟度，要平衡使用正激励和负激励。只有负激励没有正激励是不能调动员工积极性的，只有正激励缺乏负激励的制度安排也要慎重使用。激励内容要符合员工的真正需求。对大多数创业企业而言，物质需求对员工来说还是非常重要的，在满足员工物质需求的同时不能轻视高层次需求对某些员工的作用。因此在设计激励内容时要充分考虑社会发展现状以及员工个体实际需求的特征。

3. 绩效管理体系是站在企业战略发展的角度来设计的。绩效管理不仅促进了企业和员工绩效的提升，同时能实现企业发展的战略导向，能使员工目标、部门目标和企业目标保持高度一致。绩效管理体系也是站在提高企业和员工绩效的角度来设计的，绩效考核工作仅仅是绩效管理工作中的一个环节，绩效计划制订、绩效辅导沟通、绩效结果应用等都是绩效管理工作的重要环节。

4. 系统的绩效管理需要具备一定的前提条件，如企业的基础管理水平相对较高、拥有健康的企业文化、企业发展战略比较清晰、组织结构适应企业发展战略、岗位责权明晰、薪酬体系能实现公平目标和激励作用、企业预算核算体系完备。系统的绩效管理也需要企业具备较强的执行力，企业决策领导应对绩效管理有一定的认识，注重绩效辅导和沟通环节，注重结果考核和过程控制的平衡、对过程控制有实质有效的办法、有相对科学的方法来设定组织的绩效目标并能得到员工的理解和接受。

5. 绩效管理注重管理者和员工的互动和责任共担，建立有效的激励机制激发员工提高工作的积极主动性，鼓励员工自我培养进而提升个人和企业绩效。绩效管理体现以人为本的思想，体现对人的尊重，鼓励创新保持企业活力，使员工和企业得到同步成长。

三、绩效管理体系的设计

任何一个创业企业的成功都必须具有以业绩为导向的企业文化和有效的考核、奖励优良业绩的管理体系。因此如何建立积极向上的业绩文化和公正、有效的绩效管理体系是创业企业向更高的管理水平迈进的重要一步。绩效管理体系是各级管理者和员工共同参与的绩效计划制定、绩效辅导实施、绩效考核评价、绩效考核结果应用等环节管理活动的总和。在绩效管理体系中，绩效辅导实施环节是不可忽视的，绩效考核评价是核心环节，而绩效计划制定和绩效考核结果应用对绩效管理能否取得成效具有重大影响。设计绩效管理体系，核心要解决两个方面问题：

第一，绩效考核要公平公正，绩效管理能体现企业战略发展导向。

第二，绩效管理能得到切实推进，绩效管理能真正提高员工和企业的绩效。

企业进行绩效管理变革，构建系统的绩效管理体系，一般要经过如下程序（见图 7—1）：

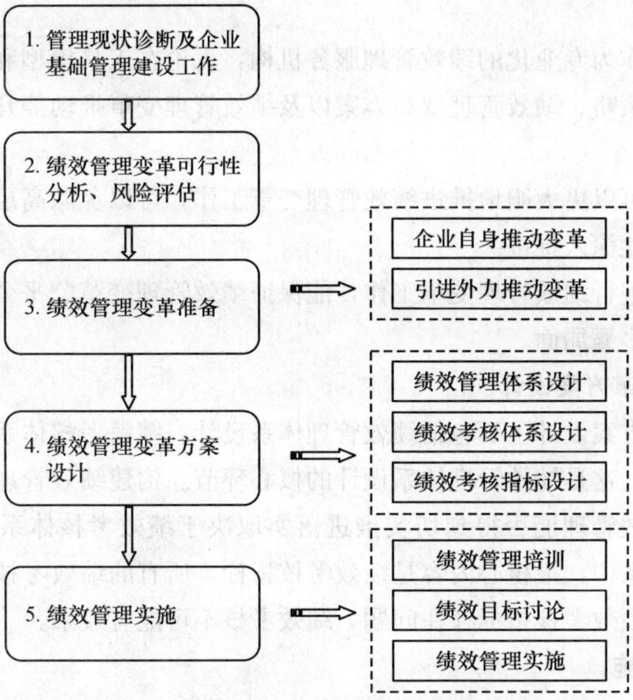

图 7—1　绩效管理体系设计流程图

1. 管理现状诊断及企业基础管理建设工作

构建绩效管理系统，首先要清楚认识企业目前的基础管理现状，对企业管理现状做系统诊断。企业文化发展战略、组织结构与管理控制、预算核算体系、岗位管理体系、薪酬管理体系等方面的基础管理水平都会对绩效管理的实施产生影响，要根据企业实际管理现状提出系统的解决方案。

2. 绩效管理变革可行性分析、风险评估

如果认为企业目前进行绩效管理变革风险较大，则应积极创造条件或暂缓变革。如果企业的执行力足够则应及早进行绩效管理变革的尝试。通过对各级领导和员工的思想灌输，通过多层次的培训使管理者和员工掌握绩效管理的有关工具、方法和技巧，通过激励机制充分调动员工积极性。实际上，绩效管理变革的风险并没有想象得那么大，只要坚持就会取得成效。

3. 绩效管理变革准备

绩效管理变革首先遇到的问题是决定由企业自己推动绩效管理变革还是借助外力来推动。而借助外部智力机构的模型、工具和方法，借鉴标杆企业的成功经验同时结合企业的实际情况，有助于绩效管理变革取得成功。借助外部智力机构来进行绩效管理变革的优点

如下：

（1）专业性。作为专业化的绩效管理服务机构，无论在工具模型和经验积累方面，还是在绩效管理变革策略、绩效管理变革方案以及绩效管理变革推动等几个方面都有非常大的优势。

（2）借助外力可以更大胆地推进绩效管理变革工作，可以免除高层领导的顾虑，往往使绩效管理变革更能深入推进。

（3）借助外力进行绩效管理变革工作，能保证绩效管理变革公平公正，能给股东、高管层以及员工带来多赢局面。

4. 绩效管理变革方案设计

绩效管理变革方案设计主要包括绩效管理体系设计、绩效考核体系设计、绩效考核指标设计等几个环节，这是绩效管理体系设计的核心环节。构建绩效管理体系的核心是建立绩效考核体系，绩效管理能否得到切实推进落实取决于绩效考核体系的系统性和可操作性。在绩效考核体系中，最核心内容是绩效考核指标，所有的绩效考核都是通过一定的指标来进行的，如果绩效考核指标存在问题，绩效考核不可能有效果。

5. 绩效管理实施

绩效管理实施环节主要包括绩效管理培训、绩效目标讨论、绩效管理实施等几个环节。

四、绩效考核体系的设计

绩效考核是绩效管理的核心环节，很多企业投入大量的人力、物力推行绩效管理工作却收效甚微，很重要的原因就是绩效考核体系存在问题。

1. 绩效考核体系的构成

绩效考核体系是对企业内部团队及员工有关考核事项的说明。绩效考核体系的建立，有利于评价员工工作状况，是进行绩效管理的基础，也是绩效考核得以推进的保证。绩效考核体系由以下几方面组成：

（1）绩效被考核者。绩效被考核者是绩效考核的主体，明确划分绩效被考核者是建立绩效管理体系的第一步。一般将绩效被考核者分为团队考核和个人考核两大类。团队考核可以是对企业整体、分子公司、事业部、职能部门、业务部门、项目部、生产部门等的考核，如果企业实行矩阵式管理，则项目团队一般作为整体来考核。个人考核可以是对总经理、副总经理、部门经理、部门主管、部门员工等的考核。

（2）绩效考核内容。绩效考核内容是绩效考核体系的核心，也是构建绩效管理体系最重要的环节。绩效考核内容包括目标责任、关键业绩、能力素质、满意度、综合测评等内容，不同的内容适用不同的考核主体。目标责任指标其实质也是关键业绩，综合测评是反映关键业绩、能力素质、满意度等方面的综合指标。事实上，任何绩效考核指标体系都是关键业绩、能力素质、满意度等某一方面或几个方面的综合。

1）团队绩效考核内容。签订目标责任的团队的年度绩效考核一般以目标责任为主，没有签订目标责任的团队的年度绩效考核一般以阶段考核结果计算或将末期阶段考核与年度考核合并进行。对团队的阶段绩效考核一般以关键业绩考核为主，同时加入满意度考核的内容，其中，满意度所占权重一般比较小，为10%～20%。

2）个人绩效考核内容。签订目标责任的团队负责人的年度绩效考核一般以目标责任为主，同时考虑满意度、综合测评等因素。没有签订目标责任的团队负责人的年度绩效考核一般以阶段考核结果计算，同时考虑满意度、综合测评等因素。对于普通员工的阶段绩效考核一般以关键业绩为主，可以同时考虑能力素质因素。普通员工年度绩效考核可以根据阶段绩效考核结果确定。

（3）绩效考核周期。绩效考核周期指的是多长时间进行一次绩效考核。考核周期有固定时间间隔和非固定时间间隔之分。固定时间间隔考核一般有月度考核、季度考核、年度考核，也有周考核或日考核；非固定时间间隔考核一般是指一个任务或项目完成后进行的考核，如果这个任务或项目的时间跨度比较大，可以把这个任务或项目分为几个阶段，中间进行阶段考核。

（4）绩效考核者。绩效考核者是指由谁负责进行绩效考核。关键业绩考核一般采用自上而下考核法，而满意度测评、能力素质考核一般采用360度考核法。

2. 目标责任考核

目标责任考核是对独立业务单元进行的约定期限内完成预定任务和目标的考核，主要用于对团队的考核。考核周期可分为年度考核或项目考核，由发约人和受约人正式签订目标责任书，明确目标责任及奖惩事项。目标责任书一般包括以下内容：责任人、责任期限、工作目标及重点、考核指标及奖惩条款等。责任人一般是班子成员或负责人，可以将责任人的部分工资作为年度绩效工资（或称为风险工资）在责任期限结束后根据目标责任完成情况考核发放；责任期限一般分为年度或项目周期；工作目标及重点部分应详细说明被分解到被考核团队的企业发展目标。

（1）考核指标及奖惩条款。考核指标及奖惩条款是目标责任书的核心部分。一般情况下，目标责任考核指标都是结果指标，包括财务指标和非财务指标两大类，非财务指标部分还包括否决指标。需要说明的是，在企业实际操作中，下面所述的财务指标和非财务指标并不一定全部涉及，一般情况下可根据企业发展战略选择核心方面进行考核。

1）财务指标。财务指标中最重要的是收入指标和利润指标，通常情况下分别由基本目标和争取目标构成。基本目标是在正常经营管理条件下可以达到的目标；争取目标是在经过加强管理、挖掘潜能基础上才能达到的目标，具有一定的挑战性，同时又有实现的可能。如果完成了基本目标，有关责任人将得到风险工资，如果未完成则得不到风险工资。如果完成了争取目标，有关责任人还将获得额外奖励。除了收入指标和利润指标外，根据企业发展战略及发展目标导向，也会经常采用其他财务指标，包括效益状况指标、运营指标、偿债能力指标、发展能力指标等。

2）非财务指标。除了收入、利润等财务指标外，目标责任考核还应有非财务指标，这些指标的达成对企业长远发展具有重要意义。非财务指标包括反映顾客满意情况的满意度指标、反映市场发展程度的市场占有率指标、反映企业运作效率的运营指标、反映企业发展能力的学习成长指标等。

3）否决指标。否决指标是作为对重大前提事项的考核。假如这些事项出现问题，可能给企业带来严重损害，这时，财务指标的完成已经失去意义，因为损害的是企业的长远竞争力。否决指标可以用在有关质量、安全、合法经营等方面。比如，某设计院对业务部门年度目标责任考核有“无质量事故发生”的考核指标，奖惩条款为“发生质量事故，根据事故性质以及对公司带来的影响，有关责任人风险工资扣减10%～20%；若质量事故导致对公司品牌、声誉以及资质带来严重负面影响或给公司造成严重经济损失的，则有关责任人风险工资为零”。

（2）目标责任签订及考核兑现。对于子公司的目标责任考核一般由公司董事长或控股股东、总经理代表股东利益与子公司总经理签订。目标责任核心指标由董事会或总经理办公会确定，目标责任的年终考核由董事会或公司总经理办公会讨论确定。目标责任的完成情况一般要经过审计确认，对子公司一般没有过程控制考核，对公司的管理控制主要由董事会或控股公司有关部门来负责。对于分公司、业务部门、项目团队的目标责任考核由公司总经理与分公司经理、业务部门经理、项目经理签订，目标责任核心指标由公司目标分解而来。不过，公司总经理应与分公司经理、业务部门经理充分沟通，以保证分公司、业务部门、项目团队充分理解目标责任以及奖惩事项，并承诺责任目标的完成。

3. 关键业绩指标考核

关键业绩指标一般用来进行阶段考核，广泛地用于对团队和个人的考核中。一般而言，可以将团队关键业绩考核等同于对团队负责人的关键业绩考核。

（1）对团队的考核。对于签订目标责任的团队，关键业绩考核往往与目标责任考核配合使用。目标责任注重结果考核，考核周期为年度或项目周期；关键业绩考核坚持过程控制与结果相结合原则，考核周期可以采取季度、月度，也可以根据项目周期选择几个关键控制时点来进行考核。要将目标责任考核进行分解反映在阶段过程考核中。

1）根据业务性质特点可以进行阶段关键业绩考核，但周期不宜过短，半年度或季度考核比较合适。对于业务部门，一般都应有阶段关键业绩考核，根据企业业务特点及组织结构形式，考核周期为月度或季度；对于项目，要根据项目特点及项目周期在关键时点进行阶段关键业绩考核。

2）绩效考核者对分企业、部门、项目的关键业绩指标考核，一般由企业职能部门或分管领导提出相应的考核指标及绩效目标，经总经理审定后执行；对分公司的绩效考核由各有关部门负责对相关指标提出考核评价意见，由分管领导进行评价，最终评价结果一般由总经理进行最后确定。对部门、项目的关键业绩指标考核评价主要有三种模式：

①由总经理、分管领导以及其他领导各自打分评价，最终加权确定。

②由分管领导提出评价意见，最终由总经理评定。

③由企业主要领导组成的绩效考核委员会评定。

三种模式各有优缺点，各有适用的条件，一般根据公司企业文化特征及领导风格来选择。

3）绩效考核流程。无论采用哪种模式，一般首先需要被考核部门做自我陈述，根据考核指标对阶段工作成果逐项进行说明，同时提供必要的绩效考核数据。其他有关部门应提供相关考核数据并对有关考核指标进行评价说明。企业分管领导要对分管部门工作进行评价说明，总经理应对绩效考核结果做最终说明，肯定取得的成绩，提出改进意见。

（2）对个人的考核

1）考核周期。对个人考核一般情况下都是采取年度考核与阶段考核相结合。年度考核侧重结果考核，阶段考核侧重过程控制，坚持结果导向和过程控制的平衡。选择阶段绩效考核周期一般应根据绩效评估对象工作的性质。如果工作成果在短期内就能得到体现或为了加强过程控制，可以采用月度考核，例如对工厂工人以及销售人员进行月度考核；如果工作绩效不能在短期内得到体现，则可以采用季度考核，例如对于研发人员以及中高层管理人员的考核。

2）绩效考核者。对个人的关键业绩指标考核一般由部门经理提出考核指标及绩效目标，经分管领导审定后传达给有关人员。绩效考核根据企业管理控制特点以及分管领导的管理幅度有以下两种模式：

第一种由部门经理评定，分管领导审核批准。

第二种由部门经理和分管领导分别评定，各自占有一定的权重。

这两种模式也各有优缺点，应根据企业实际情况选用。

3）绩效考核流程。个人关键业绩考核一般由被考核者做自我评价，针对工作目标以及考核指标，分项说明工作成绩、指出不足。部门经理和分管领导应该对个人岗位工作情况做评价说明，肯定成绩，同时提出改进意见。

五、关键绩效考核指标设计

绩效考核指标是实施绩效考核的基础，是绩效考核能够推进的载体。有效的绩效考核指标是绩效考核取得成功的保证，因此绩效考核指标设计是绩效考核体系设计的中心环节。一般情况下，企业应建立各部门关键业绩考核指标库，各部门应建立岗位关键业绩考核指标库等基础文件。企业应定期对绩效考核指标库进行更新以反映企业最新的工作目标及工作重点，使绩效考核更有针对性。

关键业绩考核指标体系包括结果指标和过程指标两大类，结果指标用于评估被考核者的工作结果，过程指标用于评估被考核者的过程行为。结果指标分为定量指标、定性指标和非权重指标三类。

1. 结果指标

（1）定量指标。定量指标是可以准确数量定义、精确衡量并能设定绩效目标的考核指标。定量指标分为绝对量指标和相对量指标两种，绝对量指标如销售收入，相对量指标如销售收入增长率。定量指标有五个要素：指标定义、评价标准、信息来源、绩效考核者和绩效目标。指标定义就是对指标的详细解释以及如何计算的说明；评价标准是如何计算绩效考核指标的详细条款；信息来源指绩效考核信息的出处；绩效考核者指由谁负责制定绩效目标并实施考核；绩效目标是在考核期间应该达到的指标数值。定量指标是比较客观、有效的考核指标，它有两种制定评价标准的方法，一是加减分法，二是规定范围法。

1）加减分法。采用加减分法确定评价标准，一般适用于目标任务比较明确，任务完成比较稳定，是鼓励员工在一定范围外做出更多贡献的情况。使用加减分法计算得分的时候，最大值一情况下不能超过权重规定的数值，最小值不应出现负数。加减分法要根据指标是相对量还是绝对量以及其他因素灵活设计评价标准。

2）规定范围法。规定范围法是经过数据分析和测算后，评估双方就标准达成的范围来进行评估得分。规定范围法是比较科学合理的，因为用加减分法设计的评价标准一般都是线性函数，而在某些情况下需要不同的激励效应函数，因此评价标准设计为指标在不同区间对应不同分数具有合理性。

（2）定性指标。有些指标不能精确衡量也无法设定数量化的绩效目标，比如工作疏忽错误、工作完成及时性等。定性指标的五个要素同样是指标定义、评价标准、信息来源、绩效考核者和绩效目标，它和定量指标的差别在于绩效目标是定性的描述而不是定量的数字。定性指标评价标准有加减分法和综合评分法。加减分法适用于对工作可能出现的差错、疏忽以及工作的及时性等方面的考核，通过这样的考核监督，可以使被考核者更加积极努力地工作。加减分定性指标广泛应用于财务、行政、后勤等职能管理以及业务管理等方面。综合评分法是通过设计一定的规则来进行评分而不是简单的加减分数。

（3）非权重指标。非权重指标所考核的是重要事项，但一般不是常规工作，如果作为权重指标则会对绩效考核战略导向产生影响，但事项的发生又会对企业和部门战略目标的实现产生重大影响，因此这类指标的考核采取不占有权重的形式。非权重指标包括否决指标、奖励指标、奖惩指标。否决指标用在对于一些重要前提事项（必须完成的事项或不能发生的事项）的考核，这些事项完不成或发生了，则其他所有的工作都没有意义，如质量事故、安全生产等。评价标准根据发生事项的性质及严重程度，分别给予扣分、当期考核不合格、当期和余下期间以及年度考核都不合格等处理。扣分是直接在关键业绩指标考核总得分的基础上进行扣除。奖励指标是用于对某些需要奖励事项的考核，这个事项不在被考核者的岗位职责范围，但这个事项对企业和部门目标的达成有重大贡献，因此要对这个事项进行奖励。奖励分数是直接在关键业绩指标考核总得分的基础上进行加分。奖惩指标用于对某些需要奖励同时需要惩罚的事项的考核，做得好的加分奖励，做得不好的减分惩罚，奖励或惩罚是直接在关键业绩指标考核总得分的基础上进行加分或减分。

2. 过程指标

绩效考核的重要意义在于过程控制。过程考核指标四要素分别是：指标说明、评价标准、信息来源、绩效考核者。过程指标是根据主要工作流程控制点的行为特征来进行描述，以评估表的形式得出评价标准。被考核者通过评价标准可以清楚地知道目前工作中的差距，有针对性地采取措施以便达成绩效目标。

3. 关键业绩考核指标设计过程

部门和个人的关键业绩考核指标设计需经过如下几个步骤：

（1）通过管理流程及业务流程分析确定工作结果和核心行为。

（2）确定部门关键业绩指标，将部门关键业绩指标进行分解得到岗位关键业绩指标。

（3）确定各个指标形式。

（4）确定各个指标的评价标准。

（5）判断指标的可操作性。

（6）确定绩效考核者和信息提供者。

4. 关键业绩考核指标的选择和权重的确定

选择关键业绩考核指标并确定不同指标的权重是绩效计划制定环节的重要工作，不同指标的选择及权重配置体现不同的战略导向。一般情况下，根据阶段工作目标及重点，采用战略驱动绩效的指标分析方法，从部门指标库中选择对部门的考核指标、从岗位考核指标库中选择对岗位的考核指标，并分配不同的权重。关键业绩指标的选择和权重确定是考核者与被考核者双向沟通的过程，双方应从项目的选择、权重的确定、考核指标说明等方面充分沟通，被考核者应全面参与指标的设计过程，从而加深对指标的理解并承诺绩效目标的完成。

（1）选择关键业绩指标的原则

1）关键业绩指标要少而精。

2）结果指标和过程指标相结合。

3）灵活运用否决指标、奖励指标、奖惩指标。

（2）确定绩效考核指标权重的原则。确定绩效考核指标的权重同样是绩效考核指标设计过程中非常重要的环节，应该坚持以下原则：

1）以战略目标和经营重点为导向的原则。既然绩效考核要突出战略导向，当然应该给予战略目标和经营重点相关的考核指标赋予更多的权重，而不应该过分注重日常工作。

2）应该尽量增加不占权重的否决指标、奖励指标、奖惩指标。因为这些指标一方面有助于激励和约束员工工作；另一方面，这些指标不占有权重，不会冲淡绩效管理的战略导向作用。

绩效管理是企业日常管理中必不可缺的一部分，绩效管理通过设定科学合理的企业目标、部门目标和个人目标，为企业员工指明了努力方向。管理者通过绩效辅导沟通及时发现下属工作中存在的问题，给下属提供必要的工作指导和资源支持，下属通过工作态度以及工作方法的改进，保证绩效目标的实现。在绩效考核评价环节，对个人和部门的阶段工作进行客观公正的评价，明确个人和部门对企业的贡献，通过多种方式激励高绩效部门和员工继续努力提升绩效，督促低绩效的部门和员工找出差距改善绩效。总之，绩效管理的目的就是为了企业总目标的实现，作用就是提高员工个人的绩效，让企业所有员工的工作目标都朝着实现企业的目标努力。

【本章知识点小结】

绩效管理方法	图尺度考核法	直接排序法
	对偶比较法	强制分配法
	关键事件法	行为锚定等级考核法
	目标管理法	书面叙述法
	360度考核法	负绩效考核法

续表

绩效管理体系与管理制度	构建高效绩效管理体系	绩效管理体系的基本目标
		绩效管理体系的基本原则
	建立有效绩效管理制度	目标管理
		职能管理
	制定有效的绩效考核制度	
绩效管理设计方案	建设高效的绩效管理体系的基本原则	创造平等但不是平均主义
		薪酬与绩效挂钩的原则
		沟通流畅信息共享
		自身知识的开发与应用
	优秀绩效管理体系的特点	发生作用的机制
		激励机制要考虑员工成熟度
		系统的绩效管理需具备的前提条件
		互动和责任共担
	绩效管理体系的设计	现状诊断及基础建设工作
		可行性分析、风险评估
		绩效管理变革准备
		变革方案设计
		绩效管理实施
	绩效考核体系的设计	绩效考核体系的构成
		目标责任考核
		关键业绩指标考核
	关键绩效考核指标设计	关键业绩考核指标分类
		考核指标设计过程
		考核指标的选择和权重确定

【绩效管理—案例分析】

改革绩效管理　促进企业发展

企业要开展绩效考核工作，核心目的是使企业的战略目标得以顺利实现。要实现战略目标，人是其中最关键的因素。如何使人力资源发挥最大效能，调动人的积极性，使企业各级管理人员都有使命感，进而发挥创造力；使企业具有运行活力，进而对人力资源进行整合，使优者得其位，劣者有压力并形成向上动力；使企业目标在优化的人力资源作用下得以顺利实现等，正是绩效考核所要解决的最本质的问题。

一、背景

某汽车股份有限公司成立于1999年，公司主营业务是汽车底盘、齿轮箱、汽车零部件开发、制造、销售；汽车（包含小轿车）开发、制造、销售；汽车修理；新技术开发、新产品研制；本企业自产产品和技术进出口及生产所需的原辅材料、仪器仪表、机械设备、零配件及技术的进出口业务等。

近年来，该企业在立足本土市场的情况下，积极开拓海外市场，积极参与并融入到国际经济、技术交流合作中。此外，在公司董事长的带领下，企业通过多方合作，实现了“区域突破，全面开花”的海外战略构想，标志着该企业汽车国际化战略的进一步成熟。为了更好地实现企业的战略发展目标，提升企业内部的人力资源管理水平，公司特聘请某知名管理咨询公司为其进行人力资源管理改革。

二、现状分析

通过深入调查，管理咨询公司发现该企业在人力资源管理方面主要存在如下问题：

（1）现有的绩效考核体系不健全，考核后只是进行简单的评估，没有进行绩效反馈面谈，被考核者并不十分清楚自己需要改善的地方。因此，企业的绩效考核体系并没有真正做到改善员工绩效，实现员工与企业共同发展的目的。

（2）考核指标不够量化，上级主管经常凭个人主观印象打分，很多时候考核结果并不能反映被考核者的真实水平。

（3）考核指标的设计主要从本部门角度出发，没有全局观念，导致部门之间横向沟通经常不畅，各部门都不愿意承担责任。

（4）绩效考核没有与薪酬挂钩，员工对考核的意义认识不足，考核没有发挥激励员工的作用。

三、解决方案

通过组织跨部门的讨论，在认真调研、分析的基础上，顾问团队为该企业制定了如下绩效管理方案：

(1) 重新构建量化的绩效考核体系，完善绩效管理制度，建立科学的绩效评估和反馈面谈机制，使绩效考核真正发挥改善员工绩效的作用。

(2) 基于企业的发展战略，完善各部门的绩效考核指标，使各部门的考核既能促进员工本人和部门内部的发展，又能兼顾全局。

(3) 把绩效考核与薪酬管理联系起来，奖优罚劣，使考核真正发挥激励员工的作用。

四、实施效果

新的绩效管理方案实施后，企业领导和各级员工都表示满意，员工工作积极性明显提高，企业销售收入不断增加。一年后，该企业汽车出口超过 10 000 辆，比上一年同期增长 149%，销售收入同比上升 201%，在国际市场上取得了重大突破，顺利进军南美和东欧市场。

思考题

1. 绩效考核方法共有几种？在这些绩效考核方法中有哪些适合大型企业？又有哪些适合中、小型企业？

2. 优秀的绩效管理系统的特点是什么？

3. 企业如何建立有效的绩效管理制度？

第8章

生产管理

【本章导读】

生产是企业最基本的活动形式，生产管理是企业最基本也是最重要的管理工作，主要包括物料管理、生产组织和生产运作管理、生产支持过程管理和产品的售后服务。为了以最少的资源消耗，获得最大的生产成果，实现预期的增值目标，企业应对生产系统设置和运行的各项工作进行管理，提高生产活动的效率和效益。

第1节　物料管理

一、物料采购

1. 供方选择与管理

供方是指向客户提供产品的组织和个人。供方提供的用于生产的物料质量会直接影响到企业的产品质量，因此对供方的选择和管理是企业质量管理工作的源头。现代的供应链理论认为，企业与供方已不是简单的“买卖关系”，而是一种“战略伙伴关系”，对供方的管理是企业急需挖掘的利润增长点。

（1）潜在供方的开发。企业应对潜在供方进行调查，了解其基础信息、生产设备与检测设备、过程能力与供货能力、主要原材料来源、主要客户及其反馈信息、遵纪守法情况以及信息化水平等。

（2）供方的选择评价和再评价。由相关人员负责将调查结果报主管领导，必要时到供方现场对该单位质量保证能力进行现场审核，经初审后报主管领导审核，确定最终的供方名单。根据供方供货的情况对其供货质量、数量、价格、交货期、服务等方面定期进行评价，对于表现良好的供方继续保持合作关系，对于优秀的供方可加大采购力度，对于表现较差的供方则应减少采购量或者淘汰。

2. 采购物资分类

根据技术、经济方面的特征，采购物资主要分为两类：

（1）重要物资。重要物资即采购价值大或直接影响最终产品质量的物资。

（2）一般物资。一般物资即本身价值不大或对最终产品质量影响较少，在供应市场上也容易获得的物资。

3. 采购标准

原料采购标准包括如下内容：重要度、品名、型号规格、基本要求、技术要求、质量要求、验收规则（规定进货检验的项目、检验的数量、时间间隔或次数、抽样方案）、检验或试验方法。

4. 采购物料验收

为了防止采购到不合格的物料，企业应对采购的物料进行验收。验收人员应熟悉物料知识，掌握各项验收标准，认真负责地开展物料验收工作。验收标准可以是国家标准、行业标准或企业标准，也可以是合同规定的技术质量要求。物料经过验收合格后方可入库。

二、库存管理

库存是指以支持生产、维护、操作和客户服务为目的而储存的各种物料，包括原材料、在产品、维修件、生产消耗品、成品、备件等。库存管理就是对生产、服务全过程所需的各种物料以及其他资源进行管理和控制，使其储备保持在经济合理的水平上。

1. 基本功能

库存管理是指在物流过程中产品的管理，是与库存物料的计划与控制有关的业务，以高效率、低成本为原则，通过制度化、科学化的手段不断提高仓库管理水平，防止超储和缺货，目的是支持生产运作，尽量将库存成本减少到可以接受的水平。

2. 库存控制与成本

库存成本的构成一般可分为库存持有成本、库存获得成本和库存缺货成本。对应库存成本的构成，库存成本控制策略可分为以下 3 个层次：

（1）库存决策。库存决策控制库存持有成本。管理者通过对物料的定量分析来决定哪些产品需要库存，哪些产品不需要库存，以及各种产品库存的规模、周转率和分布情况，从而最终控制库存持有成本。

（2）确定库存的订货方法。管理者通过确定再订货点、订货周期和每次的订货量来控制库存持有成本。

（3）需求预测。需求预测控制库存缺货成本。库存管理的一个重要内容就是获得相对准确的需求预测，包括生产计划、销售计划等。

三、仓库管理

1. 仓库分类

仓库按库存物资的属性一般可分为：原辅材料仓库、成品仓库、半成品仓库、危险品仓库、工具仓库等。

2. 基本原则

仓库管理应遵循质量、效率、经济效益和服务的原则。

3. 入库与出库

（1）入库物资应做到数量、规格、品种准确无误，质量完好，并做好入库台账登记。应按照不同的材质、规格、功能要求进行分类储存，做到账、卡、物一致。

（2）出库物资实行“先进先出”的原则。物资领用应遵守相关的管理制度，保管员要做好出库登记，并定期向主管部门进行出库情况报告。

4. 堆放

不同的物料应依其本身的形状、性质和价值等采用不同的堆放方式，使存储数量读取方便、容易识别与检查且最大化利用存储空间。成品库在条件允许的情况下可采取立体堆放方式，提高空间的使用率。

5. 防护

仓库管理要注意“十二防”：防盗、防火、防锈、防潮、防冻、防水、防腐、防变、防坏、防漏、防霉、防爆。应严格遵守相关的法律法规，对易燃、易爆等物资要隔离或单独存放并定期检查，精密、易碎及贵重物资要轻拿轻放，严禁挤压、碰撞或倒置，做到妥善保存。

6. 盘点

应根据企业的相关要求定期对库存物料进行盘点，初盘、复盘责任人均应对盘点结果的准确性负责。

四、生产现场物料管理

物料是生产加工的对象，为了配合生产的需要，物料经常会堆放在生产现场或仓库内，而物料管理是否科学直接影响着生产的效率。

1. 使用

（1）各部门要严格按照企业计划进行领料，对无计划的领用，物料员、仓库保管员有权不予发放，同时不允许维护材料多领多占，影响材料的正常使用。

（2）未用完的生产物料应及时退回仓库，仓库保管员应按物料入库要求重新入库。

2. 标志

企业应根据各类物料的属性和状态规定生产现场物料的标志要求，各种标志要清楚明了，严禁物料混放、器具混用。

3. 防护

（1）在工序间运送或搬运物料时应采用适当的运输工具和工位器具（如托盘、移动货架、叉车、行吊等），人工搬运时要注意轻拿轻放，严禁野蛮操作。

（2）对精密、易燃、易爆、防振、防压、对环境有污染等特殊要求的物料，应采取相应的防护措施。

4. 保管

物料领用后，应按定置管理的要求进行摆放。

第2节　生产过程与生产运作管理

一、生产过程

生产过程是生产系统的运行过程，是对生产过程中的劳动者、劳动手段、劳动对象以及在这一过程中的各个环节、阶段和工序的合理安排，目的是使这些因素在空间和时间上衔接平衡、紧密配合，形成一个协调的生产系统。

1. 产品的生产过程

生产过程是指从原材料投入到产品出产的全过程。该过程按劳动消耗的不同可进一步分解为劳动过程、自然过程和等候过程。

(1) 劳动过程。即劳动者直接参与的那部分生产过程，包括工艺过程、检验过程和运输过程。

(2) 自然过程。即除了人的劳动力量推进之外，借助自然界力量完成的那部分生产过程。

(3) 等候过程。即在实际生产过程中，由各种原因需要等候生产的过程，如检验、运输等。

2. 企业的生产过程

企业生产过程包括生产准备过程、基本生产过程、辅助生产过程和生产服务过程。

(1) 生产准备过程。就是在产品正式生产之前，需要准备好与生产相关的技术文件、工艺装备、生产计划、工时定额、生产线布局及调整、材料、能源、劳动力组织等。

(2) 基本生产过程。就是直接改变劳动对象的物理和化学性质使之成为产品的过程，如机械加工、热处理、涂装等，即直接制造基本产品的工艺过程。

(3) 辅助生产过程。就是为基本生产过程提供辅助产品与劳务的生产过程，如厂房建造、设备的维护和修理、工具装备的制作和修理等。

(4) 生产服务过程。就是为基本生产和辅助生产提供各种服务的过程，如原材料、半成品、工具、外购件的供应、保管和运输，试验和理化检验，能源输送和维护等过程。

以上四个过程中，除基本生产过程不可缺少外，其余过程不一定全部具备，应视企业生产规模、生产方式以及企业的组织结构而定。

二、生产类型

1. 按生产工艺划分

按生产工艺的基本特点可划分为流程式生产和制造装配式生产。这两种生产类型在结构、设备、生产特点等方面均有较大的差别。

（1）流程式生产。属于流程式生产的产品主要有：塑料、饮料、烟酒、纺织品、纸品、化肥、药品、洗涤剂、汽油、钢材等。这类生产是被加工的材料按工艺顺序，通过固定的几个生产设备，最终形成成品的过程。这些生产设备是按产品的工艺流程顺序排列的，并由管道或其他输送装置联结成一套联动的机器系统。化工、炼油生产等都属于这种生产类型。

流程式生产中的加工对象可能被分解或合成，但在形成成品后就不能拆卸为若干部分，如化肥、汽油等。此外，这类产品不能用“件”或“台”等单位来计算产量，其数量只能用体积、重量、长度单位来计量，由此便产生了这类生产的特点：工序没有间断、工艺过程封闭。

流程式生产的产品，品种数量少，标准化程度较高，市场需求比较稳定，所用生产设备自动化、专用化程度高且价格昂贵。

（2）制造装配式生产。属于制造装配式生产的产品主要有：汽车、工程机械、计算机、家用电器、家具、服装、电子设备、枪支等。这类生产是从零件制造开始，经过部件组装到整台（套）产品总装完成的过程，机电产品的生产过程就是典型代表。由于产品结构和生产技术条件形成了这类生产的特点：工序有间断、零部件的生产可以平行进行。

装配式生产的产品，品种数量繁多，结构复杂，产品可按客户需要定制，产品寿命周期短，更新速度较快。

2. 按生产数量划分

按生产数量划分的生产类型分为：大量生产、单件生产和成批生产。

（1）大量生产。大量生产的特征是生产数量大、品种少，在同一工作地重复生产同种产品的频率很高。大量生产中工序划分细，每个工作地固定完成一道或少数几道工序，生产条件稳定。由于工作地专业化程度高，所以广泛采用专用、自动化生产设备。标准件厂、大型汽车制造厂、冶金、炼油、基础化工等企业的生产过程都属于这一生产类型。

（2）单件生产。单件生产的特征是生产品种繁多，每种产品仅生产一件或少数几件，只生产一次或不定期重复，故生产条件最不稳定。由于每个工作地完成的工作内容不固定，变化很大，其专业化程度最低，所以大多采用通用设备。如造船、商业印刷机、大型电机、电站锅炉、桥梁、大型建筑等就属于这种生产类型。

（3）成批生产。成批生产的特征是在计划期内，有较多品种的产品分成若干批轮流投入生产，其批量不算太大且需重复生产。由于每次更换产品都需调整生产设备，生产条件不太稳定，专业化程度较大量生产低，所以只能部分使用专用、自动化设备，部分使用通用设备。

现在，单纯的大量生产和单纯的单件生产都比较少，一般都是成批生产。成批生产由于应用范围很广，可细分成“大批生产”“中批生产”和“小批生产”三种。

由于大批生产与大量生产的特点相近，所以习惯上合称“大量大批生产”。同样，小批生产的特点与单件生产相近，习惯上合称“单件小批生产”。

三、生产方式

1. 福特生产方式

福特生产方式是基于3S（standardization标准化、simplification简单化、specialitation专业化）指导下建立的大量流水线生产方式。20世纪初，这种方式适应了美国当时的国情，带动并促进了包括钢铁、玻璃、橡胶、机电乃至交通服务业在内的一大批产业的发展，同时推动了世界各国的制造业发展，为世界生产技术和生产管理史添写了光辉的一页。

2. 丰田生产方式

丰田生产方式是基于市场多元化需求，在福特生产方式基础上的突破，是在“多品种小批量生产”的市场制约中诞生的，其目的是通过彻底消除企业中的各种无效劳动和浪费来提高生产效率。

丰田生产方式注重人的作用，按工艺顺序布置流水线，从原来单人单机转向一人多机和多道工序。注重给设备赋予人的智慧，使设备达到能自我控制异常情况、实现快速换模的状态，以适应“多品种小批量”的生产，提升企业对市场变化的快速反应能力。

3. 精益生产

精益生产是消除浪费、实现快速交付的一种生产方式。精益生产是对丰田生产方式的总结，与传统的大生产方式不同，其特色是多品种、小批量。

四、车间布局

1. 车间布局设计内容

车间布局设计就是按一定的原则，正确地确定车间内部各组成单位（工段、班组）、工作地及设备机床之间的相互位置，解决物料搬运的流程及运输方式，从而使它们能组成一个有机的整体，实现车间的具体功能和任务。

2. 车间布局设计原则

（1）整体综合原则。设计时应将对设施布局有影响的所有因素都考虑进去，以达到优化的方案。

（2）移动距离最小原则。

（3）流动性原则。设施布局应使在产品在生产过程中流动顺畅，消除无谓停滞，力求生产流程连续化。

（4）空间利用原则。生产区域或储存区域的安排应力求充分有效地利用空间。

（5）柔性原则。应考虑各种因素变化可能带来的布局变更，以便以后的扩展和调整。

（6）安全原则。

3. 四种基本的布局形式

（1）固定式布局（项目布局）。主要是工程项目和大型产品生产采用的一种布局形式。它的加工对象位置固定，生产工人和设备都随加工产品所在的某一位置而转移，如工程建设、飞机厂、造船厂、重型机器厂等，如图 8—1 所示。

图 8—1　飞机厂的布置图

（2）产品原则布局（流水线布局）（见图 8—2）。当产品品种少、批量大时，应当按照产品的加工工艺过程顺序来配置设备，形成流水生产线或装配线。产品原则布局的基础是标准化及作业分工，整个产品被分解成一系列标准化的作业，由专门的人力及加工设备来完成。产品原则布局（流水线布局）的优缺点见表 8—1。

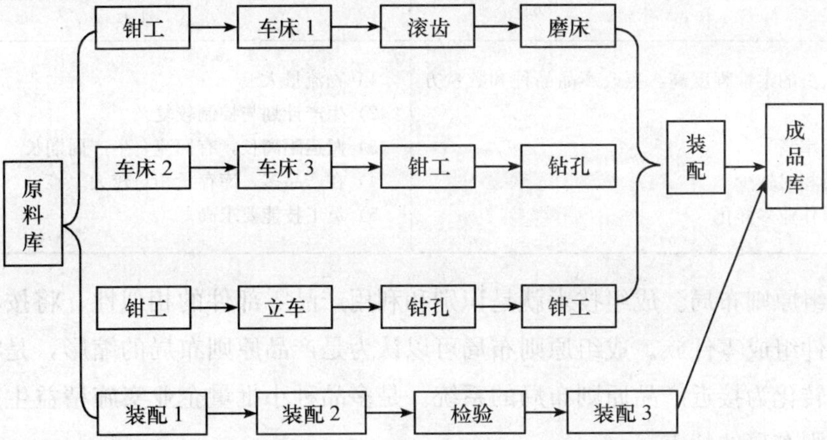

图 8—2　流水线布局示意图

表 8—1　　　产品原则布局（流水线布局）的优点与缺点

优点	缺点
1）产出率高，单位产品成本低 2）加工件经过的路程最直接、最短，无用的停滞时间也最少 3）操作人员效率高且所需培训少 4）生产管理和采购、库存控制等工作相对简单	1）设备较多而设备的利用率相对较低 2）对产品种类及产量变化、设备故障等情况的响应较差 3）线上工作重复，单调乏味 4）为了避免停产，在产品、设备备件的库存可能比较大

（3）工艺原则布局（机群式）（见图 8—3）。即把同类型的设备和人员集中布置在一个地方。工艺原则布置的优缺点见表 8—2。

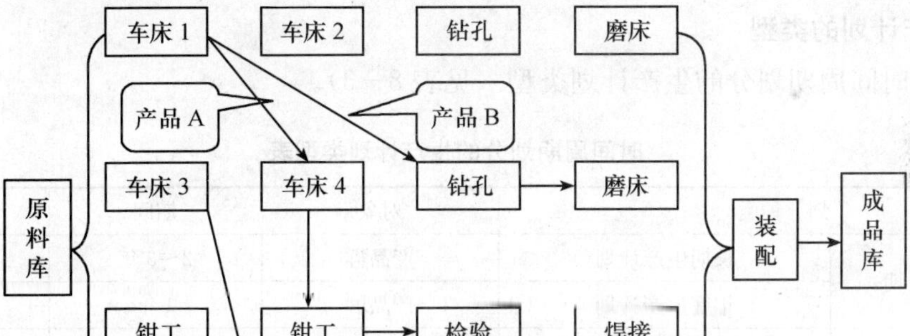

图 8—3　工艺原则布局示意图

表 8—2 工艺原则布局的优点与缺点

优点	缺点
1）设备和人员的柔性程度高，更改产品品种和数量方便 2）机器利用率高 3）设备投资相对较少 4）操作人员作业多样化	1）物流量大 2）生产计划与控制较复杂 3）搬运距离长，有回流，生产周期长 4）在产品多，库存量相对较大 5）员工技能要求高

（4）成组原则布局。成组技术就是识别和利用产品零部件的相似性，将按相似工艺要求生产的零件组成零件族。成组原则布局可以认为是产品原则布局的缩影，是将工艺原则布局的系统转化为接近产品原则布局的系统。是多品种小批量企业实施精益生产的最佳方法。成组原则布局的特点：

1）加工时间较短、物流效率较高。

2）在产品较低、准备时间较短。

3）具有工艺原则布局的柔性。

五、生产计划

生产计划是企业在计划期内需要完成的各项生产指标和产品进度，它是企业年（季）度综合计划的重要组成部分，是企业编制物料需求计划、产能需求计划和其他相关计划的依据。生产计划的主要内容有：产品名称、零件名称、生产数量、生产部门、计划完成时间、交付期等。生产计划指标包括：产品的品种指标、产量指标、质量指标、产值指标等。

1. 生产计划的类型

（1）按时间周期划分的生产计划类型（见表 8—3）。

表 8—3 时间周期划分的生产计划类型表

划分种类		对象	期间	期别
大日程（长期）	长期生产计划	产品群	2～3 年	季
	年度生产计划	产品群	1 年	月
中日程（中期）	季度或半年度生产计划	产品别	季、半年	周、月
	月度生产计划	产品别、零件别	周	日
小日程（短期）	周生产计划	产品别、零件别	周	日
	日生产计划	产品别、零件别	日	小时

（2）按计划层级分为主计划和次计划。主计划是指通过对制造产品的详细规划，决定如何组织生产活动的文件，是一种顶层设计文件；次计划是围绕实现主计划而展开的具体作业性计划。

2. 编制生产计划的步骤

生产计划的编制必须遵循四个步骤：

（1）收集资料，分项研究。即编制生产计划所需的资源信息和生产信息并进行分类研究。

（2）拟定并优化计划方案，统筹安排。初步确定各项生产计划指标，包括产量指标的优选和确定、质量指标的确定、产品品种的合理搭配、产品出产进度的合理安排等。

（3）编制计划草案，做好生产计划的平衡工作。主要包括：生产指标与生产能力的平衡，测算企业主要生产设备和生产面积对生产任务的保证程度，生产任务与劳动力、物资供应、能源、生产技术准备能力之间的平衡，生产指标与资金、成本、利润等指标之间的平衡等。

（4）讨论修正与定稿报批。通过综合平衡对计划做适当调整，确定各项生产指标，报请总经理或上级主管部门批准。同时，生产计划的编制要注意全局性、效益性、平衡性、群众性。为适应市场需求的波动和多品种经营，提高生产计划的应变能力，企业可以采用动态式的计划方法，即滚动计划方法。

六、生产准备

生产准备是指企业为保证日常生产的正常进行和顺利实现生产作业计划所从事的各项准备工作。生产准备工作包括：技术准备、机械设备的准备、物资准备、劳动力的配备和调整、工作地准备等。在完成上述准备工作中的过程中，企业应强化准备工作的计划性，明确规定准备的具体内容、进度要求、具体措施和责任部门及责任者，对准备工作中出现的问题应及时加以纠正。

生产技术准备工作包括：技术文件准备、原材料和外购或外协件的准备、设备准备、工装准备、人员准备、动力和运输的准备。

七、产品质量控制

1. 产品质量和质量特性

产品质量由其所具有的特征和质量特性要素组成，不同的产品具有不同的质量特性要求。质量特性是由设计传递给工艺、制造和检验等的技术要求和信息，是与产品要求有关的固有属性。质量特性可划分为关键质量特性、重要质量特性和次要质量特性。

2. 制造过程质量控制

（1）工序质量控制。工序质量受人、设备、物料、方法和环境等诸多因素的影响，呈波动状态，企业应将工序质量特性值控制在规定范围内。

1）工序质量控制的常用方法见表 8—4。

表 8—4　　工序质量控制的常用方法

方法	控制要求
操作者自我控制	操作者通过将自检数据与产品技术要求相比，判定其符合程度，据此确定是否需要调整
工序质量控制点	通过对确定工序因素的监视，及时调整异常因素，使工序处于持续稳定的状态
工序诊断与调整	按一定的时间间隔对工序产品取样，通过对样本观测值的分析和诊断，发现异常、找出原因、采取措施，使工序质量保持稳定

2）关键过程和特殊过程的管理。关键过程是指对产品质量起决定性作用的工序过程，如形成关键质量特性和重要质量特性的加工过程，加工难度大质量不稳定、易造成重大经济损失的工序过程等。特殊过程是指加工质量不易或不能通过检验或试验而得到充分验证的过程。关键过程和特殊过程的控制要求：按工艺要求确定监测点及实施要求，以适当的频次进行监测；定期进行过程参数验证、确认和再确认；对过程实现相关的人员、机器、物料、方法、环节等因素进行连续监控。

（2）质量检查。质量检查是指通过观察、检验、试验、验证等手段，将产品的质量特性结果与规定的要求进行比较，并判断结果与技术、质量要求是否符合的工作。质量检查具有鉴别作用、把关作用、预防作用、报告作用和改进作用。根据检验对象不同可将质量检查分为进货检验、工序检验、完工检验、型式检验、出厂检验。

（3）质量改进

1）质量改进常用工具

①因果图。可以用于全面系统地观察和分析问题，找出问题的因果关系。运用因果图时应充分集思广益，对已确定的问题都需要绘制因果图进行深层次分析，找出导致问题的相关因素，质量特性和因素尽可能量化。

②排列图。用于寻找需解决的主要问题或导致问题的主要原因。按用途可分为分析现象用排列图和分析原因用排列图两种。运用排列图时应关注关键的少数。

③控制图。对生产过程的关键质量特性值进行测定、评估和监测。按用途可分为分析用控制图和控制用控制图。使用控制图时应注意所控制的过程必须具有重复性，即具有统计规律。

2）质量改进步骤：

①明确问题，并决定优先顺序。

②掌握现状，把握问题的主要影响因素。

③分析问题产生的原因，并用数据来验证。

④拟订对策并实施，防止再次发生。

⑤效果评价与总结。

3. 不合格品控制

不合格品是指没有满足产品技术、质量要求的成品、半成品、原辅材料、外购件或外协件。

（1）按不合格的严重性可分为：A类不合格、B类不合格、C类不合格。

（2）对不合格品的控制应规定：标志和隔离要求、判定和处置的职责和权限、处置方法和程序（如返工、返修、让步接收、报废、拒收等）。采取纠正措施时，应评价改进措施的有效性并提供适宜的资源和环境，同时对有效的纠正措施进行固化。

八、成本控制

成本决定效益，企业应针对运营环境预先建立成本管理目标，并对各种影响成本的因素和条件采取一系列预防和调节措施，以保证成本管理目标的实现。

1. 企业成本管理工作

企业成本管理是指对企业生产经营过程中各项成本控制的一系列科学管理行为的总称。一般应包括成本预测、成本决策、成本计划、成本核算、成本控制、成本分析、成本考核等工作。

2. 产品成本

产品成本是指企业为了生产产品而产生的各种耗费，是企业生产经营管理的一项综合指标。企业应做好产品成本的核算工作，包括加强对生产费用的审核和控制，建立和健全相关管理制度，保存原始记录，正确确定成本核算工作的组织方式，开展产品成本的技术经济分析。

3. 质量成本

质量成本是指将产品质量保持在规定的水平上所需的有关费用，它是企业生产总成本的一个组成部分。质量成本由预防成本、鉴定成本、内部故障成本、外部故障成本等构成。

企业应加强对产品开发过程、生产过程、销售过程、质量成本日常控制等方面的质量成本管理工作。质量成本分析就是指通过对产品质量与成本升降因素的分析判断其对经济效益的影响程度。为谋求最佳质量水平和成本水平，企业应围绕经营目标做好质量成本总额的构成内容分析、质量成本各要素之间的比例关系分析和质量成本占预算成本的比例分析。

九、现场管理

现场管理是指用科学的管理制度、标准和方法对生产现场各生产要素进行合理有效的管控，使其处于良好的结合状态，以实现企业的预期目标的工作。

1. 企业现场管理工作

企业现场管理工作一般应包括：完善管理保障体系、制度建设、健全工作标准、现场定置管理、现场工艺管理、生产劳动组织优化、班组建设等。

2. 现场管理的基础工作和工具

（1）5S 管理。5S 是指整理（SEIRI）、整顿（SEITON）、清扫（SEISO）、清洁（SEIKETSU）、素养（SHITSUKE）五个项目，因日语的拼音均以“S”开头，英语也是以“S”开头，所以简称 5S。5S 是现场管理的基础，企业的 5S 水平决定了现场管理的水平。

（2）标准化。标准化是企业用于固化技术和管理成果并付诸行动的一项系统工作，是维持企业管理水平和持续发展的保障。企业的标准化工作包括企业各项标准的制定、发布和实施。

（3）目视管理。目视管理是利用视觉感知信息来组织现场生产和现场管理的方法，具有公开化和透明化的视觉显示特征，以视觉信号显示为基本手段。

（4）看板管理。看板管理是使管理可视化、透明化的一种现场管理方法，是发现问题、解决问题的非常有效且直观的手段。主要用于对管理项目的数据信息、工作指令、情报等的发布和显示。根据看板的管理功能可分为：传送看板、生产看板和临时看板等。

3. 安全生产

安全生产是个人、家庭、企业的基本需要，企业必须坚持“安全第一、预防为主”的基本方针和“以人为本”的工作原则。企业安全生产管理应做到全面落实安全生产责任，实行安全否决权。企业的生产组织及领导者在计划、布置、检查、总结、评比生产工作的同时，也要计划、部署、检查、总结、评比安全工作。发生安全事故后，必须查清原因、教育当事人和群众、处理事故责任人并制订切实可行的预防措施。企业基本建设项目中的职业安全、卫生技术和环境保护等设施必须与主体工程同时设计、同时施工、同时投产。

十、质量管理体系

1. 概述

质量管理体系是依据ISO 9001标准建立的，是在质量方面指挥和控制组织的管理体系。ISO 9001标准是由国际标准化组织质量管理和质量保证技术委员会（ISO /TC176）制定并发布。国际标准化组织质量管理和质量保证技术委员会于1987年首次发布了ISO 9000族标准，随后经过多次修订先后发布了1994版、2000版和2008版ISO 9000族标准。我国于1992年等效采用并发布了GB/T 19000质量管理与质量保证国家系列标准，随后于1994年、2000年和2008年先后三次修订并发布了GB/T 19000簇质量管理体系标准。

2. 贯彻ISO 9001质量管理体系标准的意义

贯彻ISO 9001质量管理体系标准可促进企业持续提升质量控制能力，有效提高组织的运作和市场竞争能力，有助于消除贸易障碍和技术壁垒，有助于保障产品要求的有效实现。

3. 质量管理体系的建立与实施

（1）策划与准备工作。包括规划并提出贯彻标准的要求、组织落实并指定管理者代表对标准进行宣传贯彻。

（2）体系建立工作。包括发布质量方针和质量目标、质量管理现场诊断、文件化管理体系的策划和建立。

（3）体系运行工作。包括资源配置、推行、指导、监督与检查。

第3节　支持过程管理

一、工艺管理基础

1. 工艺工作在企业中的作用

（1）工艺工作是科学技术转变为生产力的实践过程

1）先进的工艺技术是科学成果的物化结果，从而进入实用阶段并在生产中推广，促进了机械工业的技术进步。

2）工艺装备的水平既反映了科学水平，又代表了生产力的水平，是机械工业企业发展的基础和技术实力的一种具体体现。

3）劳动者的技能是科学成果物化为生产力的第三种形式，即通过教育和训练使科学成果物化为劳动者的技能。

4）通过提高包括工艺管理在内的企业管理水平，可以提高产品质量和劳动生产率，使企业获得显著的经济效益。

（2）工艺工作是机械工业的基础

1）先进、合理的工艺技术是产品发展的前提条件，是新产品开发、老产品更新换代的重要技术保障。

2）工艺水平是影响机械产品质量的主要原因。企业工艺水平落后，尤其是工艺管理不善和工艺纪律松弛是导致产品质量问题的直接原因。

3）以工艺进步为基本内容的技术进步，是生产发展的主要动力。工艺管理和工艺技术是机械工业企业提高劳动生产率、降低物耗能耗、提高经济效益的重要途径。

综上所述，加强工艺管理、严格工艺纪律，从管理入手提高质量和效益，是一条符合我国现阶段国情的工艺管理之路。

2. 工艺管理与企业管理

（1）工艺管理是企业管理系统的重要组成部分。企业的主要活动是经营和生产，而工艺管理是生产系统的重要内容。由于科学技术的高速发展，现代社会大生产对科学技术具有极大的依赖性，科学技术已经成为社会进步和生产力发展的动力，工艺管理就是对这一技术过程进行管理，即“生产力运动过程中的管理”。工艺管理与企业管理在本质上有密切联系，是企业管理中最为实质、现实和具体的部分。

（2）工艺管理在实现企业管理基本职能中的重要作用主要有以下四项：

1）计划职能。即对未来的活动进行规定和安排，拟订出具体的内容和步骤，包括制订活动的目标，实现目标的步骤、方法和措施，以及评价目标实现的标准等。

2）组织职能。即合理组织生产活动和管理活动中各因素的相互关系，使其有效地按照计划进行各自的活动，实现既定的目标。

3）控制职能。控制职能的基本内容包括确立标准、收集信息、监督检查、分析研究、采取措施、进行调节等。

4）激励职能。能调整和发挥人的积极性和主动性。

（3）正确处理工艺管理工作和全面质量管理工作的关系

1）工艺管理和全面质量管理都是企业管理的组成部分。工艺管理和全面质量管理都具有管理的基本属性，即自然属性和社会属性。因此，工艺管理和质量管理工作不能完全照搬国外的概念、方式和方法，而是要结合我国的国情，在实践中逐步建立自己的管理思想和方法。

2）工艺管理和全面质量管理的一致性

①保证产品质量上的一致性。

②加强现场管理上的一致性。

③改进和提高产品制造质量上的一致性。

④质量标准和质量意识上的一致性。

3）工艺管理与全面质量管理不能相互代替。工艺管理与全面质量管理的侧重点不同，产生的效果也有所区别。工艺管理是通过工艺文件、工艺纪律等保证产品制造质量。同时，通过采用新工艺、新技术、新装备、新材料等带来了节约材料、能源、工时、台时、保证安全和改善劳动环境等效果，成为发展生产力最为直接的因素。全面质量管理则通过组织、信息、控制等手段，得到各种数据和反馈信息，为企业决策者提供依据，克服薄弱环节，改善管理方法，为进一步提高质量创造条件。

4）生产现场关键工序质量控制点是工艺管理和全面质量管理交叉、融合的典型表现。“工序控制”是控制产品制造过程中的工序质量，而工序质量是人员、机器、物料、方法、环境在产品制造过程中综合作用的结果。企业应把生产现场作为工艺管理工作的重点，与质量管理部门配合，做好关键工序质量控制点的技术服务，使工艺管理和全面质量管理工作融合在一起了。

5）工艺管理要借鉴全面质量管理的科学思想和方法，提高工艺管理的水平。

3. 生产工艺准备的工作程序

生产工艺准备的工作程序如图 8—4 所示。

二、计量管理基础

1. 计量概述

（1）计量的概念。计量是实现单位统一、保障量值准确可靠的活动。计量属于国家的基础事业，它不仅为科学技术、国民经济和国防建设的发展提供技术基础而且有利于最大限度地减少商贸、医疗、安全等诸多领域的纠纷，维护消费者权益。

计量的内容通常可概括为六个方面：

1）计量单位与单位制。

2）计量器具（或测量仪器）。包括实现或复现计量单位的计量基准、计量标准与计量器具。

3）量值传递与溯源。包括检定、校准、测试、检验与检测。

4）物理常量、材料与物质特性的测定。

5）测量不确定度、数据处理与测量理论及其方法。

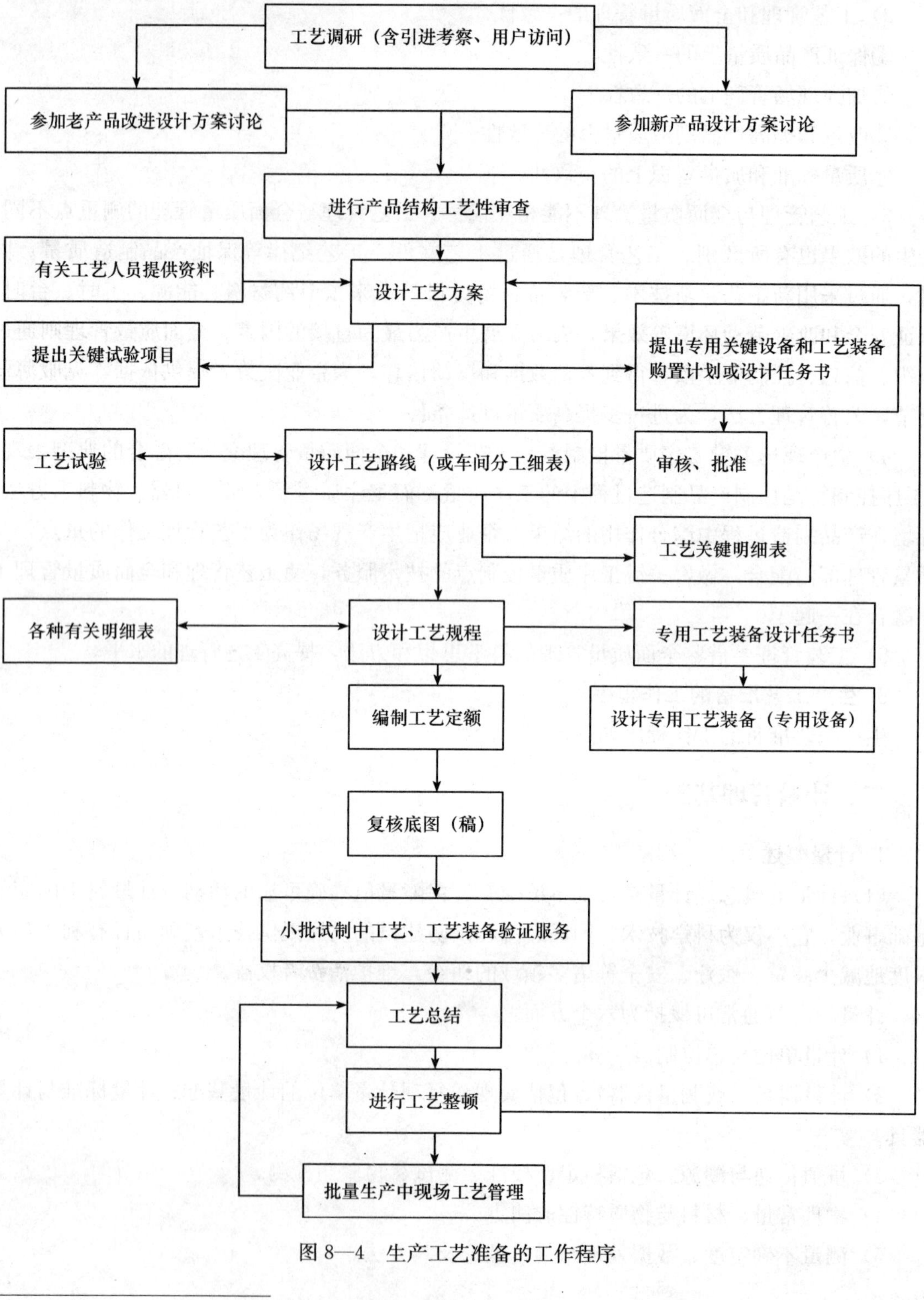

图 8—4　生产工艺准备的工作程序

6）计量管理。包括计量保证与计量监督等。

（2）计量的分类。根据其作用与地位，计量可分为科学计量、工程计量和法制计量 3 类，分别代表计量的基础性、应用性和公益性 3 个方面。科学计量是指基础性、探索性、先行性的计量科学研究，它通常采用最新的科技成果来准确定义和实现计量单位，并为最新的科技发展提供可靠的测量基础；工程计量又称工业计量，是指各种工程、工业、企业中的实用计量，随着产品技术含量提高和复杂性的增大，为保证经济贸易全球化所必需的一致性和互换性，工程计量已成为生产过程控制中不可缺少的环节；法制计量是指由政府或授权机构根据法制、技术和行政的需要进行强制管理的一种社会公用事业，其目的主要是保证与贸易结算、安全防护、医疗卫生、环境监测、资源控制、社会管理等有关的测量工作的公正性和可靠性。

（3）计量的特点。计量的特点可以归纳为准确性、一致性、溯源性及法制性四个方面。

1）准确性是指测量结果与被测量真值的一致程度。

2）一致性是指在统一计量单位的基础上，无论在何时何地、采用何种方法、使用何种计量器具以及由何人测量，只要符合有关的要求，测量结果应在给定的区间内一致。

3）溯源性是指任何一个测量结果或测量标准的值，都能通过一条具有规定不确定度的不间断的比较链与测量基准联系起来的特性。

4）法制性是指计量需要有法制方面的保障。

2. 计量法概述

我国现已基本形成由《中华人民共和国计量法》及其配套的行政法规、规章（包括规范性文件）所构成的计量法规体系。该法规体系的建立可保障单位制的统一和量值的准确可靠，从而促进国民经济和科学技术的发展，为社会主义现代化建设提供计量保障，保护人民群众的健康和生命、财产的安全，维护消费者利益，保护国家利益不受侵犯。

3. 量值溯源概述

（1）量值溯源性。量值溯源性是指通过一条具有规定不确定度的不间断的比较链，使测量结果或测量标准的值能够与规定的参考标准（通常是国家计量基准或国际计量基准）联系起来的特性。

（2）溯源等级图。溯源等级图也称为量值溯源体系表，它是表明测量仪器的计量特性与给定量的计量基准之间关系的一种具有等级顺序的框图。根据量值溯源体系表的概念，不同国家可以采取不同形式的比较链，但不同国家所建立的比较链应有相当程度的一致性，以便溯源到国家基准并与国际基准相联系。

建立量值溯源体系表的目的有以下两点：

1）保证量值得到准确、合理、经济的溯源。

2）尽可能减少所进行的测量值溯源到国家计量基准的环节。

以材料试验机为例（见表 8—5）：

表 8—5　材料试验机的国家计量基准

国家基准	±0.01%	国家计量院（北京）
国家副基准	±0.01%	国家测试院（绵阳）
一等测力计	±0.03%	传感器（应变片，毫伏表）
二等测力计	±0.1%	受力支架
三等测力计	±0.3%	测力环（宁夏吴忠，温州瑞安）
材料试验机	±1.0%	受力框架

4. 计量单位

在测量中，人们总是用数值和计量单位的乘积来表示被测量的量值。所谓计量单位，是指为定量表示同种量的大小的约定定义和采用的特定量。为给定量制按规定规则确定的一组基本单位和导出单位称为计量单位制。法定计量单位是指由国家法律承认、具有法定地位的计量单位。实行法定计量单位是统一我国计量制度的重要决策。按照我国《计量法》的规定，国家采用国际单位制，国际单位制计量单位和国家选定的其他计量单位为国家法定计量单位。国际单位制是我国法定计量单位的主体，所有国际单位制单位都是我国的法定计量单位。国际标准 ISO 1000 规定了国际单位制的构成及其使用方法，我国法定计量单位的使用方法（包括量及单位的名称、符号及其使用、书写规则）与国际标准的规定一致。

国家选定的作为法定计量单位的非国际单位制单位，是我国法定计量单位的重要组成部分，具有与国际单位制相同的法定地位。国际标准或有关国际组织的出版物中列出的非国际单位制单位（选入我国法定计量单位的除外）一般不得使用。若有特殊需要，可以使用某些非法定计量单位，但应遵守相关的规定。

三、设备管理基础

1. 设备管理流程

设备管理工艺流程如图 8—5 所示。

2. 设备利用

（1）设备数量利用。设备数量利用状况反映着设备使用的经济效果。反映生产设备利用程度的指数有以下几种：

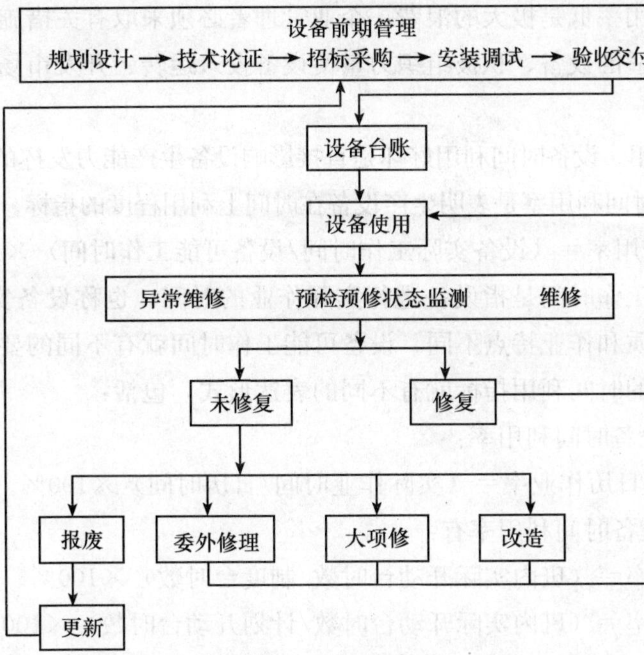

图 8—5　设备管理流程

1）现有设备实际使用率＝（实际使用设备数/企业现拥有的全部设备数）×100%。

式中，企业现拥有的全部设备包括企业自有、租用、借用、已安装和尚未安装的设备，但不包括已经上级主管部门批准报废的、已订购尚未运抵本企业的以及出租、借用给其他企业的设备。

实际使用设备指已安装设备中实际使用的设备，包括实际运转的设备、备用设备、保养或修理暂停运转的设备、由于管理不善或临时发生故障等非计划停止运转的设备等。该指数是企业全部实有设备中实际使用设备的占比，它综合反映未安装设备、不能使用设备、停开设备等方面的潜力。

2）实有设备安装率＝（已安装设备数/实有设备数）×100%。

3）已安装设备利用率＝（实际使用设备数/已安装设备数）×100%。

该指标是实际使用的设备数与已安装设备数的比值。企业设备数量利用状况差的突出表现是可用设备不用，具体情况有以下几种：

①设备选择不当，质量不好。

②设备质量虽好，但性能与企业的生产工艺不对口，无法利用。

③设备虽能利用，但同型号设备数量太多。

④由于未掌握设备的使用技术，使设备不能发挥应有的功能，只能弃之不用。

企业设备数量利用率低是极大的浪费。企业管理者必须采取有关措施克服和防止这种状况，如选择企业合适的设备、积极组织力量使设备投入运转、开发市场、增加生产任务量等。

（2）设备时间利用。设备时间利用好坏是直接影响设备生产能力发挥的因素，也影响设备的使用效率。设备时间利用率是表明生产设备在时间上利用程度的指标。计算公式如下：

设备时间利用率＝（设备实际工作时间/设备可能工作时间）×100％。

式中，设备实际工作时间是指设备进行实际作业的时间，也称设备实际运转台时数。由于各企业设备的性质和作业特点不同，设备可能工作时间就有不同的要求。因此，不同部门、不同类别设备的时间利用指标就有不同的表达形式，包括：

1）连续作业的设备时间利用率：

设备日历作业率＝（实际作业时间/日历时间）×100％。

2）间断作业的设备时间利用率有：

①制度台时利用率＝（班内实际开动台时数/制度台时数）×100％。

②计划台时利用率＝（班内实际开动台时数/计划开动台时数）×100％。

3. 设备维护保养

设备在使用过程中会不可避免地出现一些故障，为了避免不应有的损失，就必须按照操作规程，对设备进行清洁、润滑、紧固、调整、防腐等工作。

按工作量大小，设备的维护保养可分为以下 4 类：

（1）日常维护保养，又称例行保养。重点是进行清洗、润滑、紧固易松动的螺丝、检查零部件的状况。日常维护保养工作由设备操作工人负责执行。

（2）一级保养。除普遍地进行紧固、清洗、润滑和检查外，还要部分地进行调整。在检查中，发现故障隐患和异常要及时排除。一级保养以操作工人为主，由专用维修人员配合进行。

（3）二级保养。主要是进行内部清洗、润滑、局部解体检查和调整、更换或修复磨损件以局部恢复精度。二级保养由维修工人执行，操作工人参与。

（4）三级保养。对设备主体部分进行检查和调整工作，同时更换一些磨损零件，并对主要零件的磨损状况进行测量、鉴定。三级保养由维修工人执行，操作工人参与。

为不同设备规定维护保养的类别和内容时要考虑设备的生产工艺、结构复杂程度和不同企业的习惯。

4. 设备的检查

设备的检查是指对设备的运行状况、工作性能、磨损程度及腐蚀情况所进行的检查和校验。通过检查能及时查明和清除设备的隐患，针对发现的问题提出改进维护工作的措施，有目的地做好修理前的各项准备工作，以提高修理质量和效率。

设备检查从时间上可分为日常检查和定期检查，从技术上可分为机能检查和精度检查。

(1) 日常检查是指操作者每天对设备进行的检查，其目的是及时发现异常情况并加以清除，同时及时记录下来。

(2) 定期检查是对设备定期进行的检查，其目的是查明零部件的实际磨损程度，确定修理时间和修理种类。定期检查可进一步划分为年度检查、月度检查、周检查等。定期检查由专职维修工人按计划进行，操作工人参与。

(3) 机能检查，又称为功能检查，是对设备的各项功能进行检查和测定，如检查设备的漏油、漏水、漏气、防尘密封等情况。

(4) 精度检查是对设备的加工精度进行检查与测定，以确定设备的实际精度。精度检查可为设备的验收、修理和更新提供依据。

设备的检查方法有两种：一种是主观检查法，它是通过人的感官功能，采取看、听、摸、嗅、感觉等简单的方法进行检查。另一种是客观检查法，就是应用各种测量工具和检查技术测定设备技术性能和检查设备运转状况的方法。

5. 设备修理

(1) 事后修理与预防性计划修理。设备的修理是指通过修理更换已经磨损、老化、腐蚀的零部件修复由于正常的或异常的原因而造成的设备损坏和精度劣化，使设备性能得到恢复。设备修理的方式有两种，一种是待设备磨损至不能再继续使用时才进行，这种方式称为“事后修理”，也称“按需修理”；另一种是修理工作在设备未损坏之前就进行，其目的不仅在于恢复设备应有的技术状态和效能，同时为了防止在使用过程中，因零部件磨损增多等而突然发生故障或事故，这种形式的修理工作称为“预防性计划修理”。

(2) 大、中、小修理。对于预防性计划修理方式，按修理的程度和工作量大小，一般可分为小修、中修和大修3种类别。

1) 小修是工作量最小的修理，通常只需修复、更换部分磨损较快和使用期限等于或小于修理间隔期的零件，调整设备的局部机构，以保证设备能正常运转到下一次计划修理时间。

2) 中修是对设备进行部分解体，修理或更换部分主要零部件和数量较多的其他磨损件，并校正机器设备的基准以恢复达到技术要求。根据修理内容，中修的大部分项目由车间的专职维修工在生产车间现场进行，个别要求较高的项目可以由机修车间承担。设备修理后，由质量管理部门、设备管理部门和操作者根据中修技术任务书的规定和有关要求共同检查验收。

3）大修是工作量最大的修理活动。大修要把设备全部拆卸、调整、更换或修理所有的磨损部件，全面恢复设备原有的精度和性能效率以达到设备出厂时的水平。设备大修后，由质量管理部门和设备管理部门共同验收。

（3）设备修理方法有以下 3 种：

1）检查后修理法。这种方法是建立在设备检查基础上的，按照事先所规定的检查计划，根据检查结果和日常所掌握的资料，确定修理的日期和内容。

2）定期修理法。根据设备的实际使用情况和所积累的大量修理资料，如设备精度、性能劣化周期、零部件使用寿命和环境对设备技术状况的影响程度等，按设备精度、性能的劣化程度和磨损规律，大致确定包括修理类别和修理周期在内的修理计划。

3）标准修理法，又称强制性修理法。它是根据设备的磨损规律和零部件的使用寿命，明确规定修理的日期、类别和内容。到了规定的修理时间，不管设备的技术状态如何，都必须按计划规定进行修理，并严格按零件的使用寿命进行交换。

第 4 节　售后服务与客户满意

一、售后服务

1. 售后服务的含义

售后服务是指生产企业、销售商、服务商在商品销售后的消费过程中向客户提供的一系列服务活动，包括为客户提供的培训、产品调试、问题咨询、用户回访、维护和升级等环节。从广义上说，售后服务本身就是产品的一部分，是产品价值的延续，因此做好产品的售后服务实际上是企业的一种义务。

2. 售后服务的意义

完善的售后服务不仅是对消费者权益的保障，也是企业提高盈利的重要途径，企业可以充分利用售后服务实现自身与消费者之间的双赢。企业提供合理有效的售后服务具有十分重要的现意义：

（1）优质的售后服务有利于在企业和消费者之间营造和谐的关系。售后服务是企业产品内容的延伸，是企业承担责任的体现。

（2）优质的售后服务能够提升企业的品牌形象。品牌形象是企业重要的战略财富，是消费者对某一品牌的总体质量感受或在品质上的整体印象。企业品牌形象越好，就越能在消费者心目中占有重要的地位。售后服务作为生产企业与顾客沟通、联系的纽带，不仅是一种经营手段，更是一种文化和理念。

（3）优质的售后服务可为企业提供直接，准确的市场和产品反馈信息，甚至提供竞争对手的信息。售后服务人员在提供服务的过程中通过与顾客的交流，不仅可以了解到顾客对企业产品的第一评价，而且还可以从顾客那里了解到与其他同类产品的比较信息，这是企业的其他部门无法完成的。

二、提高售后服务的具体措施

企业应采取以下措施提高售后服务水平：

1. 加强售后服务的战略意识

企业为了提高销售量和市场占有率，应将服务竞争作为市场竞争的发展战略。售后服务能够以相对较小的投入提高企业及产品的品牌形象、获取竞争优势。

2. 加强售后服务网络的建设

售后服务网络的建设要坚持两个原则：一是要考虑与营销网络建设的匹配问题；二是售后服务网络的建设应能够覆盖企业的主要目标市场。前者的建设应适度提前于或至少不落后于后者的建设，只有坚持这两个原则才能够缩短售后服务的响应时间、及时有效地为客户提供服务，并避免出现因服务不到位而造成营销障碍、甚至信任危机的问题。

3. 提升售后服务人员的素质和能力

售后服务人员应熟悉了解本企业乃至本行业产品的性能和特点，并具备良好的沟通能力，能够顺畅地与客户进行交流。

4. 提高售后服务的创新能力

在兼顾企业承受能力的前提下，识别并满足顾客的期望和偏好，努力提升企业的服务能力，设计并提供超值服务。

5. 进一步完善售后服务认证体系

企业应强化服务意识，积极贯彻相关的售后服务标准，建立售后服务管理体系，确保企业的售后服务活动按规定要求进行，持续满足客户的需求。

三、客户关系管理

1. 客户关系管理概述

客户关系管理是企业为了建立与客户长期良好的关系，赢得客户的高满意度，保留有价值客户，挖掘潜在客户，赢得客户忠诚，并最终获得客户长期价值而实施的一种管理方法。客户关系管理应能支持客户关系生命周期中相应的营销过程、销售过程、电子贸易过程、服务过程等。

2. 客户关系管理的主要内容

（1）收集客户信息。这是客户关系管理的开始也是基础，客户信息的充分与否直接关系到客户关系管理的质量。获取客户信息的渠道主要是企业自身建设的信息沟通渠道，如保修卡、企业网站、呼叫中心、企业电子信箱、电话传真等。

（2）客户识别。主要是确定客户要求，通过对客户进行分类，以便更好地向不同的客户提供差异化服务。进行客户识别首先要将客户的信息录入到客户关系管理数据库中；其次通过各种统计分析方法，将客户按照消费习惯、人口统计特征、消费行为等进行差异化分类，了解分析客户的期望和要求；最后要及时地更新客户信息，以保证客户识别的结果始终与市场的实际情况保持一致。

（3）与客户接触。与客户接触的目的是为了优化企业与客户的关系，具体表现在两个方面：一方面是了解客户的需求以及对产品和服务的意见或建议；另一方面是让客户了解企业的现状、服务策略以及新产品信息等。与客户接触主要通过直接市场调查、销售渠道、呼叫中心、企业网站等进行。

（4）调整产品和服务。企业在与客户接触并了解了客户的意见和建议后，需要将这些意见和建议按企业相应责任部门进行分类，寻找出改进的重点，并将这些重点有效地在企业内部传递，以便各部门实施改进活动。

四、客户满意

以客户为关注焦点是质量管理的基本原则，也是质量经营的核心。其关键就是要求企业充分地了解客户、识别客户和其他相关方的需求和期望，以便从客户的角度思考如何提供满意的产品和服务，同时运用科学的方法对客户满意度进行测评，从而衡量自身的客户满意业绩以及行业标杆、竞争对手的比较。

1. 客户满意的含义

客户满意是指客户对其要求被满足程度的感受。客户抱怨是一种满意程度低的最常见的表达方式，但没有抱怨并不一定表明客户很满意。即使规定的客户要求符合客户的愿望并得到满足，也不一定确保客户很满意。

客户满意与否取决于客户的价值观和期望与所接受产品或服务状况的比较，客户价值观决定了其要求或期望值，而企业提供的产品和服务形成了可感知的效果。

由于客户满意是客户通过对一个产品或一项服务的可感知的效果与其期望相比较后所形成的感觉状态，因此满意水平是感知效果和期望值之间的差异函数。客户可能经历三种不同的感觉状态：如果可感知效果低于期望，期望得不到满意，则客户不满意；如果可感知效果与期望相匹配，期望得到满足，客户就满意；如果可感知效果超过期望，客户就会高度满意，直至客户忠诚（见图 8—6）。

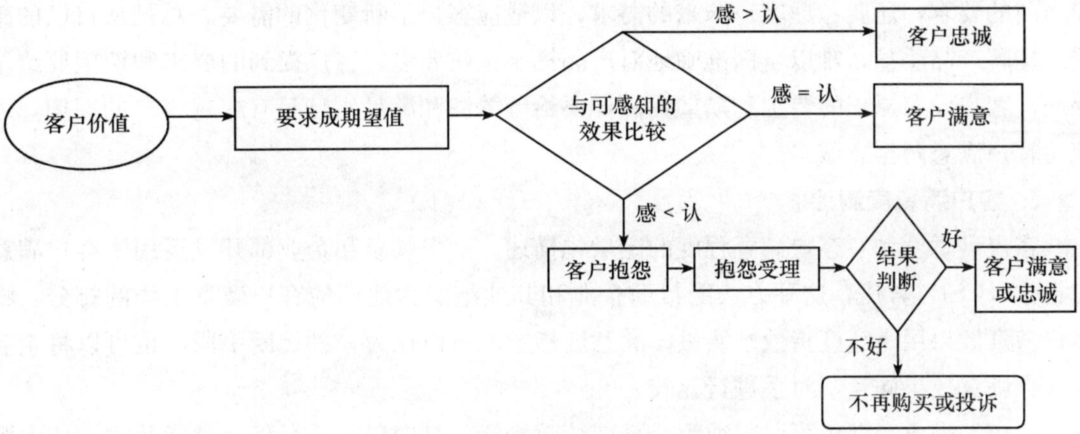

图 8—6　客户满意感知效果示意图

若客户抱怨就取决于企业是如何对待的，一旦受理抱怨客户感知效果判断好，那么仍然可以使客户满意或忠诚，否则客户将不再购买、投诉直至诉讼。

企业应监测客户的满意度信息，并确定获取和利用这种信息的方法。测量客户满意包括调查客户要求和监测客户感受，其中监测客户感受包括客户满意度调查、来自客户的关于已交付产品质量的评价，用户意见调查、流失业务分析、客户赞扬、客户索赔、经销商报告等。

2. 客户满意的特性

客户满意有以下基本特性：

（1）主观性。客户的满意程度建立在其对产品和服务的体验上，感受的对象是客观的，而结论是主观的。客户的满意程度与客户的自身条件如知识和经验、收入状况、生活习惯、价值观念等有关，还与媒体参与有关。

（2）层次性。处于不同需求层次的人对产品和服务的评价标准不同，因而不同地区、不同阶层的人或一个人在不同的条件下对某个产品或某项服务的评价不尽相同。

（3）相对性。客户对产品的技术指标和成本等经济指标通常不熟悉，他们习惯于把购买的产品与其他同类产品或以前的消费经验进行比较，由此得到的满意或不满意具有相对性。

（4）阶段性。任何产品都有生命周期，服务业也有时间性。客户对产品和服务的满意程度来自于使用体验，是在过去多次购买和接受的服务中逐渐形成的，因而呈现出阶段性。

由于客户的需求是变化的，反映产品的质量特性也是变化的，因此企业不仅要考虑客户当前的要求，还要考虑客户未来的需求，以适应客户不断变化的需要。总是从自己的感受来理解产品质量，难以全面准确地对产品提出量化要求。客户提到的要求和期望要给予保证，客户没有提出的要求和期望，同样要给予关注和满足，且只有超越客户的期望，才能使客户满意乃至忠诚。

3. 客户满意度测评

客户满意度是对客户满意程度的定量化描述。许多国家和企业都开发运用了客户满意度指数（CSI）方法，这种方法能帮助企业和其他组织为他们的客户满意工作的打分，将客户满意效果用满意度指数来衡量。满意度指数既可以作为一种诊断手段，也可以将企业的客户满意效果同竞争对手进行比较。

客户的需求和期望可以归纳为一系列绩效指标，其中包括质量优、供货及时、技术服务配套、价格适中等重要的积极因素或相反的消极因素，这些指标是客户判断一个产品或一项服务是否满足其期望的重要依据，测量和评价指标因企业和行业不同、产品或服务差异而有所不同。

【本章知识点小结】

物料管理	物料采购	供方选择与管理
		采购物资分类
		采购标准
		采购物料验收
	库存管理	基本功能
		库存控制与成本
	仓库管理	仓库分类
		基本原则
		入库与出库
		堆放、防护、盘点
	生产现场物料管理	使用、标志防护、保管

续表

生产过程与生产运作管理	生产过程	生产过程的概念
		产品的生产过程
		企业的生产过程
	生产类型	按生产工艺划分
		按生产数量划分
	生产方式	福特生产方式
		丰田生产方式
		精益生产
	车间布局	布局设计内容
		布局设计原则
		基本的布局形式
	生产计划	生产计划的内容
		生产计划的指标
		生产计划的用途
		生产计划的类型
		编制生产计划的步骤
	生产准备	
	产品质量控制	产品质量和质量特性
		制造过程质量控制
		不合格品控制
	成本控制	企业成本管理工作
		产品成本
		质量成本
	现场管理	基本内容
		基础工作和工具
		安全生产

续表

生产过程与生产运作管理	质量管理体系	概述、意义
		体系的建立与实施
支持过程管理	工艺管理基础	在企业中的作用
		工艺管理与企业管理
	计量管理基础	基本概念
		量值溯源、校准和检定
		计量单位
	设备管理基础	设备管理流程
		设备利用
		设备维护保养
		设备的检查
		设备修理
售后服务与客户满意	售后服务	售后服务的含义
		售后服务的意义
	提高售后服务具体措施	加强售后服务的战略意识
		加强售后服务网络的建设
		提升服务人员的素质能力
		提高售后服务的创新能力
		完善售后服务认证体系
	客户关系管理	客户关系管理的含义
		客户关系管理应用
		客户关系管理主要内容
	客户满意	客户满意的含义
		客户满意的特性
		客户满意度测评

【生产管理—案例分析】

汽车发动机厂的生产管理革新

一、改善前状况

某上市企业主要生产汽车用发动机。企业按照传统生产管理方式组织生产，生产经营中经常会遇到如下一些问题：

1. 汽车配件价格每年下降，企业的利润率很低。

2. 现有的生产方式，难以满足顾客的少批量、多品种、短交付期的要求。

3. 常因采购供应过程、制造过程原因，影响生产计划的有效执行。

4. 常因零部件不成套，影响装配而导致产品无法按品种、规格、数量准时交付。

5. 生产过程常因突发质量问题、设备故障等现场管理失控因素而停产。

6. 由于生产现场物料、工装夹具混放等影响生产。

7. 生产用原材料利用率低、浪费大。

8. 零件仓库、在产品仓库和成品仓库积压严重，仓库面积占用率超过 60%，资金周转不灵，许多零件积压时间超过一两年将成为废品。

以上问题严重困扰企业的发展，企业因生产不顺利而利润很薄，员工收入较低造成离职率较高，技术工人的流失又造成生产不稳定，形成一种恶性循环。

二、改善后状况

2010 年，该企业聘请了外国专家，导入了先进的精益生产模式并从以下几方面着手实施生产方式改良：

1. 工艺方面：梳理工艺流程、完善工艺文件、平衡工序节拍、明确工艺定额、设计流水线布局和标准产量。

2. 生产计划方面：按照工艺流程和标准产量，合理安排各车间各工序的生产计划。周期长的先生产，周期短的后生产，保证齐套装配，取消在产品仓库。

3. 合理设置仓库库存标准，根据生产计划和采购周期合理安排采购计划，逐步降低库存标准，减少资金和场地占用。

4. 严格按照质量管理标准，成立相关攻关小组解决质量问题，从把控原材料质量、完善工艺管理、加强现场管理、控制环境等方面保障产品质量。

5. 开展全员设备维护，落实日常设备维护保养计划，按计划完成一、二级保养维修，实施必要的预防性维修。成立专门小组开展设备改善工作，提高设备综合效率，保障生产顺利完成。

6. 开展5S现场管理，为企业现场管理奠定良好基础。

7. 建立持续改善机制，调动员工积极性。

实施精益生产后，取得的成果如下表所示：

	改善前	改善后	效果
设备	48台	28台	↓41.6%
占地面积	718.4 m^2	233.64 m^2	↓67.5%
步行距离	147.2 m	34 m	↓77%
周期时间	6 053 min	432 min	↓92.9%
中间在产品	2 884只	80只	↓97.2%
人员	标准配置33人（11人×3班）	标准配置27人（9人×3班）	↓18.2%
产能	11 000套/月	21 000套/月	↑90.9%

思考题

请阅读上述案例，结合本章相关的知识点，思考以下问题：

1. 从企业增效的角度，应该在库存设置、仓库管理等方面做哪些工作？

2. 如何通过加强现场管理，持续不断地降低生产成本？

第 9 章

环境管理

【本章导读】

企业在经营管理过程中与政府机构、供应商、客户、员工、股东、债权人等各种利益相关者随时发生着联系，这些人和组织以及更为宏观的政治、经济、文化、技术和企业内部的组织结构、文化等因素构成了企业的经营环境。这些经营环境因素相互影响并作用于企业，同时企业也以各种决策、产品和服务等反馈于环境，从而影响甚至改变经营环境。

对于初创企业而言，充分利用外部环境中的有利因素、营造企业良好的内部环境，将能有效降低运营成本、提升企业的竞争力、促进企业健康有序地发展。

第 1 节　企业经营环境概述

一、基本概念

所处国家或地区的法律政策，不同经济发展水平甚至宗教文化等因素的差异都会对企业经营活动产生影响。与此同时，企业又会受到其所有者、管理者、员工等的影响而呈现出不同的经营状况。这一系列影响企业经营的因素所组成的有机整体就构成了企业的经营环境。

对于初创企业而言，理想的经营（创业）环境应该能够为经营者有效地提供必要的人才、技术、资金等资源，而政治、经济、文化、人口等因素会直接或间接地影响这些资源的供给。因此，能否准确合理地评估、选择和管理企业的经营环境，直接关系到企业经营的成败。

国外学者对于经营环境的评估有着不同的视角和标准，中国的学者目前主要采用的是全球创业观察的评价标准。全球创业观察是由英国伦敦商学院和全美创业教育排名第一的美国百森商学院共同发起成立的研究项目，旨在研究全球创业活动的态势和变化，挖掘国家和地区创业活动的驱动力，探寻创业和经济增长之间的作用机制，评估不同国家和地区的创业环境等。

全球创业观察把创业环境的要素分为一般环境条件和创业环境条件，如图 9—1 所示。

二、经营环境的分类

企业的经营环境以企业作为边界可划分为外部环境和内部环境，如图 9—2 所示。外部环境中那些直接地、持续地影响企业的人和组织构成了产业环境，他们与企业所开展的

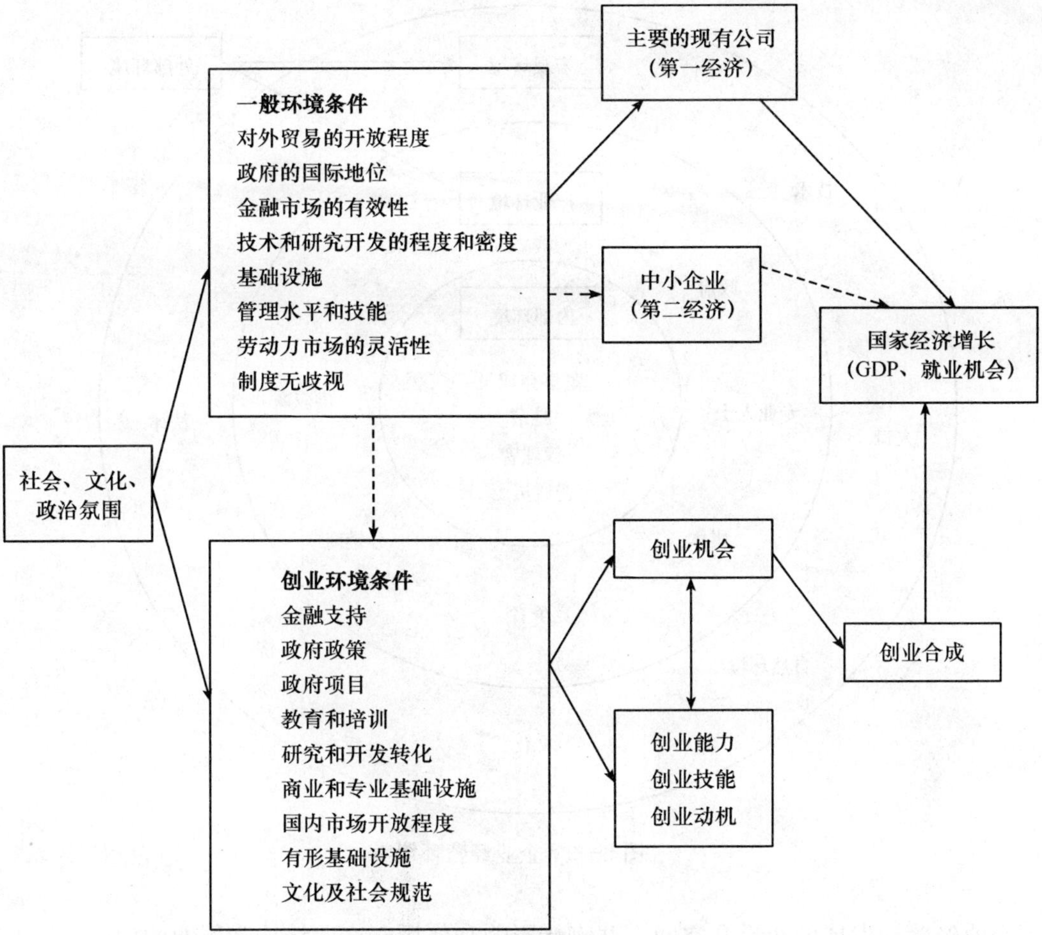

图 9—1　全球创业观察的环境影响概念模型

基本业务活动直接相关。这些企业每天都要应对或需要经常接触的人和组织包括顾客、供应商、分销商、会计律师等专业人士、竞争者、政府机构、媒体等。

外部环境中另一些影响着个人、企业甚至国家的因素构成了宏观环境，包括政治、法律、经济、技术、文化、人口、自然环境等。它们虽然不一定直接影响企业的经营活动，但却影响着企业获取所需资源的途径。

企业经营的内部环境则由企业的董事会成员、股东、管理者、普通员工等共同构成，并因此形成不同的企业文化（即企业内被普遍接受的解决问题的方式）和共同的价值取向。

1. 宏观环境

一个国家或地区的政治、法律、经济、社会文化、自然环境、科学技术等宏观因素决

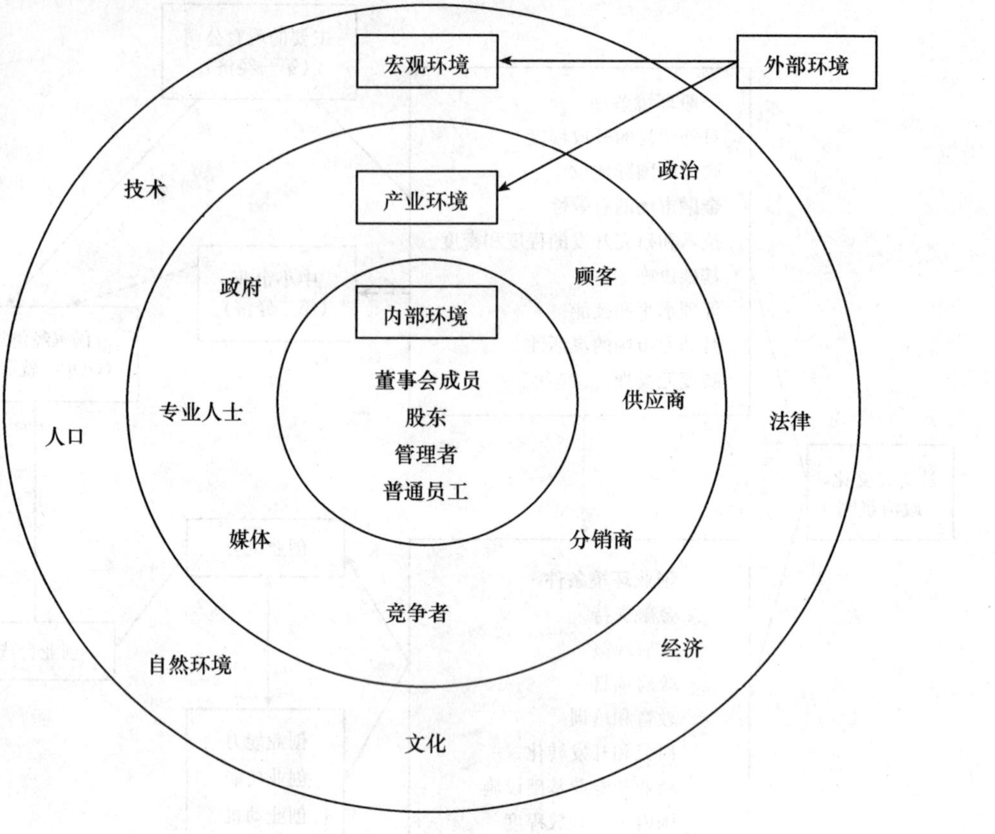

图 9—2　企业经营环境

定了企业经营和发展的边界和空间，并直接影响和作用于产业结构和行业的发展。

（1）政治法律环境。政治法律环境是指那些制约和影响企业的政治要素和法律系统及其运行状态，是由法律、政府机构和社会上对各种组织和个人施加影响和制约的压力集团所组成的。政治环境包括国家的政治制度、权力机构、颁布的方针政策、政治团体、政治形势等因素。法律环境包括国家制定的法律、法规、法令以及国家的执法机构等因素。政治法律环境可以为经营者提供新的市场机会，比如税收优惠政策、金融贸易政策等，政治法律环境是保障企业生产经营活动的基本条件。

（2）经济环境。经济环境是指影响企业生存和发展的社会经济状况和国家的经济政策，包括社会经济结构、经济体制、发展状况、宏观经济政策等要素。通常衡量经济环境的指标有国内生产总值、就业水平、物价水平、消费支出分配规模、国际收支状况以及利率、通货供应量、政府支出、汇率等。不同国家和地区的产业结构有很大差异，这会直接影响当地人们的收入水平和收入分配，从而影响他们的消费支出的意愿和能力。因此，经济环境对企业生产经营的影响更为直接具体。

（3）社会文化和自然环境。社会文化环境是指企业所处的社会结构、社会风俗习惯、信仰、价值观念、行为规范、生活方式、文化传统、人口规模及其地理分布等因素的形成和变动。由于市场的需求是由人产生的，因此人口规模和增长率、年龄分布和民族构成、教育水平、宗教信仰、风俗习惯等都会影响市场需求的产生和变化。自然环境指企业所处的自然资源与生态环境，包括土地、森林、河流、海洋、生物、矿产、能源、水源、环境保护、生态平衡等方面的发展变化。自然环境决定了企业在经营过程中所需的能源、原材料等获取的便利性和成本，以及在节能开源、环境治理等方面面临的机会和风险。这些因素影响企业确定投资方向、产品改进与革新等重大经营决策问题。

（4）科学技术环境。科学技术环境是指企业所处环境中的科学技术要素以及与该要素直接相关的各种社会现象的集合，包括科技体制、科技政策、科技水平和科技发展趋势等。由于每一项新技术的出现都会对原有的环境格局产生冲击甚至是颠覆，因此科学技术的发展会不断变革人类的生活方式甚至改变了人类的命运。科学技术环境一方面决定了当前的科技水平和未来的发展趋势，另一方面决定了科技成果转化的能力，这决定了企业能否及时调整战略决策以获得新的竞争优势。

2. 产业环境

产业环境是指对处于同一产业内的企业都会产生影响的外部环境因素。与宏观环境不同的是，产业环境只对处于某一特定产业内的企业以及与该产业存在业务关系的企业发生影响。产业环境直接影响企业所处行业的生产经营规模、产业状况、竞争状况、生产状况、产业布局、市场供求情况、产业政策、行业壁垒和进入障碍、行业发展前景等。根据哈佛大学商学院迈克尔·波特教授提出的“五种竞争力量模型”可将产业环境影响企业的因素分为：供应商、购买者、潜在进入者、替代品和现有企业间的竞争，如图 9—3 所示。此外，政府、媒体等其他组织和群体也会对企业经营活动产生影响，可视为其他利益相关者。

（1）供应商。供应商是指企业从事生产经营活动所需要的各种原材料、配件等资源的供应者。它一般通过提高价格或降低质量及服务水平的方式，来影响产业链下游企业的盈利能力和产品竞争力，并赚取尽可能多的利润。

决定供应商议价能力的因素主要有：供应方产业的集中程度，产品差异化程度、交易量和成本的大小、前向一体化的可能性以及信息的掌握程度等。当供应商所提供的资源占购买者产品总成本的比例较大，对购买者生产过程非常重要或者严重影响产品质量时，其对于购买者的议价能力就大大增强。

一般而言，满足以下条件的供应商会具有较强的议价能力：供应方行业由一些不受市

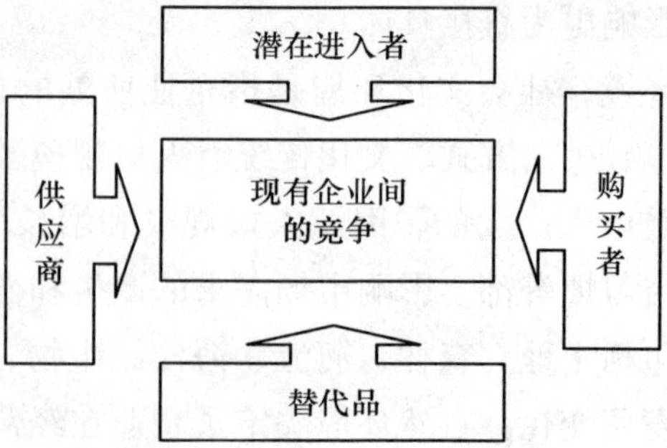

图 9—3　波特五力分析模型

场激烈竞争影响，具有比较稳固市场地位的企业所控制，购买者很多，每一单个购买者都不可能成为供应商的重要客户；不同供应商的产品各具特色，购买者难以进行相互替代转换或转换成本过高；供应商能够方便地实现前向一体化而购买者难以进行后向一体化。

（2）购买者。购买者是指企业所提供产品或服务的直接或间接的消费者。它主要通过压低价格和要求提高产品或服务质量，来影响企业的盈利能力，即希望物美价廉、服务周到，并能从企业间的竞争中获利。

影响购买方议价能力的因素主要有：购买方的集中度、产品或服务的价格占购买方总成本的比例、所购买产品或服务的标准化程度、购买方的盈利能力、购买方后向一体化的可能性和购买方信息的掌握程度。

（3）潜在进入者。潜在进入者是指产业外随时可能进入该行业而成为竞争者的企业。潜在进入者的加入会给行业注入新的生产能力和新资源并赢取一定的市场份额。这就可能对行业内现有的企业构成威胁，导致行业中现有企业的盈利水平降低，严重的还会危及这些企业的生存。

这种潜在进入者的威胁取决于两方面的因素：进入壁垒和现有企业的反应程度。进入壁垒是指进入一个产业需克服的障碍和付出的代价，影响进入壁垒高低的因素包括规模经济、产品差异、资本需求、转换成本、销售渠道、与规模经济无关的成本优势（如商业秘密、产供销关系、经验效应等）、政府行为与政策、自然资源、地理环境等。现有企业的反应程度主要是指其采取报复行动的可能性，这取决于现有企业的经营状况、固定资产规模、报复记录、行业增长速度等。

（4）替代品。替代品是指与本企业产品具有相同功能或类似功能的产品。替代品对企业产生影响的因素包括替代品生产企业的盈利能力和经营策略、购买者的转换成本等。

替代对行业内现有企业的影响会呈现以下形式：现有企业的销售收入和盈利能力将由于存在着能被消费者方便接受的替代品而受到限制；由于替代品生产企业的存在，现有企业必须提高产品质量、降低售价或开发产品的新功能和特色以达到销售和利润的目标；替代品生产企业的竞争能力受产品购买者转换成本高低的影响。总之，替代品的价格越低、质量越好、用户转换成本越低，对现有企业所产生的竞争压力就越强。

(5) 现有企业间的竞争。现有企业间的竞争是指产业内各个企业之间的竞争关系和程度。不同产业竞争的激烈程度是不同的，如果产业内只有少数几个大型企业形成半垄断状态，企业间的竞争则相对缓和，企业的盈利能力就会较强；相反，如果产业内企业数量较多，各自规模相近，则竞争相对激烈，若其中某个企业要想成为领先企业或提高盈利水平，需要付出较高的代价。

决定现有企业间竞争的主要因素包括：竞争者的数量和力量对比、市场增长率、固定成本和库存成本、产品差异及转换成本、产能提升的幅度、竞争企业采取的策略、退出壁垒等。

(6) 其他利益相关者。政府、媒体、社会组织、企业的债权人、专业机构（会计、律师事务所）等其他利益相关者对企业的经营和盈利能力也有着直接的影响。这些利益相关者都会以自己的标准衡量企业的经营业绩，按照对自己的影响来衡量企业的决策行为。因此，它们也成为企业经营过程中一种重要的外部环境因素。

3. 内部环境

企业的内部环境是指企业内部的物质、文化环境的总和，涉及企业资源、企业能力、企业文化等因素，是企业内部的一种共同价值体系，包括企业的指导思想、经营理念和工作作风。企业的内部环境由企业家精神、企业物质基础、企业组织结构、企业文化构成。其中，企业家精神是内部环境的生发器，物质基础和组织结构构成了企业内部的硬环境，企业文化是企业内部的软环境，这四者相互联系、相互影响、相互作用，形成一个有机整体。

(1) 企业家精神。企业家精神指企业家组织建立和经营管理企业的综合才能及其表述方式，是表明企业家这个特殊群体所具有的共同特征，是企业家独特的个人素质、价值取向以及思维模式的抽象表达。企业家精神包括创新、冒险、合作、敬业、学习、执着、诚信、宽容等元素。企业家精神对于企业内部环境的影响是显而易见的，它决定了企业的核心价值观以及组织、管理的创新与冒险。同时也决定了企业经营发展的兴衰成败，决定了企业能否形成核心竞争力。

(2) 企业物质基础。企业的物质基础既包括土地、车间厂房、设备设施、门市店铺等有形资产，也包括了企业所拥有的商标、专利、商誉等无形资产。它是企业所拥有的或能够调用的各种资源的整合，是企业进行正常经营和发展的必要基础保障。

(3) 企业组织结构。企业组织结构是指为了实现企业的目标，经过组织设计形成的企业内部各个部门、各个层次之间固定的排列方式，即企业内部的构成方式。其目的是有效、合理地把组织成员组织起来，为实现共同目标而协同努力。组织结构是企业资源和权力分配的载体，通过信息传递承载企业的业务流动，推动或者阻碍企业使命的进程。由于组织结构在企业中的基础地位和关键作用，企业所有战略层面的变革都率先从组织机构的调整开始。

(4) 企业文化。企业文化是企业在生产经营过程中逐步形成的，为全体员工所认同并遵守的，带有本企业特点的使命、愿景、宗旨、精神、价值观和经营理念，以及这些理念在生产经营、管理制度、员工行为方式与企业对外形象体现上的总和。企业文化是企业的灵魂，是推动企业发展的不竭动力。企业文化的内容包括：经营哲学、价值观念、企业精神、企业道德、团体意识、企业形象、企业制度等，其核心是企业精神和价值观念，这里的价值观念指的是企业或企业中的员工在从事商品生产与经营中所持有的价值观念。

三、企业与经营环境的关系

企业与经营环境有着密切的关系，该关系的核心是企业对资源的需求和经营环境对资源的供给所构成的有机联系。这里的资源包括企业生产经营必需的人力、资金、技术、原材料以及信息、政策等。由于企业自身拥有资源的局限性，其必须与控制关键资源的其他组织和机构相互联系来保证资源的可获得性。企业只有在拥有充足可利用资源的条件下才能使生产经营顺利展开。同时，由于经营环境是在不断变化的，环境中的各种因素可能单独影响企业，也可能多个因素对企业产生综合影响，这些因素相互间又是彼此依存或相互制约的。因此，企业在经营管理的过程中，必须及时跟踪和掌握经营环境的变化和发展趋势，因势利导，适时调整经营策略和方向。此外，各种类型企业的生产经营活动对经营环境又产生着影响。企业不只是被动地从经营环境中获取资源，优秀的企业不仅能够营造良好地内部环境，甚至可以改变或影响它的供应商、客户、合作伙伴、竞争对手、媒体以及政府等外部的组织机构，以此来改善企业的经营环境，争取更好的发展空间。由此可见，企业对经营环境的评估、分析和管理直接影响到企业经营发展的水平。不论企业在创立、经营和发展的任何阶段，对经营环境的管理都必不可少。

第 2 节　外部环境分析与评估

一、宏观环境分析

对于初创企业而言，经营管理更侧重于开拓市场、发展客户、确保质量的同时降低运营成本、完善内部管理制度等。企业若能对外部环境做有效合理的评估与分析，则能从诸多政策法规中梳理出有利于本企业发展的相关条款并适当地加以利用，促进企业更好更快地发展。

1. PEST 分析法

一个国家或地区的宏观环境影响因素一般可以归纳为政治（political）、经济（economic）、社会（social）和技术（technological）这四大类，因而对宏观环境的分析通常就是对影响企业的这四类主要外部环境因素进行分析，即 PEST 分析法，如图 9—4 所示。

（1）政治因素包括一个国家或地区的社会制度、执政党的性质、政府的政策法规等。不同的社会制度对企业有着不同的限制和要求，即使在社会制度不变的同一国家，不同的时期政府的政策方针也会有所不同，继而对企业产生不同的影响。企业需要关注的政治因素具体包括：政治体制、政府的管制、进出口限制、关税、政府采购规模和政策、相关法律法规的修订、产业政策与导向、投资政策、政府补贴水平、与其他国家和地区的关系等。

（2）经济因素包括宏观和微观两个方面。宏观经济因素指一个国家或地区的国民收入、国民生产总值以及国民经济发展水平和发展速度。微观经济因素指消费者的收入水平、消费偏好、储蓄情况、就业程度等。企业应重视的经济因素具体包括货币与财政政策、通货膨胀率、国内生产总值增长率、政府预算赤字、利率、汇率、股票证券市场状况、居民的消费习惯和水平、贷款的难易程度、就业状况等。

（3）社会因素包括一个国家或地区的人口结构、宗教信仰、风俗习惯、居民的受教育程度、文化水平、道德观念等，对企业及其所提供的产品或服务的需求认可程度会产生深远的影响。值得企业注意的社会因素具体包括人口规模、性别比例、年龄结构、医疗教育水平、宗教信仰、生活方式、公众道德观念、对工作闲暇的态度、资源的可获得性、污染控制、地理气候等。

（4）技术因素包括与企业经营生产相关的各种新技术、新工艺、新材料的面世及发展

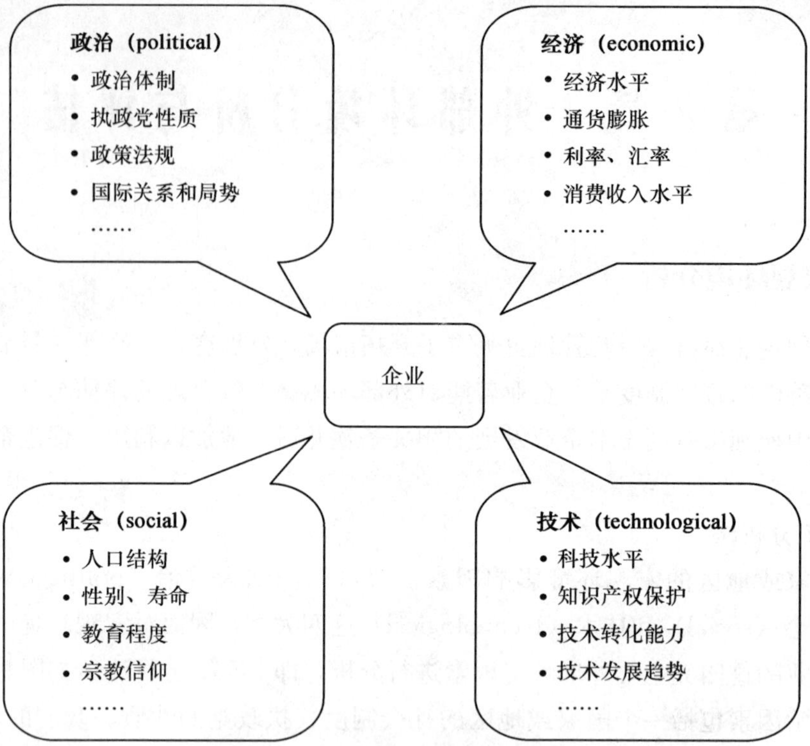

图 9—4　PEST 分析模型

应用前景，以及影响人们的生活方式甚至世界变革的重要发明。企业对于技术因素的考察具体包括：国家或地区的科技政策和发展导向、相关领域的技术发展动态、研究开发的经费投入、技术转化的难易程度、知识产权保护情况等。PEST 分析法对企业信息收集能力要较高，诸如政府工作报告、行业协会的统计数据、法律法规的变动等都可能需要长期关注，而不同的影响因素对企业的作用程度是不一样的，在进行 PEST 分析时，应抓住对企业影响较大的因素进行重点分析，其他的可以适当简化。

2. 政策法规

外部环境中的政治、经济、科技等因素很大程度上是通过各种相关政策来直接对企业的日常经营管理产生影响的，而相关政策也对社会文化以及自然环境产生一定程度的影响，进而间接地作用于企业。

（1）我国目前针对中小企业发展的政策法规现状。目前，我国促进中小企业发展的政策法规体系正逐步形成，中小企业政府管理体制进一步完善，有力地促进了中小企业的发展。

根据工信部中小企业司及相关部委、司局的统计，自 2003 年《中华人民共和国中小企业促进法》颁布并实施到 2012 年 5 月为止，国家共出台相关政策及法律法规 41 项（部），主要集中在财政支持、金融机构贷款、信用担保体系、直接融资等方面，为中小企业营造良好的外部环境。

（2）目前中小企业发展中存在的问题

1）法律体系不够完善。2003 年起实施的《中华人民共和国中小企业促进法》确定了中小企业在国民经济中的法律地位，明确了要从加大资金支持、提供企业扶持、推进技术创新、大力开拓市场、发展社会服务五个方面改善中小企业的经营环境。但是其内容过于笼统、原则性强、没有法律责任和处罚条款，在实际操作中也缺乏配套措施的保证，因而导致中小企业在融资、市场准入等方面仍然受到许多限制和不公平待遇。

2）融资困难。许多尚处于发展初期的中小企业尤其需要外部融资的支持。但由于中小企业自身的资产规模小、抗风险能力弱、稳定性差、自身积累有限，很难从外部获得更多的资金支持。中小企业在发展初期主要靠自有资金创业，或以向亲友借款、民间集资、拆借等方式筹资，即使是步入稳定发展期后，由于证券市场门槛高、企业投资体制不健全、公司债发行的准入障碍等，中小企业都很难通过资本市场公开筹集资金。但目前各个地方都出台了相对具体的针对青年创业和科技型创业的扶持措施，创业之初不妨先详细了解和研读。

3）社会化服务体系有待完善。中小企业的发展离不开社会的全方位服务，包括政府政策引导、资金融通、技术服务、信息支持、人才交流、市场运作、管理指导等。目前虽有为数众多的行业协会组织，但大部分是自上而下建立的，其服务理念和能提供的服务项目远不能满足中小企业的要求，影响了中小企业的健康发展。此外，职工的福利和养老等保障水平较低、难以解决职工的后顾之忧，在很大程度上制约了中小企业的可持续发展。

4）管理和技术水平较低，市场竞争力不强。一些中小企业管理和技术水平低，一味依靠低价竞争，难以在市场中取胜。还有相当比例的中小企业对研发工作重视不够、没有建立与科研机构的合作关系，生产中污染严重、资源浪费普遍，其粗放型发展模式已成为实现全面协调可持续发展的重大障碍。因此加快经济结构调整、转变经济发展方式已刻不容缓。

（3）地方政策法规概述。对于企业外部环境的分析不能只停留在对宏观环境的评价上，而应该仔细研读相关的具体政策，从中找寻有助于企业发展的机会。地区性的各类支持中小企业发展的政策大致有以下几种：

1）综合立法、规章、政策类。这些是与企业经营相关的综合性法规政策中的立法、规章和政策部分，可以视为企业经营法律法规的基础性框架和边界。

2）产业政策及规划类。这些是国家和地方推出的与企业经营相关的不同产业的政策和规划，从中可以分析和判断不同产业在未来一定时期内政府的支持导向和发展的前景，有助于企业明确发展的定位与方向。

3）税务政策。依法纳税是企业应尽的义务和对社会的责任。对初创期的企业而言，要平衡法律责任和降低税收成本之间的关系，需要具备较高的专业知识和管理艺术。企业可以对经营活动或投资行为等涉税事项做出事先安排，以达到减少缴税或递延纳税的效果。

4）融资及资金申请政策。中小企业难以通过规模效应来降低成本，同时因经营时间较短，资产规模有限等原因导致缺乏商业信用、融资困难。对此，为鼓励和促进中小企业的发展，政府有关部门出台了不少扶持政策并提供了相应的经费支持，初创期的中小企业更应该及时跟踪相关政策，以争取更好地开源节流。

(4）其他相关政策。企业在经营过程中，还需要积极关注和充分利用的政策包括：贸易政策（国内贸易类、国际贸易类、政府采购类），海关物流政策，质量管理政策，知识产权政策，人力资源管理政策（人才政策、户口政策、鼓励就业、职业培训、劳动保障），信息化建设政策，品牌培育政策，技术与产品创新政策以及安全生产、环保节能、工程建设、土地管理、行业监督等其他相关政策。

二、行业环境分析

绝大多数的中小企业不能改变所处行业的结构，其能够做到的是在行业竞争中寻找并确立一个适合生存发展的位置，并以此不断巩固和扩大其竞争优势。要能够在行业中准确合理定位，必须对行业环境进行研究和分析。第一，分析企业所处的行业结构以及今后的发展趋势。如果该行业未来发展前景黯淡，则应该考虑转投其他行业。第二，评估企业在行业中的地位。如果在行业中没有占据优势地位，企业很难获得良好的经营业绩。相反，企业处在一个平均利润率较低的行业中，但如果其占据了优势地位，其经营业绩仍有可能不错。

1. 行业环境分析的视角

尽管各种行业的规模、演进历史以及发展速度各不相同，但发展中的行业都具有一定的共同特征，具体包括：

(1）技术的不确定性。行业在发展过程中会出现一定的新技术或是传统技术的新应用，由此会产生产品技术配置、技术与效率转化、技术开发的成本和难度、技术的复制与突破等一系列不确定性。

(2）企业策略多样化。即使面对相同的市场、使用同样的技术，行业中的企业也会根据自身对于市场的定义与理解、掌握或可以调配的资源，来推行各不相同的战略定位和经营策略。

(3) 变化的消费者。由于技术和服务水平的不断提高，以及企业对消费者潜在需求的激发和引导，市场的需求规模和结构会因此产生变化。

(4) 快速应变。由于市场、技术、消费者、竞争企业的不断变化，要求企业必须不断调整策略，关注行业长期发展的同时更要及时应对行业中短期的变化。

因此，在对具体行业进行分析时，应从以上这些特征着手对该行业的组成结构作详细剖析。同时，无论是传统行业还是新兴行业都需要考虑原材料、专利技术、销售渠道、经验等在内的进入壁垒，对行业内的竞争情况，包括竞争者的数量和实力、产生竞争的原因、竞争可能产生的结果等进行合理的评估。表 9—1 提供了一个企业竞争能力评估的参考框架。

表 9—1　企业竞争能力分析

竞争要素	竞争企业			
	竞争企业 A	竞争企业 B	竞争企业……	本企业
性能指标				
质量				
价格				
服务				
知名度				
形象				
广告促销				
销售渠道				
地理位置				
人事政策				
生产成本				
生产能力				
研发能力				
财务状况				
……				

2. 行业环境分析的作用

通过对行业环境的分析，企业除了对行业的发展现状和前景、进入壁垒、竞争企业的状况等能够有一定的掌握，还能够：

(1) 明确定义所处行业。企业需要对所处行业有一个明确的定义，以此来描述企业的优势以及市场的特点。

（2）掌握供应商的实力和特点。了解供应商可能提供的与企业其他竞争对手相比的差别服务，或者不同供应商之间的差异。

（3）选择实施一体化战略。企业可通过兼并收购产业链前端或者后端，来实施前向一体化或者后向一体化，以突破销售、技术、原材料等瓶颈，在行业中占据有利地位。

（4）预测行业发展变化。对行业的生命周期、消费者数量和偏好、产品和服务的发展、竞争分析等方面的分析和跟踪，可以了解该行业的历史进程、现状以及推测未来的发展变化。

三、区域环境评估

对处于初创期的企业而言，其注册所在地或经营服务的地区对企业的生存和发展构成直接的影响。该区域可能只是行政区划中最小的单位或多个组合，却是宏观环境和行业环境的有机组成部分和具体的延伸，既有宏观和行业环境的共同基本特征，又有不同区域独特的现状和差异，其构成了企业经营的微观外部环境。

企业对区域环境和行业环境的分析，需要基于所处区域环境的现实进行，同时需要对区域环境加以准确合理的评估，使企业获得更大的发展空间和更多的资源。对区域环境的评估包括两个层面：

1. 区域环境对企业的影响

企业需要从区域的人口、经济、整体商业环境等方面评估该区域环境可能对企业日常经营的影响。方法类似于对宏观环境、行业环境的分析，但过程需要更具体、更有针对性。

（1）区域的人口状况。了解该区域中的人口规模和居民的性别、年龄、种族、婚姻状况、受教育程度、职业类型、生活习惯等。对比企业所提供的产品和服务分析如何满足该区域内目标客户的需求，并以此制定和调整供应的数量、价格、周期等。比如在社区中开办一家干洗店，应该根据社区居民的年龄结构、职业特点、消费水平、工作时间等因素制定相应的服务内容、收费标准、营业时间等。

（2）区域的经济基础。经济基础包括当地的就业状况、购买力水平（可支配收入）、物价水平、消费偏好等，这会影响到企业原材料采购、员工招募等方面的成本，以及企业组织生产、提供服务的规模、频率、价格等因素。

（3）区域的整体商业环境。该区域的交通、水电等基础设施，银行系统专业服务机构，场地、闲置的建筑物等都会影响企业的经营成本。完善便利的整体商业环境可能会给企业经营提供充足的市场和资源，但同时也需要对可能增加的经营成本进行综合考虑。

2. 企业对区域环境的影响

在评估区域环境对企业经营发展影响的同时，必须将企业本身作为一个变量投放到区域的经济活动中进行综合考虑。无论企业提供的产品或服务对于该区域而言是前所未有的还是替代品，都会对该区域内现有的市场格局和消费习惯产生影响，甚至打破原有的平衡。

因此，经营者需要考虑企业开展的经营活动对区域原有的市场格局可能产生的积极或消极的影响，包括区域对于本企业的依赖程度、区域内原有的其他企业可能采取的措施、目标客户对本企业及其所提供的产品或服务的接纳程度、可能对其他区域的影响等。

第 3 节　内部环境营造与管理

一、企业家个体素质

任何企业的创始人都会对企业产生巨大的影响，对于初创企业而言，企业家几乎能够直接决定企业的前途和命运。因此，企业家对于企业内部环境的影响是决定性的，企业家决定了企业发展初期的特点和方向。在讨论初创企业内部环境的营造和管理时，必须了解企业家的个体素质。

1. 企业家的特质和天赋

美国百森商学院的杰弗里·蒂蒙斯教授认为像精力和天才这些先天特点并非所有的企业家都会拥有，尽管这些先天的特点可以起到不可否认的核心作用，但拥有这些先天特点一定不是成为企业家的必要条件。企业家可以通过重点发展那些起作用的态度和行为，并有意识地加以培养和强化，同时对于那些不起作用的态度和行为进行剔除或者减少它们的不利影响，这样获得成功的几率一定大得多。

(1) 企业家的特质。成功的创业者具备以下六大特质。

1) 责任感和决策力。勇于承诺和决心是创业成功至关重要的因素。有了坚定的必胜信念，企业家才能克服别人认为不可逾越的困难，最终取得创业成功。

2) 领导力。成功的企业家熟悉相关的技术和市场知识，具有扎实的管理能力。他们有强大的内在控制力，是富有耐心的领导者，能够描绘出组织愿景，根据长期目标进行管理。他们不需要行使正式权力就能协调好企业内部员工的利益，并处理好与客户、供应商、债权人、合伙人等利益相关者的关系，共同分享成功。

3）执着于商机。成功的企业家会为了商机殚精竭虑。他们把商机视为支点，通过把握商机来规划企业的发展方向。在寻求商机时目标明确，设定高远但可达到的目标，从而集中精力瞄准商机，并懂得把握或拒绝，能够分清轻重缓急。

4）接受风险和不确定性。风险和不确定性存在于创业的每个阶段。企业家把自己的资金、时间、精力、声誉等投放到创业的过程中，但他们与赌徒不同，他们是有准备有计划的冒险。既然是冒险就一定存在失败的可能，因此企业家在做出冒险决定之前一定会对可能的最坏结果有一定的预期和承受能力。

5）创造、自信和适应能力。面对高速变化的市场，要求企业家必须能够紧跟发展的步伐做出快速的反应。创造保证了企业在激烈的竞争中不掉队；创业者又都是自信的，认为自己能够控制和影响结果，所以他们愿意主动承担责任、解决问题；成功的企业家都能够努力地适应创业过程中出现的各种状况。

6）超越他人的动机。成功的企业家都有着强大的欲望去超越对手，他们大多属于自我驱动型的高成就感者，不断努力去超越自己设定的目标，去追求更有挑战性的目标。他们会敏感地捕捉周围环境发生的各种变化，做好充分的准备才实施行动，以此来降低风险。

（2）企业家的天赋。企业家的天赋虽然不是企业经营成功的必要条件，但一定能帮助企业家更好地取得成功。

1）旺盛的精力、健康和稳定的心态。企业家面临的工作局面是特殊的，压力是巨大的，对于他们的生理和心理健康要求极高。企业家特别是优秀的企业家一定是孤独寂寞的，稳定的心态使他们能从困难和挫折的极度沮丧中走出来。

2）创造力和创新精神。创造力对于企业和企业家十分重要，但是创造力并非是每个企业家都具备的，这不仅与企业家所接受的教育相关，甚至得益于遗传。当然不同的成长环境也会对企业家的创造力产生影响。

3）智力。包括了抽象思维和推理能力、分析和解决问题的能力、学习能力、记忆力、适应能力等。对于企业家而言，智力不完全等同于智商，而是在创业前提下的智商。

4）激励的能力。远见是一种天赋，耳熟能详的伟大领导者都是极富远见的。当企业员工遇到困难和障碍一筹莫展时，往往就体现出企业家的远见卓识，它能让企业家激励员工共渡难关。

5）价值观。价值观和伦理道德反映了企业家的成长背景，一个人的价值取向往往在他幼年就形成了，而企业家的价值观在某种程度上决定了企业的价值观。

2. 企业家的性格分类

以上六种特质、五种天赋是对成功企业家的概括，但事实上生物的多样性决定了每个企业家不同的特点。美国圣路易斯大学约翰·库克商学院科尔曼创业基金会主席杰罗姆·A. 卡茨教授对不同的企业家做过这样的分类：

（1）传统企业家。传统企业家的特征是特立独行、很少社交、努力工作、具有快速学习能力和冒险精神。典型的代表就是微软的比尔·盖茨和沃尔玛已故的创始人山姆·沃尔顿。今天的传统企业家也有所改变，他们不再孤军奋战，愿意随时与他人合作。

（2）中小企业家。中小企业家和传统企业家一样都努力工作，也都富有个性，但他们很多是风险厌恶型的企业家，这让他们不能快速学习并果断做出决定。他们更多是为了养家糊口，而不是为了创造巨额财富。

（3）理想企业家。理想企业家也都是努力工作、很少社交，但他们总能得到他人的帮助。他们创业的目的不一定是为了获取巨大的财富，可能更多的是为了能够实现自己的理想，干出一番伟大的事业，因此更愿意承受风险。

（4）管理企业家。管理企业家常常是从大企业跳槽出来自己创业的，因此他们的社会适应力强、人脉广。这些企业家追求权力和财富但反对冒险，往往愿意事先做好缜密的计划并谨慎地付诸行动。

（5）销售员型企业家。这类企业家努力工作、善于交际，在企业内外拓展业务和人脉，并利用这些网络来降低风险。他们对周围环境的变化相当敏感并能快速抓住机会，更关注社会地位而非个人财富。

3. 企业家的经营能力

对于所有的初创企业而言，仅仅具备优秀特质和过人天赋的企业家并不能带领企业实现成功的目标。他们必须在企业的经营发展过程中不断认识自我、激发自我、提高自我才能够根据市场的变化进行科学有效的决策并实施设定的计划。企业家需要提高的能力有很多，其中最为主要的有以下六个方面：

（1）领导能力。这是企业家最为重要的技能，也是不同企业经营优劣背后的核心原因。初创企业不比已经稳定的大企业，没有成熟的内部管理制度，几乎所有的事情都要从头做起，也很难找到完全符合企业需要的现成模式。领导力往往更多的是一种人格魅力和影响力，是企业家对于企业内部团队施加影响的过程。

（2）学习能力。快速学习和运用新知识的能力是企业家必备的重要技能。面对纷繁复杂的市场环境，企业家要及时、准确地发现存在于各种现象背后的本质以及各种矛盾之间的内在联系，就需要企业家能够不断地从失败的教训中学习，把失败变成企业走向成功的基石。

（3）沟通能力。企业在经营过程中时时刻刻都在与内部和外部的人打交道。沟通就成为连接企业与内部团队，企业与外部个人和组织的纽带。沟通能力表现为倾听和表达的能力。企业家要学会听懂并理解他人表达的意思，也要有能力把自己的意见准确有效地传达给他人。

（4）整合能力。经济学的主要任务是将稀缺和多用的资源进行合理有效的配置来满足需求的无限性和层次性。企业经营的过程就是将各种资源整合并进行生产加工的过程，对于企业内部和外部的人、财、物、信息等各种资源的有效整合与利用的能力代表了企业的经营和管理水平。

（5）决策能力。决策伴随着企业经营的整个过程，对于企业家而言最难的是在信息不对称、不完整，难以准确预期结果的局面下进行及时、准确的判断和决策。企业经营决策没有绝对的好坏和标准答案，它是一个动态的过程，需要通过后续的决策对前期的决策进行不断修正，来弥补失误降低风险。

（6）执行能力。企业经营要有计划、有决策，但最重要的还是付诸实施。没有执行力再好的计划都是纸上谈兵。执行力是企业竞争力的核心，是把企业战略规划转化为效益的关键。

企业家需要提高的能力远不止这些，企业经营是个复杂的系统工程，这就要求企业家必须在经营过程中根据企业发展的需要不断地提高自身的素质和能力。

二、企业制度与文化

企业内部环境通过企业的管理制度与文化对企业的经营决策产生影响，并与企业内部团队和外部环境建立联系。初创企业的内部制度和文化伴随着企业的成长，在企业家、管理团队、员工、外部环境等有关因素的共同作用和影响下逐步形成和发展。企业内部的氛围对业绩产生十分重要的影响，而这一氛围又是由所有企业内部人员对企业组织的期望和企业家的态度共同形成的。它是企业得以生存发展和应对各种问题的关键。

1. 制度建设

“没有规矩不成方圆”，企业内部的管理制度是对企业家、员工行为的约束和规范，是企业经营的基础保障。对于初创企业而言，必须首先建立和完善的主要有产权制度、人事制度和财务制度。

（1）产权制度。现代企业的一个最基本的特征就是产权明晰。产权制度是企业经营的基础，没有与现代生产力相匹配的产权制度，企业无法得到健康有序地发展。初创企业由于人员有限，建立明确的产权制度是有利且有必要的，切不可碍于情面，以模棱两可、含糊其辞的方式回避问题，待发展到一定阶段再回头补救则可能会付出高昂的代价。

（2）人事制度。现代的人力资源管理主要包括人力资源规划、招聘与配置、培训与开发、绩效管理、薪酬福利管理和劳动关系管理 6 大模块。全面完善的人事制度对于企业发展的重要意义不言而喻，但初创企业受成本、管理水平等因素的制约，无法像成熟的大企业一样进行人力资源的配置和管理，一般只能根据企业实际，将重点放在选拔招募、薪酬福利和绩效管理这些环节。在招聘过程中，对于应聘者的知识、能力、性格、价值观等方面的评估特别重要，而薪酬福利和绩效管理又直接反映了企业在吸引、留住人才方面的竞争力以及经营效率与管理水平。

(3) 财务制度。2012 年年初，普华永道会计师事务所发布的《2011 年中国企业长期激励调研报告》显示，中国中小企业的平均寿命仅 2.5 年，大多数中小企业重复走着“一年发家，二年发财，三年倒闭”的道路，其中最为直接的原因就是财务管理不善，导致应收账款、坏账过多，现金流断裂。初创企业往往没有完善的财务部门，甚至只是外聘代理记账，缺乏必要的财务监控，而要确保企业经营的规范、有序，在财务方面至少应该建立基本完备的预算、审核、会计核算、报销、货币资金管理、应收账款管理、存货管理、固定资产管理、成本管理等制度。

2. 文化管理

企业文化一方面反映了一个国家或地区的文化，另一方面也体现了企业自身独特的价值观、信念、处事方式等。优秀的企业文化是企业竞争的软实力，能够为企业内部高效的管理提供保障。

(1) 企业文化的六个维度。不同的企业呈现出不同的组织文化，企业文化可从以下 6 个维度进行描述：

1) 清晰度。工作、程序和任务是否能够得到有组织地、简洁有效地完成。

2) 标准。企业家对员工取得高标准、出色业绩的期望和施加压力的程度。

3) 承诺。员工为完成企业目标而承诺其付出的责任。

4) 责任。员工不需要监督，愿意主动承担达成目标的责任感。

5) 认可。员工所能感受到因出色完成任务而得到的认可和嘉奖的程度。

6) 团队精神。员工在合作中所能感受到的凝聚力和团队精神的程度。

(2) 企业文化的管理和发展。为了能够成功塑造上述的企业文化氛围，在企业的经营管理过程中通常会采取以下管理方法：

1) 领导方式。优秀企业的领导方式不会是单一不变的，领导权建立在专业技能而非权威的基础上，企业家懂得各项工作之间以及领导者与下属之间的关系，不会独断专行、争夺领导权或者将某项工作的重要性凌驾于其他工作之上。

2) 合议。很多成功的初创企业在确定职责范围时，都通过合议的方式让不同层面的管理者、员工都能够表达各自的观点和需求，再加以平衡。

3) 交流。初创企业由于规模有限，企业家有条件与大部分甚至所有的员工进行直接的接触和交流。保持沟通能够让信息得到共享，增进彼此间的了解、信任和默契，有助于形成科学有效的决策。

4）鼓励。优秀的企业家会通过鼓励而非惩罚来让员工发现和纠正自己的错误，通过鼓励创新和有计划的冒险来增强团队的信心，在员工需要帮助的时候提供必要的资源来协助其解决问题。

5）信任。优秀的企业家在员工的心目中应该是值得信赖的、正直的、真诚的、坦率的，不在企业里制造矛盾、传播不实信息，能够坦诚地面对其他员工，善于倾听和接纳不同的观点。

三、企业道德与社会责任

企业在经营决策时的“趋利避害”，往往会将其引入道德困境，例如为了降低成本不惜牺牲质量、通过商业贿赂获得订单或中标、提供虚假财务信息骗取潜在投资者的信任等。各种不道德甚至违法的行为让企业家被冠以“无商不奸”的帽子，甚至企业的发展都有“原罪”的概念被很多人认同和接受。由于企业道德的缺失和沦丧对企业自身、员工以及社会产生的负面影响可能是巨大的甚至灾难性的。例如 2001 年美国安然公司事件不仅导致本公司破产，还迫使原有国际五大会计师事务所之一的安达信分崩离析；2008 年由三鹿集团引爆的三聚氰胺事件给中国乳制品行业带来了几乎摧毁性的打击。

企业道德冲突的产生原因是多方面的，有企业本身的内外部利益群体间的利益冲突引发的，也有社会发展带来的价值观、道德观和社会规范的巨大变革造成的。企业道德会直接影响企业经营的内外部环境，也从根本上影响了企业未来发展的方向。

1. 企业道德管理

企业道德会通过企业家、员工的行为体现，而企业中每个人的价值观、道德标准又是组成和影响企业道德的因素。因此，对企业道德的建立和管理实际上是对企业内部不同个体的价值判断、道德标准的统一和规范的过程。根据企业的道德规范、动机、目标、战略和对法律的遵守情况，可以把企业管理方式以道德的标准进行评价，见表 9—2。

表 9—2　　道德管理的方式

企业特征	不道德的管理	与道德无关的管理	道德管理
道德规范	决策、经营行为与公认的道德标准背道而驰，经常进行不道德的活动	缺乏道德意识和观念，但决策和行为既不是不道德的，又不是符合道德的	经营活动遵循公认的道德标准进行
动机	只关心自己或企业的利益	自私但不损害他人	公平、公正、适当的方式追求企业和个人的成功

续表

企业特征	不道德的管理	与道德无关的管理	道德管理
目标	不惜任何代价牟利	赢利	在遵守法律和道德的前提下追求利润
战略	选择一切可能的捷径为公司赢利	可以根据自己的道德标准自由选择	在良好地道德规范下经营
对法律的遵守情况	认为法律是障碍	法律是道德的底线，更看重法律规定	遵守并愿意在法律的规定内经营

对企业而言，道德的管理要求企业家首先分析自身的道德意识。企业的道德决策和经营风格主要取决于企业家个人的道德标准，中小型企业受企业家道德的影响更大。因为员工会很容易观察企业家的行为，以此建立对企业道德的判断，进而效仿。因此，企业家有责任提高自身的道德意识，在企业内广泛传播优良的道德意识，以此来逐步建立企业的道德标准，并通过制度的形式将其固化，把道德目标和企业的经济目标结合起来，不断地进行修正和回顾。以道德的标准建立和完善企业的组织结构和规章制度，将道德标准贯穿于企业经营的各个环节。

2. 企业的社会责任

企业道德无论是作用于企业内部还是外部，最终体现的是企业对社会承担的一种责任。社会责任包括了企业对社会应尽的义务，这些责任和义务延伸到企业内部与外部的多个不同的领域。表 9—3 列举了企业社会责任的部分种类。

表 9—3　　企业社会责任的种类

社会责任所属领域	社会责任的表现方式
环境	控制污染 保护环境 节约自然资源 资源再生
能源	节约生产和运营时的能源消耗 提高能源利用率 其他节能计划（鼓励员工选择公共交通方式上下班）
公平就业	雇佣女性、少数民族 雇佣残障人士、退伍军人、刑满释放人员、下岗失业人员

续表

社会责任所属领域	社会责任的表现方式
人力资源	关注员工的健康状况，组织健身、体检等 提供员工培训和进修机会 为员工提供职业指导和咨询 关心员工家庭并提供帮助（员工子女教育问题，家属医疗保险等）
社会	支持教育、艺术和社会公益事业 现金捐赠或提供免费的产品和服务
产品	提高产品质量、安全性 认识产品可能造成的污染与危害 投入产品研发改进性能

在中国经济持续高速增长的同时，必须对企业的社会责任提出更高的要求。一方面企业通过合法规范的经营能不断丰富人民的物质文化生活，推进国民经济快速稳定的发展；另一方面企业诚信经营、遵纪守法、热心公益、关注环境又会带动企业内部员工、外部利益相关者及其所在的社区共同营造良好的法制环境、市场环境和生活环境。

【本章知识点小结】

环境管理	企业经营环境概述	基本概念
		经营环境的分类
		企业与经营环境的关系
	外部环境分析与评估	宏观环境分析
		行业环境分析
		区域环境评估
	内部环境营造与管理	企业家个体素质
		企业制度与文化
		企业道德与社会责任

【环境管理—案例分析】

老张的创业抉择

老张刚过50岁，由于原单位效益不好，不得不提前退休。老张的爱人在单位担当会计，再过两年也要退休。老张认为自己的身体不错，不愿意闲在家中，同时也想为家里多创造一份收入，于是去了小区旁的一家24小时便利店打工。

老张家所在的地区是个以旧式公房为主的住宅区，居民中有1/3以上是50岁以上的中老年人，剩下不到2/3的居民中有一大半是外来务工人员，相对低廉的房租是吸引这些打工者租住的最大因素，剩下的一小半居民主要是年轻的学生和上班族。

小区附近有2家便利店，经营的商品种类、价格大同小异，两家店的生意勉强过得去。老张在其中一家店里干了2年，对便利店的日常管理了解了不少，老邻居老朋友也愿意来他的店里买些生活必需品，顺便聊聊天。最近店长准备转行去开餐饮店，有意把便利店盘给老张打理，恰巧老张的爱人也退休了，他俩打算把店盘下，但对于能否经营好还是没有把握。

思考题

请你从环境管理的角度替老张夫妇分析下是否该盘下便利店？如果盘下，又该做哪些调整？

第 10 章

合同管理

【本章导读】

企业在寻找合作伙伴、研发产品、设计服务、组建团队、营销采购、融资借款、租售场地、兼并重组、发债上市、破产清算等活动中均会与他人或其他组织发生合同关系。可以说，合同在企业的产生、发展、消亡过程中无处不在。《中华人民共和国合同法》第8条规定："依法成立的合同，对当事人具有法律约束力。当事人应当按照约定履行自己的义务，不得擅自变更或者解除合同。"在司法实践中，与企业有关的纠纷绝大部分是合同纠纷，合同的签订是否妥当、合同管理是否规范，在很大程度上决定了企业经营管理的成败。

第1节　合同管理概述

一、合同概述

合同是企业实现经营利益的工具，是合同管理的基础。加强合同管理能更有效地提升企业的经营管理水平。

1. 合同的定义

在法律上，合同是作为平等主体的自然人、法人、其他组织之间设立、变更、终止民事权利义务关系的协议。其本质是2个或2个以上的当事人，意思相合、意愿一致所订立的协议。一般情况下，具有等同于法律的效力。一旦签订合同就表示自愿受到合同约定的权利和义务的约束，在一方不履行合同义务的情况下，对方可以请求相关国家机关通过国家强制力来保障合同的履行。

本章所指的合同还包括用人单位与劳动者之间为规范劳动关系而签订的劳动合同。

2. 合同的法律特征

（1）合同是民事主体实施的以意思表示为要素的，引起民事权利和民事义务的产生、变更和终止的行为。

（2）合同当事人的民事主体地位是平等的，任何一方不得将自己的意志强加给另一方。

（3）合同设立有明确的目的性，是当事人自由意志的表现，当事人会在合同中明确约定各自的权利义务，从而增加交易的可预见性。

合同作为商品交换的法律表现形式，具有动态性。企业在经营过程中，通过订立、生效、履行、变更、终止甚至违约等一系列的合同行为，达到获取静态财富的目的。企业能否依法订立和顺利履行合同，直接关系到经营活动的成败。加强合同管理、及时发现并提前预防在市场竞争及合作中存在的经营风险和法律风险对企业实现经营利益是至关重要的。

二、合同管理概述

1. 合同管理的概念

合同管理是指企业为实现合同目的，根据自身情况，依照法律规定，对合同的订立、履行、变更、解除、转让、终止、纠纷解决、权益维护等进行审查、监督、控制的一系列民事法律行为的总称。其中，订立、履行、变更、解除、转让、终止、纠纷解决、权益维护等是合同管理的内容；审查、监督、控制是合同管理的手段。

2. 合同管理的特点

（1）合同管理主体是指企业作为一方当事人，为了企业利益，以企业名义，依照职权实施合同磋商缔约、履行监督、变更或解除、维权救济等合同行为的企业内部各部门的总称。合同管理主体与合同主体是不同的概念。

（2）企业合同管理的目的是企业经营利润的最大化，少数经营公益事业并享受政府补贴的企业，诸如公交、水、电、燃气、热供应企业除外。

（3）合同管理贯穿企业经营的全过程。采购、生产、销售、回款是企业日常经营过程的主要环节，这些环节的运行基础就是企业签订的各类合同，对这些环节的管理也就是对企业合同进行管理。从企业的生命周期来看，设立之初需要签订合作或合伙等协议，发展过程中可能签订加盟连锁、股权转让等协议，在停止经营时会涉及一系列与清算有关的协议。

（4）合同管理覆盖了企业管理的方方面面。企业管理的主要内容体现为对人、财、物和信息的管理。对“人”的管理离不开劳动合同，对“财”的管理涉及借款融资协议，对“物”的管理与买卖或承揽合同紧密相关，对“信息”的管理通常会通过保密协议加以规定。

（5）企业合同管理要从企业实际出发。合同管理涉及的组织设置、人员配备、程序设计等既要符合本企业的实际情况，也要符合企业将来的发展需要。

三、合同管理的目标与原则

规范的合同管理对于理顺内部关系、提升决策水平、巩固市场地位、实现企业可持续发展意义重大。

1. 合同管理目标

企业合同管理目标就是控制企业经营风险，提高企业的整体管理水平。具体工作是通过建设合同管理队伍，明确部门工作职责，理顺企业与员工、企业与投资人之间的关系，控制决策的随意性，避免合同签订和履行中潜在的风险与纠纷，提高企业发展的预见性，使企业牢固地立足市场，实现可持续发展。

2. 合同管理原则

（1）依法管理原则。签订的合同内容要合法、形式要合法、签订的程序也要合法。

（2）渗透管理原则。合同管理工作必须渗透到合同的订立、履行、变更等全部过程、细节和环节中去。

（3）预防为主原则。合同管理人员应尽量避免合同隐患，减少合同纠纷。

（4）流程管理原则。将合同管理按照时间顺序分成若干阶段，利用业务人员的专业特点和职责范围，对各阶段合同管理工作加以规范，从而最大限度地防范纠纷与风险，有效实现合同目的。

第 2 节　签约阶段的合同管理

合同谈判是达成合同的必经阶段，有效的谈判可以在较短的时间内促成合同，充分保护双方的权益，促使双方长期合作。相反，如果在谈判阶段准备不充分，不能掌控谈判节奏，就会陷入被动局面，使本应享有的权益得不到主张，最终导致谈判失败或签订不利于自身权益的或极其苛刻的合同。在合同谈判、签订阶段应完成以下任务：

一、明确合同目的

企业就是通过一系列合同的签订、履行来实现经营利润最大化的目标。在合同谈判前一定要明确合同的目的，这样才能选择好谈判思路和方式，也可以避免因合同目的违法而导致合同无效的情况发生。

二、交易对象的调查

合同交易对象决定着合同能否顺利履行，对交易对象的选择和了解是签约前的必经程序。根据社会实践经验，选择和了解交易对象应包括以下几方面工作：

1. 调查交易对象的主体资格

市场中各类经营单位的性质、种类、背景比较复杂，为防范欺诈行为、降低交易风险，必须对交易对方的主体资格、履行合同能力、信用情况等进行必要的调查。调查主体资格应当查看对方的营业执照和企业参加年检的证明资料，并通过工商行政管理部门进行验证，不能仅凭名片、介绍信、工作证、公章、授权书、营业执照复印件等来认定。如果签约主体是公民，应获得对方的身份信息，在必要时可通过公安机关予以验证，以确定其具有签约资格。如果签约主体是外方当事人，应当查清其法律地位和性质，主要调查其是否合法存在性，包括法定名称、代表人姓名、国籍及企业的注册地等信息。

2. 调查交易对象的经营范围和资质

合同双方都应该在其经营资质和经营范围内活动。因此，在签合同前必须审查合同内容是否需要双方具备特定的经营资质，如果合同内容涉及交易对象须具备相应的经营资质，而交易对象没有具备的，则可能导致合同无效或中途终止，造成己方的损失。如房屋建设施工合同、烟花爆竹买卖及运输合同等，都需要交易对象具备相应的资质。

3. 调查交易对象的财产状况

企业财产包括实有资本、公积金及其拥有的房屋、土地、设备、债权等。财产状况是企业经济实力和履约能力的重要标志，但不是唯一标志。在调查中要注意欲成交的合约金额与其财产状况是否匹配，一般情况下应低于其财产额。调查还要注意企业所负债务与其注册资本的比例，以确定该企业是否属于负债经营。对于负债经营的企业，不宜对其采用赊销的方式，应要求现款交易。

4. 调查交易对象的生产能力

生产能力的高低以及是否稳定持续将影响合同的顺利履行。生产能力调查主要包括对企业厂房、机器设备、原材料、车间、辅助材料、货源供应商和供应渠道、生产技术水平、生产工作人员等调查。调查不能流于形式，例如，引进的机器设备要查看机器的原产地证书且确认工作人员能够正常操作。

5. 调查交易对象的资信状况

交易对象的履约意愿及其诚信度对合同的履行影响巨大。有些单位或个人，虽然具备较强的资产实力及偿债能力，但会找各种借口拖延支付款项。催讨应收账款会耗费企业相当多的时间与精力，最终还可能导致看似盈利的项目却因对方长期拖延付款造成因资金被占用而实际亏损。对于资信状况不佳的交易对象，在交易中须书面明确付款的时间节点或具体的付款条件，并约定较重的违约责任。

对于选择和了解的交易对象的材料，应及时建立该客户档案并妥善保管，以备后续之用。最后通过调查结果对该交易对象进行评价，对于优良的客户可以保持合作关系，对于较差的客户我们可以采取加大违约金、缩短结款周期的方式来维持合作关系，或直接拒绝与其合作。

三、合同的起草与审查

随着我国市场经济体制的建立和完善，合同在企业经营活动中的作用日益突出。合同的起草与修改是否周密、严谨将直接关系到企业的经济利益得失。

1. 合同的起草

在合同起草时候，首先要整理与目标委托事宜相关的事实情况、证明文件、背景材料等，分析该合同所涉及的法律关系、可能存在的法律风险及风险防范措施；其次是确定合同性质，采用规范的合同文本，因为不同性质的合同涉及的法律规定不同，合同双方的法定权利义务也有所差别，对于合同性质难以界定的，最好在合同名称中直接注明合同性质。

通常合同对起草方较为有利，但想要己方的合同尽快获得对方的认可，就应使合同条款不仅满足己方的需求，还要关注对方的核心利益，追求双赢。合同文本通常包含序言和正文两部分，正文主要包括八类条款：（1）当事人的名称或姓名及其住所；（2）标的；（3）数量；（4）质量；（5）价款或报酬；（6）履行期限、地点和方式；（7）违约责任；（8）解决争议的方法。合同起草方可结合相应的合同范本，根据双方交易的实际约定，形成适用于双方交易关系的合同文本。

在起草合同文本时，需做到措辞严谨、用语恰当、上下文连贯、意思表达一致。需特别注意付款期限、付款方式、质量标准、交货方式、履行担保等保障合同顺利实施的条款对己方是否具有安全性和可操作性；需考虑到自然现象中的台风、洪水等不可抗力，社会因素中的政策调整、市场价格大幅波动等重大事项，微观方面的当事人死亡、企业倒闭、重组并购等事项，做到未雨绸缪；还需考虑到履行合同发生纠纷时，己方能否通过法律手段保障合同权利的实现。

2. 合同的审查

合同文本审查是通过检查、核对、分析等方法对合同中存在的法律问题及其他缺陷提出修改、增删、调整等意见的过程。审查合同的目的在于判断合同是否能够保证自己达到交易目的，合同条款是否能够有效地维护自己的权益。

（1）审查合同主体。合同当事人的身份和资格直接关系到所签订的合同是否有效，对合同主体的审查是防止合同欺诈的最有力的防范措施。合同主体包括自然人、法人和其他经济组织，都可在要求对方提供相关资料的基础上，通过工商、公安、民政等部门，对其身份予以核实。如签订合同时存在委托代理情形的，需取得委托人出具的书面委托材料，并审查代理人的身份、代理权限范围、代理期限等，避免因发生无权代理或越权代理而导致合同效力上的瑕疵。

(2) 审查合同内容的可行性。企业根据合同双方的条件和能力，通过审查生产能力与合同相关条款是否相匹配，来分析判断合同能否顺利履行。该项审查对保障稳健经营、避免造成违约具有重要意义。

(3) 审查合同内容的合法性。合同的内容应符合法律的规定。合同内容包括合同名称、约定的条款、专业术语等，审查合同内容合法性的主要目的是避免合同中的相关内容与法律规定起冲突。合同内容合法性的审查主要包括三个方面：

1) 合同名称与合同性质是否相符。我国《合同法》规定，如果合同名称与实际内容不符，发生纠纷时以实际履行的合同为准，这样能避免不必要的麻烦。例如承揽合同与买卖合同的区别。承揽合同中承揽人可以约定留置权，承揽方所在地的法院对该类合同纠纷在法律上有管辖权。如果该类合同被视作买卖合同处理，则对承揽人有利的法律规定就难以运用，当定作人违约时，承揽人的维权成本会大幅增加。

2) 约定的合同条款与法律的强制性规定是否存在冲突。合同条款中既可以约定权利，也可以约定义务，但约定的权利和义务不能与法律的强制性规定相冲突。与法律的强制性规定一致的条款，可以不作约定；对当事人非常重要且可以自行约定的条款，一定要做到条款完整，表述尽量对己方有利。

3) 法律术语使用是否准确。合同条款中所用的法律术语要与相关法条、司法解释相符。如合同中经常出现的“订金”“押金”等不确定用语均应以规范的术语“定金”所替代，在有限责任公司的股权转让合同中，不应将“股权”和“股份”相混淆。同时需注意引用或依据的法律法规是否已被修订或废止。

(4) 审查合同订立程序的合法性。例如需经批准或登记的合同是否履行了批准或登记手续；约定须经公证后方能生效的合同是否经过公证机关公证；附期限或附条件的合同，应审查约定的期限或条件是否合法可行；约定第三人为保证人的，应审查是否有保证人的签名或盖章；约定采用抵押方式担保的，应审查是否办理了抵押登记手续；约定采用质押方式担保的，应审查当事人是否按时履行了质物交付手续；审查合同双方当事人是否按合同约定签字或盖章等。

四、合同的签订与保管

1. 合同的签订

在合同文本起草和审查完毕之后即可签订，一般情况下合同在签订完毕后即时生效，双方当事人受其约束，但部分合同需经有关部门审批后才能生效。合同签订的目的是使合同生效，并通过履行合同达到双方追求的经济目的。

合同签订时需注意如下事项：

（1）要注意签订人与合同主体是否一致，若不一致，需确认签订人是否具有代理权。

（2）检查该合同版本是否和签订前最终审定的版本一致，需仔细检查每个条款，特别是交货时间、标的、质量、货款金额和违约责任等。

（3）合同文本中所有不用填写文字的空白处均需划斜杠或盖“此处空白”章。

（4）如合同文本超过一页纸，还应分别盖上骑缝章，以防日后任何一方伪造合同。

（5）以传真方式签订的合同或盖章并扫描后以邮件或即时通信工具传输给对方的合同，需尽早取得双方盖章的纸质合同原件。

2. 合同的保管

签署完毕的合同，己方必须保管至少一份。围绕该合同的签订过程所产生的以下材料均需整理并与合同一起保管：

（1）谈判记录、可行性研究报告和报批文件。

（2）对方的营业执照复印件。

（3）对方履约能力证明资料复印件。

（4）对方的法定代表人或合同承办人的职务资格证明、个人身份证明、介绍信、授权委托书的原件或复印件。

（5）己方的法定代表人的授权委托书的原件和复印件。

（6）对方担保人的担保能力和主体资格证明资料的复印件。

（7）双方的往来传真、信函、邮件、电话记录等书面和视听材料。

（8）登记、鉴证、公证等文书资料。

建立合同档案和合同管理台账，对每份合同文本进行编号，做好合同文本的签收记录，根据合同类型设立台账，以便及时跟进，提前预警，顺利履行。台账内容需包括合同号、经手人、签约日期、标的、价款、对方情况、履行时间节点等。

五、合同签约阶段的法律风险防范

1. 减少、消除合同签订前的法律风险

该阶段的工作主要是审查合同对方的主体资格和履约能力。重大合同先经招标程序审查对方的主体资格和履约能力，这是减少、消除合同签订前法律风险的有力措施。对于未纳入招标范围的小额合同，也应在签约前审查合同对方的主体资格和履约能力。

2. 避免、杜绝合同签订时的法律风险

该阶段的工作主要是认真检查合同条款是否正确、完整、合法，合同抬头和落款是否正确、齐全。在签订前将合同送交企业法务部门或外聘的律师事务所进行审查，是防范该阶段合同法律风险的有力措施。

第3节 履约阶段的合同管理

一、合同履行管理的重要性

合同履行是企业合同利益实现的过程，也是合同风险集中显现的过程，其管理的难度最大。合同当事人不仅要按照合同约定的条款履行义务，在出现情况变化时，还需进行必要的沟通、协商，对原合同作出补充或修订，并妥善保管好合同履行过程中形成的各类文件。重视合同履行管理对于保障合同目的的如期、顺利实现至关重要，同时能在处理合同纠纷时有理有据。

二、合同履行中的常见问题

司法实践中绝大部分合同纠纷都发生在合同履行阶段。由于市场环境和双方经营状况的变化以及双方法律意识强弱等因素导致履行中的常见问题有：

1. 严格履约意识薄弱

合同当事人往往会以双方关系不错为由，延迟交货或付款不及时，不重视自身的合同义务，导致争议出现时，己方的违约行为往往被放大，造成被动。

2. 证据收集意识差

在合同履行过程中，如果对方违约，守约方往往碍于情面或不愿得罪大客户而怠于维权，也不重视收集对方违约的书面证据。另外，也存在履约方交付了货物后不注意索取或保管收货凭证，导致出现合同争议时，无法证明自己履行了交货义务，无法索要货款，甚至还有可能承担违约责任。接收标的物的一方若怠于履行验收义务，在超出合理期限后，再向对方主张权利的，也难以获取有利证据。

3. 行使合同权利意识不够

根据《合同法》的规定，合同一方在约定条件或法定条件下可以行使同时履行抗辩权、后履行抗辩权、不安履行抗辩权、代位权、撤销权、索赔权等。但有些企业对此了解不够，导致没有及时行使相应权利，造成自身合同利益不能实现或遭受损害后难以得到弥补。有些企业在出现法人变更、经办人离职、股权转让、合同管理制度不健全的情况下，会导致对严重拖欠的款项未及时提起诉讼或中断诉讼时效，导致超过诉讼时效而丧失胜诉权。

4. 货款不清，资料不全

有些企业合同管理不严谨，而货物、款项往来较多，又未及时确认登记，时间一长，人员多变，容易造成资料缺失，难以核对货物与款项账目，产生纠纷。这样的纠纷如果不能调解结案，则处理过程漫长。

5. 对还款计划与还款协议的区别认识不足

还款计划是债务人单方出具的，如债权人没有接受，对债权人不具有约束力。若双方就欠款达成还款合意，作为债务人应尽量争取与对方签订还款协议而非简单地给对方出具还款计划。作为债权人如需与债务人签订分期还款协议的，需在协议中明确“任何一期未按时足额偿还，后续款项全部视为到期”，且需就逾期还款违约金作出明确约定，以便在债务人未按约还款时，能更有力地维护自身权益。

三、合同履行中常见问题的解决对策

1. 保管好合同及相关材料

合同资料保管是企业合同管理的一个重要环节。一旦发生合同纠纷，可以及时运用档案材料依法维护企业的权益。合同管理人员应及时梳理合同，对于应付款的合同应在收到对方开具的有效票据后，通过银行转账的方式付款；对于应收款的合同应及时与对方对账确认货物与款项明细，且要取得对方签字盖章的对账单。在买卖合同或承揽合同中，送货单必须经对方有效签收并妥为保管，这是非常重要的收款依据。在交付发票时，必须要获得接收发票人的签字确认，以便在发票遗失时明确责任归属。

2. 在发现合同对方不适当履行合同时，及时了解其经营状况，果断采取应对措施

市场环境复杂多变，当对方出现不适当履行合同时，可能意味着其生产经营状况发生严重恶化，甚至面临倒闭。在这种情形下，企业应及时中止履行合同，书面通知对方在限期内提供担保或采取其他有效处理措施，并将对方的违约情形形成证据加以固定，以便将来向对方追究违约责任。若发现对方存在合同欺诈情形，并造成我方损失的，应及时终止履行合同并通过法院或仲裁机构行使代位权、撤销权或要求确认合同无效。若对方行为可能构成犯罪的，应及时向公安机关报案。

3. 健全企业合同管理制度

合同管理制度是通过制度形式将企业的合同管理工作流程化、规范化，明确管理部门、管理人员，规范合同的签订、履行、纠纷处理、责任追究等内容。履行阶段的合同管理需做好内部衔接工作，对合同履行中出现的问题及时采取措施，降低对方违约给我方造

成的风险。在该阶段，企业要建立合同履行的监控机制，督促企业内部各相关部门和对方按合同约定全面适当履行，使合同履行中的各种信息和问题能得到有效搜集和反馈，能在纠纷发生前有效预测和报警，以便能及时、有效、从容地应对纠纷。

四、合同履行中的变更与转让

合同在履行过程中，合同一方因市场原因、约定事由或其他法定事由需改变已签订并正在执行的合同内容，主要包括合同变更或合同转让，这是合同履行阶段的法律风险高发环节。

1. 合同变更

合同变更指有效成立的合同在尚未履行或未履行完毕之前，由于一定法律事实的出现而使合同内容发生改变。

（1）合同变更的缘由：1）因重大误解订立的合同；2）该合同显失公平；3）对方欺诈或胁迫订立的合同；4）乘人之危订立的合同；5）出现合同双方无法预料的事实，若继续履行则对一方明显不公。

以上几种情况出现后，合同双方应及时沟通协商变更合同，达成一致后，按照协商后的合同继续履行。但在社会实践中，权益受损方往往处于弱势地方，获得利益方不愿变更合同。此时，权益受损方只能向仲裁机构或法院申请变更合同。

（2）合同变更过程中常见的法律风险

1）变更协议未采用书面形式。在双方对合同是否变更产生争议并诉至法院时，非书面形式的变更协议将给证据提供造成困难，并因此可能被视为合同未做变更，而须按原合同约定履行，从而给企业造成损失。

2）以非法手段迫使合同变更。合同变更应是合同双方自愿的，而不能采取欺诈、胁迫等方式，否则合同变更将被认定为无效，同样可能对企业造成损失。

（3）控制合同变更风险的主要方法有

1）在合同管理制度中明确规定合同变更需向相关负责人报告。

2）合同变更的内容和条款必须与当事人协商一致。

3）变更后的合同视为新合同，需履行相应的合同管理程序。

2. 合同转让

合同转让，是指当事人一方将合同的权利或义务全部或部分转让给原不属于合同当事人的第三人享有或承担的行为。

（1）合同转让的三种情形

1）合同权利转让。合同权利转让，即将合同债权转让给第三人，然后通知合同对方，在合同对方接到转让通知后，转让方应及时召集被转让方与合同对方进行三方协商，签订权利转让协议。合同权利转让成功后，受让人代替原债权人成为新债权人，债务人直接向新债权人偿还债务。但有些合同权利是不能转让的，比如与权利人的姓名、人身直接联系在一起的知识产权；合同权利的行使需具备相应的资质，而拟受让方不具备该资质的；合同条款中明确约定该项权利不得转让的。

2）合同义务转让。合同义务转让是指不改变合同的内容，经债权人同意，债务人将其合同义务全部或部分转移给第三人，由第三人取代或部分取代债务人地位成为新债务人。合同义务转让与合同权利转让不同的就是必须经债权人同意后方可转让，而合同权利转让只要通知债务人即可。

3）合同权利义务一并转让。合同权利义务一并转让是由参与各方共同协商，签订转让协议后完成，部分转让协议须经批准或登记方能生效。合同权利义务一并转让分为法定转让和协商转让。

法定转让包括：在合同一方与他方合并时，合并后的新组织受让原合同一方的全部权利义务；当合同一方当事人分立为两个或两个以上组织时，该当事人原来的全部权利义务由分立后的各个新组织与原当事人（若仍存在）一并连带受让。

协商转让包括：由受让人受让某方的全部合同权利义务，出让全部合同权利义务的原合同当事人退出原合同关系；受让人受让原合同双方当事人出让的部分合同权利义务，加入原合同关系，成为新的合同当事人，原合同当事人继续保留部分合同权利义务，不失去合同当事人身份。

（2）合同转让过程中常见的法律风险

1）合同转让行为未经原合同当事人和合同受让人达成一致意见，导致合同转让行为无效。

2）合同转让未经相应的管理程序，导致合同转让行为不当或无效。

（3）控制合同转让风险的主要方法

1）在合同管理制度中明确规定，合同转让需向相关负责人报告。

2）合同转让的内容和条款必须与当事人协商一致。

3）转让后的合同关系视为新合同关系，需履行相应的合同管理程序。

五、注意、发现、解决合同履行过程中的法律风险

该阶段的工作主要是围绕合同双方的权利义务进行的。若发现对方存在违约可能，应通过行使法定抗辩权及时中止或终止合同，或通过行使法定解除权及时解除合同；若预见己方可能违约，则应及时与对方协商变更合同，取得对方的谅解而避免承担己方的违约责

任。该阶段的工作十分重要，合同经办人员应及时收集相关信息供法律部门判断合同履行情况处于何种法律情形，己方应采取何种正确应对措施。

鉴于该阶段工作的重要性和复杂性，尤其是法定抗辩权与法定解除权的行使需严格依照法律规定，因此建议企业就该阶段的工作认真咨询律师或法律顾问，必要时可交由企业法律顾问专案处理，以免措施不当而陷入被动。给对方的函件一定要经律师审查后才可发出，因为在此类合同的履行过程中，上述函件比原合同还要重要。

第 4 节 终止阶段的合同管理

合同终止表示当事双方合同权利义务关系的终结，即合同双方当事人不再受该合同的约束。合同终止的原因很多，大体上分为自然终止、解除终止、被撤销终止。我国法律对合同的终止有严格要求，每一种终止都要符合法定程序，企业也应当加强对合同终止的监督和管理。

一、自然终止

自然终止就是合同顺利履行完毕，双方权利得以实现，义务履行完毕的状态。自然终止的原因主要有：合同顺利履行结束、按合同预先约定终止、合同当事人混同、债权人免除债务、债务抵消等。重大合同在自然终止时，合同各方应签订合同终止协议。合同终止后，当事人还应完成相应的附随义务，如将合同终止的事实通知对方、协助对方做好合同项目的收尾工作、保守合同中约定的商业秘密等。

二、解除而终止

合同解除终止分为约定解除和法定解除两种情形。

1. 约定解除

因为在民事活动中主要依据意思自治原则，所以我国合同法规定当事人协商一致或者合同约定解除条件成就时合同即解除，合同解除后的相关赔偿事宜双方也可以协商处理。

2. 法定解除

合同法定解除是指出现法律规定的合同解除情形后，合同一方当事人有权单方解除合同，无须经过双方协商或对方同意。法定解除合同的情形包括：

（1）因不可抗力致使不能实现合同目的。

（2）在履行期限届满之前，当事人方明确表示或以自己的行为表明不履行主要债务。

（3）当事人一方迟延履行主要债务，经催告后在合理期限内仍未履行的。

（4）当事人一方迟延履行债务或有其他违约行为致使不能实现合同目的。

（5）法律规定的其他情形。

对于单方行使合同解除的，若对方有异议可以申请仲裁或诉讼，根据仲裁或诉讼结果判断是否解除合同。合同被解除后，尚未履行的不再履行，无过错方可要求过错方赔偿相应的损失。合同已经履行的，可以要求过错方采取补救措施，降低并赔偿损失。合同解除后，合同的结算、权利救济条款仍有效。

三、因被撤销而终止

撤销合同是合同一方无须经过对方同意而单方面终止合同的行为。撤销合同必须具备以下法定原因：

1. 善意相对人的撤销权

例如由无民事行为能力人签订的、其法定代理人不予追认或无法追认的合同以及由无权代理人签订的、被代理人不予追认或无法追认的合同。

2. 因意思表示不真实而行使撤销权

该撤销权分为 4 种情形：

（1）因重大误解订立的合同。重大误解是指行为人因对行为的性质、对方当事人、标的物的品种、质量、规格和数量等的错误认识使行为的后果与自己的意思相悖，并造成较大损失的行为。

（2）因显失公平订立的合同。因显失公平订立的合同是指一方在紧迫或缺乏经验的情况下而订立的、如果履行对其有重大不利的合同。

（3）因欺诈、胁迫订立的合同。欺诈是指一方当事人故意告知对方虚假情况或故意隐瞒真实情况，诱使对方作出错误的意思表示行为；胁迫是指通过威胁和强迫使对方陷入恐惧，作出不真实意思表示的行为。

（4）因乘人之危订立的合同。乘人之危是指行为人利用对方当事人的急迫需要或危难处境，迫使其作出违背本意而接受对其非常不利的条件的意思表示。

在上诉四种情形下，合同当事人可以选择行使变更权，也可以选择行使撤销权。如选择行使撤销权，应通过诉讼或仲裁，是否撤销以生效判决或裁决为准。

3. 第三人行使撤销权

即债务人到期不履行债务，无偿或以明显不合理的低价向他人转让财产，使得债权人的权益受到损害，债权人有权向人民法院起诉，撤销债务人的财产转让行为。

合同被撤销后，即意味着该合同自始无效，因该合同取得的财产应予返还，不能返还的应折价偿还。若该合同造成一方权益受损的，过错方应承担赔偿责任。合同撤销与合同解除的最大区别在于：合同被解除前已经履行的部分依然有效，而合同被撤销后，除解决争议条款外，合同自始无效。

四、合同档案管理

无论何种原因导致合同终止，该合同签订、履行、终止过程中形成的全部资料都应整理归档。合同档案是记载合同履行全部情况的文字资料，通过对合同的档案管理，可以完整保存与合同相关的证据材料。在发生纠纷时可以及时运用档案记载的内容，依法维护企业的权益。

企业应当建立健全合同档案管理制度，配备档案管理人员。企业所有合同都必须编号，建立和保存合同管理台账。合同承办人应在办理完毕签订、变更、履行及解除合同的各项手续后的一个月内将合同档案资料移交合同档案管理员，档案管理员对资料核实后一个月内移交档案室归档。档案的查阅需填写查阅申请单标明查阅人、查阅客户名称、查阅用途，由档案管理员填写借阅时间、归还日期。合同档案的缺失以及涉及商业秘密内容的泄漏要追究相关当事人的责任。

第 5 节　合同纠纷处理

合同纠纷是指因合同的生效、解释、履行、变更、终止等行为而引起的合同当事人之间的所有争议。合同纠纷的内容主要表现在争议主体对于导致合同法律关系产生、变更与消灭的法律事实以及法律关系的内容有着不同的观点与看法。合同纠纷的范围涵盖了一项合同的从成立到终止的整个过程。

一、合同纠纷的成因

1. 主观因素

合同是双方当事人协商一致的结果。既然双方当事人在自愿、平等的基础上订立了合同，那么按合同履行义务应当是毫无疑问的。然而，合同签订后，一方当事人可能会因为种种原因而主观上不愿履行或不愿完全履行合同。司法实践中，纯粹主观上的原因导致的合同纠纷是很少的，主观原因背后往往存在着客观原因，主观原因通常先引起违约行为，再由违约行为导致纠纷的产生。

2. 客观因素

一项合同从订立到履行完毕，除了即时结清的以外，往往会经过一个较长的过程，在此过程中，会出现一些客观原因，导致合同无法按约履行，由此引发纠纷。客观成因指由非合同当事人主观意志所导致的外部情况的变化。

二、争议解决方式

合同纠纷的解决方式很多，根据我国《合同法》规定，合同争议的解决方式有四种；协商、调解、仲裁和诉讼。实践中，前两种方式不是解决合同纠纷的必经程序，选择仲裁或诉讼是订立合同争议条款的一个重要问题。

1. 协商

协商是合同当事人在自愿互谅的基础上，按照法律、政策及合同约定，通过摆事实、讲道理，达成和解协议，自行解决合同纠纷的方式。这种方式能够有效防止经济损失进一步扩大，有利于增强当事人之间的友谊，巩固当事人之间的合作关系，是解决合同纠纷的最佳方式。

2. 调解

调解是合同当事人自愿在调解人的主持下，在查明事实、分清是非的基础上，由调解人对纠纷双方进行说明劝导，促使双方互谅互让，达成和解协议，解决合同争议的活动。调解分为民间调解、行政调解、仲裁调解和法院调解四种类型。

3. 仲裁

一般是当事人根据他们之间订立的仲裁协议，自愿将其争议提交由非官方身份的仲裁员组成的仲裁庭进行裁判，并受该裁判约束的一种制度。通过仲裁解决的事项一般仅限于在经济、贸易、海事、运输及劳动中产生的纠纷，婚姻、继承、收养、家庭财产及行政争议等不能通过仲裁解决。仲裁遵循当事人自愿、独立仲裁和一裁终局的原则。

4. 诉讼

合同纠纷诉讼是指人民法院根据合同当事人的请求，在所有诉讼参与人的参加下，审理和解决合同争议的活动，以及由此产生的一系列法律关系的总和。诉讼是解决合同纠纷最有效的方式，由国家审判机关依法审理裁判，并有国家强制力保证裁判的执行。

诉讼与仲裁各有优劣势，当事人可根据自身实际情况选择纠纷的解决方式。对于重大复杂的合同纠纷案件，仲裁效率一般比诉讼要高。仲裁中，当事人需选择仲裁员，而诉讼中当事人无权选择审判员；仲裁一般不公开审理，诉讼一般应当公开进行；仲裁实行一裁终局，诉讼实行两审终审；仲裁无权执行生效的仲裁裁决，需由当事人向法院申请执行，法院对于生效判决可以自行决定或依当事人申请采取强制执行措施。

由于仲裁实行一裁终局，一旦裁决有误，救济难度很大。若法院裁决有误，当事人可提起上诉，甚至启动再审程序，救济渠道较广。当事人处理合同纠纷时，若想追求效率、灵活性和专业性，则选择仲裁较为合适；若侧重于追求公平、公正，则选择诉讼更为妥当。

三、合同纠纷处理方案

合同纠纷对于合同管理者来说是不可预知的风险，应尽量避免，但却无法消除，能做的是在合同纠纷发生时，按事先预定的方案有条不紊地处理各项事务。

合同纠纷处理预案通常需注意以下事项：

1. 发生合同纠纷后，合同承办部门应及时向公司法务部门和管理层通报情况，并提供全部材料。

2. 对纠纷分析后，如确系己方违约造成，应及时与对方协商解决，并追究己方相关人员的责任；如系对方原因所致则应及时与对方交涉。

3. 合同纠纷发生后，可以通过协商、调解、仲裁、诉讼等方式解决，合同承办部门及相关人员应配合企业法务部门做好纠纷处理工作。

4. 发现对方当事人利用合同进行诈骗等犯罪活动时，应当立即向企业负责人报告并向公安机关报案。

5. 合同纠纷发生后，需要委托代理人参加仲裁或诉讼活动的，应当及时委托有资质的代理人参与处理纠纷。

6. 合同纠纷发生后，应当依法采取一切措施，积极收集、整理有关证据。如出现证据可能灭失或以后难以取得的情况，应当向法院申请证据保全；向法院提供原始证据时，必须先行复制，并请求法院的承办人员出具证据收执清单。

7. 在处理合同纠纷过程中，对于可能因对方的行为或者其他原因，导致判决不能执行或者难以执行的案件，应当及时向法院申请财产保全。

8. 解决合同纠纷的申请书、起诉书、答辩书、协议书、调解书、判决书等副本或正本复印件，应自发出或收到之日起十日内由承办人送交法务部门备案。

9. 为解决合同纠纷所采取的各项措施，必须在法定的诉讼时效和期间内进行。

四、及时采取适当的补救措施，在合同产生纠纷时争取主动权

在产生合同纠纷时，主要工作是补齐证据和修正证据。

需补齐证据的情况很多，例如原来未签订书面合同的要设法补签书面合同，原来对方

未签收货物的要设法让对方补签收，原来对方未开发票或收据的要设法让对方补开发票或收据，原来未拿到合同原件的要设法拿到合同原件，原来未拿到授权委托书原件的要设法拿到授权委托书原件，前述原始文件如难以补齐则应设法让对方出具说明，确认相关交易的实际履行情况。

需修正证据的情况较复杂，例如对方虽然在快递单、送货单上有签收，但该类面单上没有货物清单明细；对方虽出具收据但收据上只有对方经办人员（非法定代表人）签字而无单位盖章；合同实际履行情况发生变更，但未签署变更协议等。

合同订立的形式多种多样，但各种形式的合同在发生纠纷后，不同形式的文件作为证据的法律效力却是不同，其中书面文件原件的证据效力是最好的。若是口头的，对方可能矢口否认；若是传真件，还需观察传真件上是否显示对方公司名称和电话号码以及发送时间，如果没有显示，可能需到电信部门打印己方传真机的收发记录，否则对方也可能不予承认；若是复印件，则除非对方自己承认否则法院将不予采信，但对方当庭承认的可能性是微乎其微的。不仅合同，其他相关的法律文件也是如此。

这些工作具有一定的专业性和复杂性，尤其是需修正证据的情况一般需专业人士方能发现，因此建议这些工作应及早交由公司法律顾问专案处理，由公司法律顾问及时采取适当的补救措施，在合同产生纠纷时争取主动权。

第 6 节　合同管理信息化

建立一个基于计算机网络的应用于整个企业范围的合同及法律事务综合管理信息系统，将极大地提高企业对合同的监管力度，强化合同管理工作，规范经营行为，避免和减少合同纠纷，全面提升企业的合同管理水平。

一、合同管理难点

目前很多企业对合同管理采用手工管理方式，但因合同需要管理的要素各不相同，采用手工管理模式无法做到信息集中，实时性也不强，导致在部门协作、业务流程组建、监控制度执行等方面效率较低，主要表现在如下几个方面：

1. 文档管理困难

传统纸质合同与电子版合同共存，工作人员尤其是领导需要了解合同文本时查找不便，需要耗费很多时间。

2. 进度控制困难

由于合同数目多，参与人员多，合同进度的控制基本靠手工和普通电子文档或表格管理已很难满足企业发展的需要，不仅对领导了解合同进展情况造成不便，还将使财务人员无法掌握付款依据。

3. 信息汇总困难

采用手工或电子表格管理时，由于各部门的数据格式不统一，采集也不连续，汇总工作需要耗费大量时间还未必准确，这将使领导的决策大受影响。

4. 缺少预警机制

缺少对合同进度、结款等关键节点的预警，就不能准确地预测近期可能的收支项目，无法帮助企业进行财务规划、掌控现金流。

5. 领导决策参考信息不集成

由于没有统一的合同管理平台，领导在审签时的参考资料相对简单和孤立；在决策时，由于资料分散，无法及时方便的取得参考信息，也会影响决策的准确度。

建设一套整体的合同管理信息系统，采用信息化手段落实合同管理制度，可以减少人员交叉往来，降低重复工作量，实现合同管理实时监控。

二、解决方案

合同管理信息系统通常会结合企业的实际情况，在功能上提供包括立项申请、询价报价、合同起草、预算审价、合同会签、合同审批、文本管理、资金预算、进度协同、费用报批、合同变更到实际结款、合同发票以及对合同综合成本效益统计分析的全方位管理；在管理模式上提供从合同起草到结束评估的合同全生命周期管理模式。然后以合同生命周期管理为主线贯穿与合同相关的其他管理要素例如：签约方管理、审批管理、费用管理、附件管理、工作计划管理等。

合同管理是企业前端管理的重要部分，采用信息化手段，可以将纸面的风险提示强化为多形式、多维度、多人员的风险告示，并可以采用多级预警的方式，避免因局部人员的疏忽而导致的风险放大，做到防患于未然和风险控制的前移。

1. 合同全生命周期管理

合同生命周期管理示意图（见图 10—1），其中包括合同前期签订管理流程及后期执行管理流程。

（1）合同起草管理

1）合同起草。系统会提供三种合同起草的方式：固定模板合同起草、自由合同起草、对方提供的合同起草，选择并编辑好合同文本后，填写合同的基本要素信息并保存。

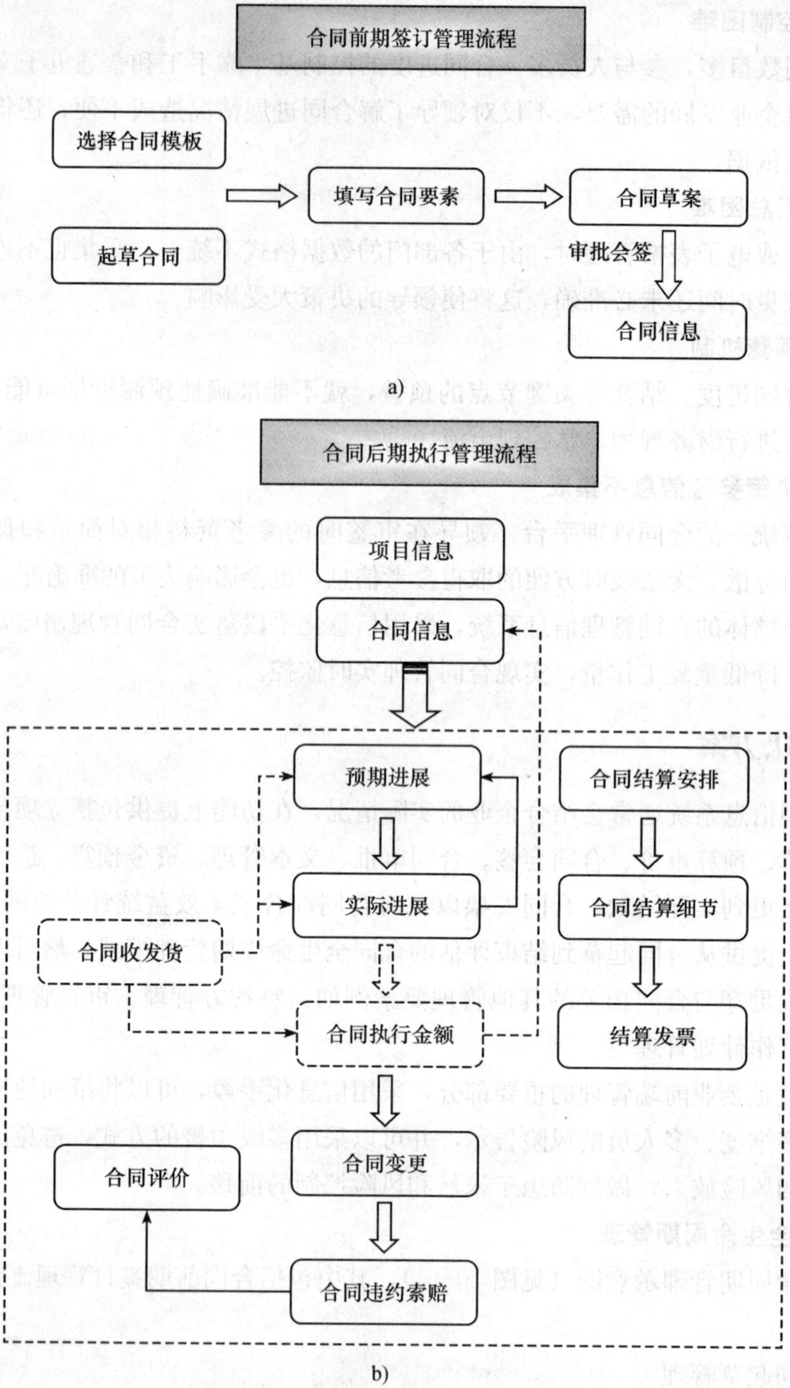

图 10—1　合同生命周期管理示意图

a）合同前期签订管理流程　b）合同后期执行管理流程

①固定模板合同。为了简化合同起草过程，规范起草流程，尽量避免因起草人文字表述模糊导致的合同风险，系统提供固定格式合同起草功能。起草人只需按要求填写好合同要素，选择合同示范文本库中对应的合同范本，系统会根据设置自动提取并归集要素信息，填入合同示范文本中并生成固定条款格式的电子文档草案，起草人只需将电子文档草案中的空白项或可修改项填写或修改正确即可生成正式草案文档。审签人只需审查合同要素的规范性和准确性，提高了合同起草和审查效率。

②参考模板合同。参考模板合同指可根据签约方意见或业务实际情况需要修改的合同模板文本，在审签过程中系统可将电子文档锁定在“修订”状态，方便审签人查看修改痕迹和追溯修改历史。

③自由合同和对方提供的合同。无模板的合同可由经办人自行起草或经办人确认合同事项后由法务部门代为起草；对方提供模板的则须通过协商，避免不公正条款风险。

对非模板合同在审签流程中应加强审查力度，在有效控制因起草人自身业务素质影响合同条款风险的同时，还可鼓励起草人提高模板合同的使用率。

2）合同条款修改。电子文档格式的合同文本可以直接放在电子文档草案里，与要素信息权限、编辑状态一致；拥有修改权限的审批人可以对审批的合同草案增加附件。在合同起草和审批的过程中需要对文本内容进行反复修改，某些审批人也可能需要直接对相应的文本进行修改。针对这些情况，系统通常会提供电子文档痕迹保留功能，并且可以实现对某些审批人开放修改的权限，而直接在文本上修改就需要能够便捷地查看修改痕迹和追溯修改历史。

3）修订版本记录。系统对数据信息的修订历史可以进行版本记录。当用户对数据信息执行修改或补充等操作时，系统会自动对用户修改的信息内容进行一次版本记录，日后有需要时可以随时调阅该信息的修订版本记录，并显示修订时间、修订内容等信息，方便对数据录入的历史情况进行查询和追踪。

4）电子印章。系统可以通过国家认证的安全电子印章系统（Office 版）来构建更加安全的电子印章应用解决方案，提高系统敏感信息如合同文件等在流转过程中的安全性，防止非法恶意输出文件，实现签章的电子化和自动化。

（2）合同审签管理

1）合同审签工作流。按照企业的管理制度，合同由经办人初步拟定之后录入到合同草案信息中，经过本部门及相关业务部门领导和专家的审阅。流程按合同额度、类别、所属项目、是否模板合同等合同特性进行选择。审签流程启动后，系统自动按事先配置好的流程驱动，自动进行审签催办和审签进度跟踪，还可进一步设置各审批节点的完成时限并自动催办。

2）合同签订流程。当合同草案经终审同意并形成初步的合同文本后，经办人应与签约方协商确定最终的合同文本，并将此文本提交打印和申请用印。当双方签章生效后，将合同草案转为正式合同、进行编号，避免合同草案审批未通过或审批后未签订执行等因素引起的重号漏号现象，最终形成双方签约的正式合同。

3）审批记录管理。所有的评审记录都会自动保存在系统中，不能随意删除或修改。选中对应信息后，就可以直接看到对应的审批记录，供评审人员参考。否决后的记录也要求一直保存，用于追溯和查询。

4）公章使用管理。印章管理部门登记每次用章的份数和盖章时间，特别是对于己方先盖章再递交给对方盖章的，应记录使用份数和使用时间以及使用人，避免发生因遗失或未存档导致的合同风险。

（3）合同台账管理

1）合同编号规则。系统提供的自动编号一般由前缀、生成日期、流水号三部分组成，本规则的三部分内容可以根据实际需求进行一定程度的格式修改。为了更接近实际业务，在基本编号规则的基础上，还可以设置组合前缀，如在前缀中嵌入如合同类别、签订部门、签订年份、客户代码、项目代码等要素。合同台账管理是本系统的主线，全面贯穿于系统中的所有功能模块，支持范本创建合同、框架合同、项目材料（设备）采购合同、工程合同等多类别合同综合信息管理。

2）合同台账。当合同正式签订后，由承办人确认各方盖章、签字人身份、姓名、授权文件、已审核并签订的文本与最终批准文本的一致性等内容后，在合同信息中登记合同台账，系统会对这些合同信息自动编号，填写合同生效时间、合同履行期间、档案保管人及所在单位等信息并导入正式的合同文件的扫描件进行电子文本归档。电子档可以输出成pdf格式文件直接打印成纸质文档保存。合同台账的字段设置应符合工程审计时对合同的审计需求。

3）合同中心。系统提供合同中心功能，合同中是合同综合信息管理平台，可站在合同的角度全方位查看该合同的整体执行情况，包括合同标的物、付款计划、实际付款情况、发票开具情况、已经付款金额、未付款金额等。

4）合同报表。在合同中心查询需要的数据，选择合适的合同报表，输出打印，即可根据提前设定好的格式生成指定样式的报表，且报表样式及内容可根据需求变化由用户自行进行调整。

5）自动预警催办功能。主要是约定事项的到期提醒催办，是根据动态运行规则自动产生的催办提醒信息。提醒方式包括登录界面提醒、系统内弹出提醒窗口、邮件提醒、短信提醒等。该功能不仅可以对合同的开始和结束时间、结款计划、进展计划和关键要素等进行预警，还可以对送审提交的项目、图纸审查、会议议题承诺等进行跟踪催办，帮助用户提前做好财务规划和分析决策，降低合同管理中因延误付款、收款、交货带来的违约风险。

系统提供预警台功能，可以对用户关注的信息根据设置时间进行提醒预警，如即将开始的合同、即将结束的合同、推荐结算的合同、合同预期进展等。其中预警天数由用户根据工作习惯进行个性化配置，显示的要素信息也可以根据用户的关注重点进行调整。

（4）合同进度管理

1）预计进度管理。根据合同约定的履行进度，经系统采集，向合同经办人进行如收货、验收、调试等关键节点的提示。预计进度为合同细化了各个执行阶段、要达到的目标以及最迟完成的日期并提供详细的合同执行计划，有利于降低执行过程中的风险。

2）实际进度管理。管理合同履行过程中所有的到货进度、安装进度、到货证书、验收证书、付款凭证、付款进度、结算结果等合同履行信息，并按照固定的格式打印出相应的业务表单。

3）合同预计进度与实际进度对比。系统提供合同预计进度与实际进度对比功能。通过本功能，决策者可以看到任意时刻的进度对比详单，查看合同的执行是否偏离了预期的轨道，分析合同的执行过程，为决策提供了有力的支持。

（5）合同资金管理。合同结款安排是为解决资金的计划管理而设定的，无论是对收款还是付款均有重要意义。在安排快到期时，系统会根据设置的提醒天数对推荐结款的合同自动进行预警。

根据合同约定的付款条件建立相应的收付款计划，帮助财务进行往来资金筹划。在付款条件成立后，根据计划进行付款申请或催收协调，直到实际款项到账或支出。

当合同正式签订后，根据合同中规定的内容以及合同类别制定合同结款安排，并及时录入合同结款安排模块中，作为合同实际结算的参考依据，未安排资金计划的无法申请付款。当快到期时由系统自动提醒相关责任人进行准备工作，并可生成“月度资金计划表”协助财务日常工作。

当合同结款安排的情况指定好后，系统自动调整项目过程计划动态信息，方便实时查看最新预计收支情况。

（6）合同异常处理。合同异常在实际业务中是经常发生的，进行适当的异常处理有助于及时规避合同风险，避免或降低损失。通常的异常处理流程如下：

1）异常报告。异常报告主要由合同经办人员、法务人员、财务人员、综合管理人员等根据合同履行情况与合同履行计划的比对，或是当前的市场变化、经济形势、国家政策、政治因素、国际形势等，报告已经发生或即将发生的合同异常，由领导决定下一步的应对策略。

2）合同变更。系统提供合同变更管理功能，记录变更的相关要素，如变更原因、变更类型、变更金额、变更内容等信息，用于跟踪合同的费用变化、执行时间变化、条款变化等情况。这一功能兼顾了变更过程管理的严谨和自动性，省却了人工管理的麻烦。合同变更管理功能在管理变更事件本身的同时，还支持变更相关信息管理，如可把与本次变更相关的联系单、会议纪要、收文、通知、不合格事项等信息关联起来，方便用户查看与此次变更相关的其他事项。

3）合同解除及终止。在合同执行过程中，由于某些因素导致合同无法按照约定继续执行，需要进行解除或终止时，系统提供相应的模块记录合同解除或终止的原因、条件、方式、法律条款依据、处理方法等信息，便于后期的记录和评估工作。

4）合同索赔。系统提供索赔记录模块，用于帮助用户记录纠纷合同的索赔情况、处理方案及处理结果等信息，方便其在后期从项目、合同、签约方等角度查看索赔记录。

5）合同异常警示。系统可针对异常合同进行特殊标记，如合同拖期、付款总额超过合同总额、发生过多次变更的合同可在合同台账中以特殊颜色标示，便于用户区分各类数据。

（7）合同文档管理

1）文件管理。文件管理是合同整体资料的归档，包括合同原稿、授权委托、合同审批表单、变更文件、附图、项目文件、招投标资质和合同履行中的各种文书等，以避免因遗失或未存档导致的合同风险，同时管理往来票据、合同印章、公文通知等内容的使用情况。结合协同平台，文件管理可以实现日常办公文件流转和归档管理，用户可以将任意格式、任意数量的文件作为当前信息的附件进行保存，方便用户管理关联信息和资料。

2）合同档案管理。系统提供档案管理功能，管理档案的资料内容、资料类型、提交人、提交时间、档案接收人、接收时间等信息。通过对重要资料进行集中统一的管理，保证资料文件的及时归档、有据可查，还可根据需要对档案的借阅及归还记录进行管理，方便随时查看档案当前的去向。

（8）合同评估及其管理

1）合同评估。合同按照约定履约完成并正常关闭后就完成了合同的监控管理，接着还需要进行合同评估。对合同做出合适的评估可以有效增强以后合同管理中的抗风险能力。例如，在合同评估中可以对该合同签约方的执行情况做出评价，如果差评达到一定程度，就应在日后与该签约方签订合同时格外留意。

2）评估管理。自动化评估的重点在于评估素材的收集和评价标准的执行，系统提供的评估模型可以对客户资质、供应商资质、项目风险、合同风险、评标等内容进行评估管理。

在软件中建立自动化评估模型，确定评估指标体系和评价方法，并对各项指标设置不同的权重分值。评估时评估人员只需选择指标中的业务情况即可，系统将自动计算分值，评估过程直观透明，评估效率进一步提高。

以客户资信评估为例，通过上述业务平台收集客户资质、客户财务状况、规模、行业口碑、抵押担保情况、历史合作记录、客户商业信誉等评估素材，结合客户资信水平来执行信用政策，即企业在商品销售中利用赊销、分期付款等方式的方针和策略。

2. 合同业务管理

（1）签约方管理。签约方管理是通过详细记录签约方的基本情况、履约能力、信誉资质等资料，为合同签订、审批、执行过程中的费用结算等提供参考依据。同时，签约方管理不仅要管理签约方本身的基本信息，与其相关的联系人情况、联系记录等要素也应纳入系统进行规范化管理，使企业的供应商信息真正成为一种业务资源。

系统提供的供应商综合信息管理平台（供应商中心）可以直观地查看到与某签约方的合作往来记录，包括在合同签订情况、合同履约情况、进度执行情况以及费用结算情况等方面的详细记录。通过对上述信息的查询、统计和分析，可以得到全面真实的与该签约方或合作单位的历史交易记录，对业务决策提供可靠依据。同时，通过对业务往来情况进行分析，可以辅助业务人员对签约方进行定期信用评估。

通过信用评估对供应商进行分级管理，指导企业的采购决策，并在管理过程中根据供应商的日常行为、特征和心理倾向等信息，适时地给予风险预警，保持良好稳定的供需关系。

（2）授权委托管理。企业的大量经济活动都是通过授权委托的形式完成的。企业的法定代表人是企业的合法代表，有权对外从事全部的法人行为，并由企业承担法律后果。而其他员工都是根据法定代表人的授权进行相应工作的。在对外经济交往中，主要就是依据其授权委托书的内容来审查其是否有权代表企业进行相应的经济行为。对于企业管理来说，授权委托是一项法律活动，直接关系到企业的经济效益，因此要有相应的管理办法，明确授权委托的有关问题，以维护企业的合法权益。

1）授权委托申请。授权建议包括两方面的内容，其一是年度基本授权申请，由授权管理的部门依据企业的授权管理制度，提出授权建议并审查，基本授权的范围包括：人事授权、财务授权和业务授权，分别产生被授权部门的人事权限、财务权限和业务权限；其二是特别授权申请，当特定的单位、员工、外聘律师等为完成某特定的事项需要得到授权时，就应进行特别授权申请，待审查通过后进入授权委托领用。

2）授权委托领用。授权申请审查通过后，授权管理部门发起授权书审批，依据企业流程，完成授权审批。法务部门在授权审批终审同意后加盖电子印章并打印授权书。

3）授权书归档。在授权结束时，被授权人员必须将授权委托书上交法务部门进行归档，并且必须填写使用情况。

4）授权委托变更。由于业务的变化或授权人、被授权人的工作变化等因素导致授权必须变化时，需要进行授权变更。一般由授权管理部门提出授权变更申请，待审查通过，编制正式的授权变更通知书，与原授权书同时生效且在原授权书失效时自动失效。

5）授权委托监控。授权必须进行有效的监控，避免发生越权。对授权的监控主要包括授权时效监控和授权范围监控。系统可定期扫描并确定授权书是否过期，过期的将进行提醒。授权管理部门要定期检查授权使用情况，并填报授权使用情况汇报。

（3）证照管理

1）证照印章登记。登记企业各类证照印章信息，如证照印章类型、名称、有效期、使用场景等，为证照印章借用提供数据基础。

2）证照印章借用申请。若因业务实际需要使用证照印章的，必须提交证照印章借用申请，借用申请必须明确用途、预计归档时间等信息。在经过领导审批和法务部门审核后方能借用相关证照印章，确保证照借阅和印章使用申请业务能够系统化规范化。

3）证照印章使用记录。申请人在借用申请获批同意后，可以在法务部门领取相关证照印章并进行使用登记。使用登记必须明确证照印章预计归还时间，以便系统进行相关归还信息的预警提醒，使法务部门全面掌握证照印章的实际使用情况，防范相关风险。

4）证照印章归档。在证照印章使用结束后，被授权人员必须将授权委托书上交法务部门进行归档，填写详细使用情况并上传相关情况的扫描附件作为归档依据，以便法务部门及时掌握证照印章的使用过程。

5）证照印章审计。企业应定期对证件印章进行相应的审计工作，核查证照印章的使用情况，核实证照印章的有效性。

6）证照印章变更。企业应集中管理证照印章，出现需要更换、补发等异常情况时系统将会提醒，以便相关人员及时维护证照印章的法律效力，为业务部门的使用提供服务。

（4）案件管理。案件管理是当企业纠纷进入诉讼阶段时进行的综合管理，涉及的人员往往较多，时间较紧。通常从案件申请开始到案件归档结束，采用封闭循环的管理方式，具体流程如下：案件申请之后，经领导批示确定进行案件调解和案件策划，策划包括案件实施的策略、案件要达成的目标和案件处理的团队。随着案件的进展，进一步记录当前的情况、需要采取的措施以及下一步要进行的工作。在案件判决时，记录案件判决结果，并对判决结果的执行进行跟踪，执行结束后需要进行案件的结案归档。上述过程中均可以进行案件材料的补充。

对判决结果不服时，企业需要对案件进行重新策划，相当于前述流程需要重新执行。

1）案件申请。案件的来源主要分为己方主诉和被诉。案件申请中可以描述原告、被告和案件的基本情况、案发各方当事人情况、案发时间、案发背景、案发原因、案件影响、涉及金额等。案件申请提交给相关部门领导审批后，进入案件处理程序。

2）案件材料。在案件的申请、办理、判决执行等过程中产生的相关案件材料可以放到案件材料模块中进行统一管理。

3）案件策划。案件策划是案件处理的核心，是对案件本身的描述及相应的对策和计划。具体而言，包括案件类型（民事诉讼、刑事案件、商事仲裁、劳动仲裁等）、案由、审级、案发背景、发案原因、案件类型、案件影响等，以及案件的应对策略、法律建议和需要达成的目标。为了细化策略和目标，需要制定详细的策略实施计划、组织案件处理团队。策略实施计划主要包括每个步骤的负责人、计划行动时间和工作内容，目的是把案件策略落实到人；案件处理团队主要是按照案件目标和策略，选择合适的人员承担相应的工作。

4）案件进展。策划的执行主要通过案件进展来记录和追踪，包括当前执行情况的记录以及下一步工作的计划。案件进展主要记录进展措施（财产保全、证据保全）、进展阶段（一审审理中、一审判决未生效、一审生效、二审审理中、终审生效等）、受理时间、受理机构、工作内容、相关文件等。这些情况完整记录了案件的处理过程，方便法务人员、业务人员和领导随时了解案件进展。进展记录时还要记录下一步的工作计划，一方面是为后续的工作提供方向和内容，另一方面是对相关人员进行提醒，防止遗忘工作导致法律风险的产生。

5）判决结果。案件经法院判决之后，相关业务人员需记录案件的判决结果，同时需安排判决结果之后的应对策略，即在案件进展中需要安排的下一步工作。如果对判决结果不服，需要重新上诉的，则要重新制定案件策略并进行新一轮的案件处理过程。

6）判决执行。如果双方对判决结果均无异议，则进入判决执行阶段。此时需要进行判决结果的跟踪，对于精确的管理而言，需要追踪判决结果单独条款的执行。

7）结案归档。在判决执行完毕后，需要按照企业的管理要求进行结案归档，把相关的材料提交给档案管理人员，按类别进行标记并上传结案报告。在系统中可以记录这些材料的存放位置。

（5）法律辅助管理。法律辅助管理为法务部门提供合同模板、法律法规查询、热点法律法规问题解读等信息，为系统所有用户提供法律参考。

1）非诉纠纷管理。案发部门录入非诉纠纷信息并提交法务部门，法务人员接到纠纷信息后及时进行处理或对纠纷信息出具相应的法律意见书。

2）外聘律师管理。包括外聘律师库、聘用记录、外聘律师评价等。

3）法律知识。法律知识管理包括法律库、案例库、常用法律知识等，能帮助相关人员快速进行查找。

三、合同管理信息化的发展趋势与推进措施

1. 发展趋势

（1）采用信息化进行合同管理是大势所趋，未来将会有更多的企业全面应用信息技术。没有管理信息化，就没有企业现代化。

（2）随着科学技术的进步，新的信息技术将不断涌现。通过与其他信息系统的有效融合，合同管理信息系统的功能将更加强大，作用也将更加显著。

（3）随着电子商务的快速发展，合同的介质将不仅是口头、书面或数据电文，还可能会出现新的形式，合同管理信息技术使企业更易满足电子交易的需求。

（4）信息技术能更有效地挖掘合同中蕴含的价值，使合同管理从事务性工作上升到战略性管理的高度。

2. 推进措施

（1）不断学习国际先进的经营理念与管理方法，建立健全管理机制，通过严格管理提高效益。

（2）提高系统应用水平，将系统效用最大化。目前大部分企业所关注的是合同信息系统的基本模块，合同风险提示、合同履行监督、合同相关法律法规、合同知识交流和共享等模块尚未得到企业的重视，而这些恰恰是最有价值的部分。

（3）加强后续开发，不断增强信息系统的兼容性与适用性。

（4）加强信息安全建设，控制系统应用风险，保证信息管理稳固有效。

严格合同管理是国际惯例，企业要适应市场经济的要求，在国际市场上分一杯羹，没有高水平的合同管理是寸步难行的。面对市场竞争的刀光剑影，企业需要持续提升合同管理水平，增强软实力，以管理信息化助力企业发展。

【本章知识点小结】

<table>
<tr><td rowspan="4">合同管理概述</td><td rowspan="2">合同概述</td><td>合同的定义</td></tr>
<tr><td>合同的法律特征</td></tr>
<tr><td rowspan="2">合同管理概述</td><td>合同管理的概念</td></tr>
<tr><td>合同管理的特点</td></tr>
</table>

续表

合同管理概述	合同管理的目标与原则	合同管理目标
		合同管理原则
签约阶段的合同管理	明确合同目的	
	交易对象的调查内容	主体资格
		经营范围和资质
		财产状况
		生产能力
		资信状况
	合同的起草与审查	合同的起草
		合同的审查
	合同的签订与保管	合同的签订
		合同的保管
	合同签约阶段法律风险防范	合同签订前的法律风险
		合同签订时的法律风险
履约阶段的合同管理	合同履行管理的重要性	
	合同履行中的常见问题	严格履约意识薄弱
		证据收集意识差
		行使合同权利意识不够
		货款不清，资料不全
		对还款计划与还款协议的区别认识不足
	合同履行中常见问题的解决对策	保管好合同及相关材料
		及时了解对方经营情况，遇到不适当履行时果断采取措施应对
		健全企业合同管理制度

续表

履约阶段的合同管理	合同履行中的变更与转让	合同变更
		合同转让
	注意、发现、解决合同履行过程中的法律风险	
终止阶段的合同管理	自然终止	
	因解除而终止	约定解除
		法定解除
	因被撤销而终止	善意相对人的撤销权
		因意思表示不真实而行使撤销权
		第三人行使撤销权
	合同档案管理	
合同纠纷处理	合同纠纷的成因	主观因素
		客观因素
	争议解决方式	协商
		调解
		仲裁
		诉讼
	合同纠纷处理方案	
	采取补救措施争取主动权	
合同管理信息化	合同管理难点	文档管理困难
		进度控制困难
		信息汇总困难
		缺少预警机制
		领导决策参考信息不集成
	解决方案	合同全生命周期管理
		合同业务管理
	发展趋势与推进措施	发展趋势
		推进措施

【合同管理—案例分析】

案例1：

欠款如何解决

2013年上半年，甲公司与乙公司之间口头达成木材买卖协议，甲公司将货物送到乙公司指定的位于上海市嘉定区的某建筑工地。货到后，由工作人员丙在仅标明数量未标明单价的送货单上签字。乙公司老板周某用个人银行卡向甲公司老板郑某汇了一笔款。后经甲公司结算，乙公司尚欠货款20万元。

案例2：

钢材被骗案

星洪公司向百爵公司供应钢材，百爵公司先期均现款付清，后又订购了一批价值约200万元的钢材，百爵公司提出到货先付70万元现款，另130万元则开具同等金额的支票。星洪公司虽有担忧，但经查看百爵公司办公场地后，同意接受支票。

当星洪公司向银行承兑该支票时遭退票，原因是账户内存款不足。此时，百爵公司办公场地已人去楼空，星洪公司遂报案。不久，百爵公司法定代表人李某被抓获。李某提供了其债务人的名称和欠款金额但无法查实，另有一辆本田雅阁轿车在其被抓后一个月左右的时间内被过户到他人名下，此外未发现其他财产线索。最后，李某被判处十二年有期徒刑。星洪公司追回损失的努力仍在进行中。

案例3：

成功赊销案

2010年年底，ZX公司因XD设计集团信息化项目需要，向XT公司提出赊销500万元的网络设备。此前双方有过交易，款项已结清。ZX公司于2008年成立，注册资本为人民币200万元，净资产不足300万元，无大额固定资产。针对ZX公司的赊销要求，XT公司管理层先后进行两次讨论，分析交易风险与合作模式，讨论下来认为，虽然交易完成利润不菲，但成为坏账的风险太大，决定不予赊销。

后经 ZX 公司一再要求，XT 公司邀请律师一起进行了第三次讨论，经过全面、深入、详细的分析，律师从法律的角度结合商务流程设计了一套予以赊销的方案提交给 XT 公司决策。经 XT 公司再次讨论后，决定按照该方案予以赊销。

合同的履行结果是：ZX 公司收货后，在约定的全部款项支付期限内只付了 50 万元，后续款项因资金紧张，支付困难。在按当初设计的方案启动催款程序后，ZX 公司在半年内支付了全部货款，并支付了 40 万元的逾期付款违约金。

思考题

1. 根据案例 1 回答下列问题：

（1）采取法律手段追讨欠款时如何确定原告与被告？如何确定诉请金额？向何地的法院起诉？

（2）如何解决在法律手段追讨欠款过程中遭遇的以下情况？

1）乙公司或其老板周某不出庭。

2）乙公司或周某以所供木材质量太差及逾期交货为由对甲公司或郑某提起反诉。

2. 结合案例 2 中星洪公司的遭遇，阐述企业应如何了解合作伙伴？

3. 结合案例 3 回答下列问题：

（1）设计该赊销方案需重点考虑哪些方面因素？

（2）应采取哪些措施保障回款？

参考文献

1. 罗纳德·格林伍德，丹尼尔·雷恩. 管理创新. 李治堂等译. 北京：华夏出版社，2001

2. 彼得·德鲁克. 管理. 马恰列洛修订. 辛弘译. 北京：机械工业出版社，2010

3. 杜兴强. 财务会计信息与公司治理. 大连：东北财经大学出版社，2008

4. 菲利普·科特勒. 市场营销管理（亚洲版　第二版）. 北京：中国人民大学出版社，2001

5. 吴健安. 市场营销学. 北京：高等教育出版社，2003

6. 菲利普·科特勒. 营销管理——分析·计划·执行和控制（中译本）. 上海：上海人民出版社，1999

7. ［美］W. J. 斯坦顿. 新时代的市场营销（第 13 版）. 北京：企业管理出版社，2008

8. 王遐昌，印浩. 财务管理学——理论与实务践. 上海：立信会计出版社，2004

9. 中国注册会计师协会. 财务成本管理. 北京：中国财政经济出版社，2011

10. ［美］加里·德勒斯. 人力资源管理. 北京：中国人民大学出版社，1999

11. ［美］乔治·T. 米尔科维奇，杰里·M. 纽曼. 薪酬管理. 北京：中国人民大学出版社，2001

12. 林汉川，邱红. 中小企业创业管理. 北京：对外经贸大学出版社，2005

13. 程延园. 劳动关系. 北京. 中国人民大学出版社，2002

14. 曹燕. 和谐劳动关系法律保障机制研究——对我国劳动法律制度功能的反思. 北京：中国法制出版社，2008

15. 赵国军. 绩效管理方案设计与实施. 北京：化学工业出版社，2009

16. 赫尔曼·阿吉斯. 绩效管理. 北京：中国人民大学出版社，2008

17. 潘家轺. 现代生产管理学（第 3 版）. 北京：清华大学出版社，2011

18. 王秀伦. 现代工艺管理技术. 北京：中国铁道出版社，2004

19. 郁君平. 设备管理. 北京：机械工业出版社，2011

20. ［美］杰克·M. 卡普兰，安东尼·C. 沃伦. 创业学（第 2 版）. 冯建民译. 北京：中国人民大学出版社，2009

21. ［美］库洛特克，霍志茨. 创业学——理论、流程与实践（第 6 版）. 张宗益译. 北京：清华大学出版社，2006

22. 李永军. 合同法（第 3 版）. 北京：中国人民大学出版社，2010

23. 隋彭生. 合同法要义（第 3 版）. 北京：中国人民大学出版社，2011